兩岸文教交流與思考（2012-2014）

楊景堯　著

■ 國家圖書館出版品預行編目資料

兩岸文教交流與思考. 2012-2014 / 楊景堯著 -- 初版. -- 高雄市：麗文文化, 2015.03
面； 公分
ISBN 978-957-748-598-4（平裝附數位影音光碟）

1.教育 2.教育政策 3.學術交流 4.兩岸交流 5.文集

520.7 104002409

兩岸文教交流與思考 2012-2014（附光碟）

初版一刷・2015 年 3 月

著者 楊景堯
封面設計 黃齡儀
責任編輯 李麗娟
發行人 楊曉祺
總編輯 蔡國彬
出版者 麗文文化事業股份有限公司
地址 80252高雄市苓雅區五福一路57號2樓之2
電話 07-2265267
傳真 07-2233073
網址 www.liwen.com.tw
電子信箱 liwen@liwen.com.tw
劃撥帳號 41423894
購書專線 07-2265267轉236
臺北分公司 23445新北市永和區秀朗路一段41號
電話 02-29229075
傳真 02-29220464
法律顧問 林廷隆律師
電話 02-29658212

行政院新聞局出版事業登記證局版台業字第5692號
ISBN 978-957-748-598-4（平裝）

麗文文化事業

定價：480 元

王汎森院士（中央研究院歷史語言研究所）

如果讓我重做一次研究生*

這個題目我非常喜歡，因為這個題目，對大家多少都有實際的幫助。如果下次我必須再登台演講，我覺得這個題目還可以再發揮一兩次。我是台大歷史研究所畢業的，所以我的碩士是在台大歷史研究所，我的博士是在美國普林斯頓大學取得的。我想在座的各位有碩士、有博士，因此我以這兩個階段為主，把我的經驗呈現給各位。

我從來不認為我是位有成就的學者，我也必須跟各位坦白，我為了要來做這場演講，在所裡碰到剛從美國讀完博士回來的同事，因為他們剛離開博士生的階段，比較有一些自己較獨特的想法，我就問他：「如果你講這個問題，準備要貢獻什麼？」結合了他們的意見，共同醞釀了今天的演講內容，因此這裡面不全是我一個人的觀點。雖然我的碩士論文和博士論文都出版了，但不表示我就是一個成功的研究生，因為我也總還有其他方面仍是懵懵懂懂。我的碩士論文是二十年前時報出版公司出版的，我的博士論文是英國劍橋大學出版的。你說有特別好嗎？我不敢亂說。我今天只是綜合一些經驗，提供大家參考。

一、研究生與大學生的區別

首先跟大家說明一下研究生和大學生的區別。大學生基本上是來接受學問、接受知識的，然而不管是對於碩士時期或是博士時期的研究而言，都應該準備要開始製造新的知識，我們在美國得到博士學位時都會領到看

* 本文獲原作者王汎森（中央研究院副院長）同意，收入本書，僅教學之用。

不懂的畢業證書，在一個偶然的機會下，我問了一位懂拉丁文的人，上面的內容為何？他告訴我：「裡頭寫的是恭喜你對人類的知識有所創新，因此授予你這個學位。」在中國原本並沒有博碩士的學歷，但是在西方他們原來的用意是，恭賀你已經對人類普遍的知識有所創新，這個創新或大或小，都是對於普遍的知識有所貢獻。這個創新不會因為你做本土與否而有所不同，所以第一個我們必須要很用心、很深刻的思考，大學生和研究生是不同的。

（一）選擇自己的問題取向，學會創新

你一旦是研究生，你就已經進入另一個階段，不只是要完全樂在其中，更要從而接受各種有趣的知識，進入製造知識的階段，也就是說你的論文應該有所創新。由接受知識到創造知識，是身為一個研究生最大的特色，不僅如此，還要體認自己不再是個容器，等著老師把某些東西倒在茶杯裡，而是要開始逐步發展和開發自己。做為研究生不再是對於各種新奇的課照單全收，而是要重視問題取向的安排，就是在碩士或博士的階段裡面，所有的精力、所有修課以及讀的書裡面都應該要有一個關注的焦點，而不能像大學那般漫無目標。大學生時代是因為你要盡量開創自己接受任何東西，但是到了碩士生和博士生，有一個最終的目 的，就是要完成論文，那篇論文是你個人所有武功的總集合，所以這時候必須要有個問題取向的學習。

（二）嘗試跨領域研究，主動學習

提出一個重要的問題，跨越一個重要的領域，將決定你未來的成敗。我也在臺大和清華教了十幾年的課，我常常跟學生講，選對一個領域和選對一個問題是成敗的關鍵，而你自己本身必須是帶著問題來探究無限的學問世界，因為你不再像大學時代一樣氾濫無所歸。所以這段時間內，必須選定一個有興趣與關注的主題為出發點，來探究這些知識，產生有機的循環。由於你是自發性的對這個問題產生好奇和興趣，所以你的態度和大學部的學生是截然不同的，你慢慢從被動的接受者變成是一個主動的探索者，並學會悠游在這學術的領域。

我舉一個例子，我們的中央研究院院長李遠哲先生，得了諾貝爾獎。他曾經在中研院的週報寫過幾篇文章，在他的言論集裡面，或許各位也可以看到，他反覆提到他的故事。他是因為讀了一個叫做馬亨教授的教科書而去美國柏克萊大學唸書，去了以後才發現，這個老師只給他一張支票，跟他說你要花錢你盡量用，但是從來不教他任何東西。可是隔壁那個教授，老師教很多，而且每天學生都是跟著老師學習。他有一次就跟那個老師抱怨：「那你為什麼不教我點東西呢？」那個老師就說：「如果我知道結果，那我要你來這邊唸書做什麼？我就是因為不知道，所以要我們共同探索一個問題、一個未知的領域。」他說其實這兩種教法都有用處，但是他自己從這個什麼都不教他，永遠碰到他只問他「有沒有什麼新發現」的老師身上，得到很大的成長。所以這兩方面都各自蘊含深層的道理，沒有所謂的好壞，但是最好的方式就是將這兩個方式結合起來。我為什麼講這個故事呢？就是強調在這個階段，學習是一種“self-help”，並且是在老師的引導下學習“self-help”，而不能再像大學時代般，都是純粹用聽的，這個階段的學習要基於對研究問題的好奇和興趣，要帶著一顆熱忱的心來探索這個領域。

然而研究生另外一個重要的階段就是 Learn how to learn，不只是學習而已，而是學習如何學習，不再是要去買一件很漂亮的衣服，而是要學習拿起那一根針，學會繡出一件漂亮的衣服，慢慢學習把目標放在一個標準上，而這一個標準就是你將來要完成碩士或博士論文。如果你到西方一流的大學去讀書，你會覺得我這一篇論文可能要和全世界做同一件問題的人相比較。我想即使在臺灣也應該要有這樣的心情，你的標準不能單單只是放在旁邊幾個人而已，而應該是要放在領域的普遍人裡面。你這篇文章要有新的東西，才算達到的標準，也才符合到我們剛剛講到那張拉丁文的博士證書上面所講的，有所貢獻與創新。

二、一個老師怎麼訓練研究生

第二個，身為老師你要怎麼訓練研究生。我認為人文科學和社會科學的訓練，哪怕是自然科學的訓練，到研究生階段應該更像師徒制，所以來自個人和老師、個人和同儕間密切的互動和學習是非常重要的，跟大學部坐在那邊單純聽課，聽完就走人是不一樣的，相較之下你的生活應該要和你所追求的知識與解答相結合，並且你往後的生活應該或多或少都和這個探索有相關。

（一）善用與老師的夥伴關係，不斷 Research

我常說英文 research 這個字非常有意義，search 是尋找，而 research 是再尋找，所以每個人都要 research，不斷的一遍一遍再尋找，並進而使你的生活和學習成為一體。中國近代兵學大師蔣百里在他的兵學書中曾說：「生活條件要跟戰鬥條件一致，近代歐洲凡生活與戰鬥條件一致者強，凡生活與戰鬥條件不一致者弱。」我就是藉由這個來說明研究生的生活，你的生活條件與你的戰鬥條件要一致，你的生活是跟著老師與同學共同成長的，當中你所聽到的每一句話，都可能帶給你無限的啟發。

回想當時我在美國唸書的研究生生活，只要隨便在樓梯口碰到任何一個人，他都有辦法幫忙解答你語言上的困難，不管是英文、拉丁文、德文、希臘文……等。所以能幫助解決問題的不單只是你的老師，還包括所有同學以及學習團體。你的學習是跟生活合在一起的。當我看到有學生呈現被動或是懈怠的時候，我就會用毛澤東的「革命不是請客吃飯！」來跟他講:「作研究生不是請客吃飯。」

（二）藉由大量閱讀和老師提點，進入研究領域

怎樣進入一個領域最好，我個人覺得只有兩條路，其中一條就是讓他

不停的唸書、不停的報告，這是進入一個陌生的領域最快，又最方便的方法，到最後不知不覺學生就會知道這個領域有些什麼，我們在不停唸書的時候常常可能會沉溺在細節裡不能自拔，進而失去全景，導致見樹不見林，或是被那幾句英文困住，而忘記全局在講什麼。藉由學生的報告，老師可以講述或是釐清其中的精華內容，經由老師幾句提點，就會慢慢打通任督二脈，逐漸發展一種自發學習的能力，同時也知道碰到問題可以看哪些東西。就像是我在美國唸書的時候，我修過一些我完全沒有背景知識的國家的歷史，所以我就不停的唸書、不停的逼著自己吸收，而老師也只是不停的開書目，運用這樣的方式慢慢訓練，有一天我不再研究它時，我發現自己仍然有自我生產及蓄發的能力，因為我知道這個學問大概是什麼樣的輪廓，碰到問題也有能力可以去查詢相關的資料。所以努力讓自己的學習產生自發的延展性是很重要的。

（三）循序漸進地練習論文寫作

到了碩士或博士最重要的一件事，是完成一篇學位論文，而不管是碩士或博士論文，其規模都遠比你從小學以來所受的教育、所要寫的東西都還要長得多，雖然我不知道教育方面的論文情況是如何，但是史學的論文都要寫二、三十萬字，不然就是十幾、二十萬字。寫這麼大的一個篇幅，如何才能有條不紊、條理清楚，並把整體架構組織得通暢可讀？首先，必須要從一千字、五千字、一萬字循序漸進的訓練，先從少的慢慢寫成多的，而且要在很短的時間內訓練到可以從一萬字寫到十萬字。這麼大規模的論文誰都寫得出來，問題是寫得好不好，因為這麼大規模的寫作，有這麼許多的註腳，還要注意首尾相映，使論述一體成型，而不是散落一地的銅錢；是一間大禮堂，而不是一間小小分割的閣樓。為了完成一個大的、完整的、有機的架構模型，必須要從小規模的篇幅慢慢練習，這是一個最有效的辦法。

因為受電腦的影響，我發現很多學生寫文章能力都大幅下降。寫論文時很重要的一點是，文筆一定要清楚，不要花俏、不必漂亮，「清楚」是最高指導原則，經過慢慢練習會使你的文筆跟思考產生一致的連貫性。我常跟學生講不必寫的花俏，不必展現你散文的才能，因為這是學術論文，所以關鍵在於要寫得非常清楚，如果有好的文筆當然更棒，但那是可遇不可求的，文采像個人的生命一樣，英文叫 style，style 本身就像個人一樣帶有一點點天生。因此最重要的還是把內容陳述清楚，從一萬字到最後十萬字的東西，都要架構井然、論述清楚、文筆清晰。

我在唸書的時候，有一位歐洲史、英國史的大師 Lawrence Stone，他目前已經過世了，曾經有一本書訪問十位最了不起的史學家，我記得他在訪問中說了一句非常吸引人注意的話，他說他英文文筆相當好，所以他一輩子沒有被退過稿。因此文筆清楚或是文筆好，對於將來文章可被接受的程度有舉足輕重的地位。內容非常重要，有好的表達工具更是具有加分的作用，但是這裡不是講究漂亮的 style，而是論述清楚。

三、研究生如何訓練自己

（一）嘗試接受挑戰，勇於克服

研究生如何訓練自己？就是每天、每週或每個月給自己一個挑戰，要每隔一段時間就給自己一個挑戰，挑戰一個你做不到的東西，你不一定要求自己每次都能順利克服那個挑戰，但是要努力去嘗試。我在我求學的生涯中，碰到太多聰明但卻一無所成的人，因為他們很容易困在自己的障礙裡面，舉例來說，我在普林斯頓大學碰到一個很聰明的人，他就是沒辦法克服他給自己的挑戰，他就總是東看西看，雖然我也有這個毛病，可是我會定期給我自己一個挑戰，例如：我會告訴自己，在某一個期限內，無論如何一定要把這三行字改掉，或是這個禮拜一定要把這篇草稿寫完，雖然我仍然常常寫不完，但是有這個挑戰跟沒這個挑戰是不一樣的，因為我挑戰三次總會完成一次，完成一次就夠了，就足以表示克服了自己，如果覺得每一個禮拜的挑戰，可行性太低，可以把時間延長為一個月的挑戰去挑戰原來的你，不一定能做到的事情。不過也要切記，碩士生是剛開始進入這一個領域的新手，如果一開始問題太小，或是問題大到不能控制，都會造成以後研究的困難。

（二）論文的寫作是個訓練過程，不能苛求完成精典之作

各位要記得我以前的老師所說的一句話：「碩士跟博士是一個訓練的過程，碩士跟博士不是寫經典之作的過程。」我看過很多人，包括我的親戚朋友們，他之所以沒有辦法好好的完成碩士論文，或是博士論 文，就是因為他把它當成在寫經典之作的過程，雖然事實上，很多人一生最好的作品就是碩士論文或博士論文，因為之後的時間很難再有三年或六年的時間，沉浸在一個主題裡反覆的耕耘，當你做教授的時候，像我今天被行政纏身，你不再有充裕的時間好好探究一個問題，尤其做教授還要指導學生、上課，因此非常的忙碌，所以他一生最集中又精華的時間，當然就是他寫博士、或是碩士論文的時候，而那一本成為他一生中最重要的著作也就一點都不奇怪了。

但不一定要刻意強求，要有這是一個訓練過程的信念，應該清楚知道從哪裡開始，也要知道從哪裡放手，不要無限的追下去。當然我不是否認這個過程的重要性，只是要調整自己的心態，把論文的完成當成一個目標，不要成為是一種的心理障礙或是心理負擔。這方面有太多的例子了，我在普林斯頓大學唸書的時候，那邊舊書攤有一位非常博學多聞的舊書店老闆，我常常讚嘆的對他說：「你為什麼不要在大學做教授。」他說：「因為那篇博士論文沒有寫完。」原因在於他把那個博士論文當成要寫一本經典，那當然永遠寫不完。如果真能寫成經典那是最好，就像美麗新境界那部電影的男主角 John Nash 一樣，一生最大的貢獻就是博士那二十幾頁的論文，不過切記不要把那個當作是目標，因為那是自然而然形成的，應該要堅定的告訴自己，所要完成的是一份結構嚴謹、論述清楚與言之有物的

論文，不要一開始就期待它是經典之作。如果你期待它是經典之作，你可能會變成我所看到的那位舊書攤的老闆，至於我為什麼知道他有那麼多學問，是因為那時候我在找一本書，但它並沒有在舊書店裡面，不過他告訴我：「還有很多本都跟他不相上下。」後來我對那個領域稍稍懂了之後，證明確實如他所建議的那般。一個舊書店的老闆精熟每一本書，可是他就是永遠無法完成，他夢幻般的學位論文，因為他不知道要在哪裡放手，這一切都只成為空談。

（三）論文的正式寫作

1.學習有所取捨

到了寫論文的時候，要能取也要能捨，因為現在資訊爆炸，可以看的書太多，所以一定要建構一個屬於自己的知識樹，首先，要有一棵自己的知識樹，才能在那棵樹掛相關的東西，但千萬不要不斷的掛不相關的東西，而且要慢慢的捨掉一些掛不上去的東西，再隨著你的問題跟關心的領域，讓這棵知識樹有主幹和枝葉。然而這棵知識樹要如何形成？第一步你必須對所關心的領域中，有用的書籍或是資料非常熟悉。

2.形成你的知識樹

我昨天還請教林毓生院士，他今年已經七十幾歲了，我告訴他我今天要來作演講，就問他：「你如果講這個題目你要怎麼講？」他說：「只有一點，就是那重要的五、六本書要讀好幾遍。」因為林毓生先生是海耶克，還有幾位近代思想大師在芝加哥大學的學生，他們受的訓練中很重要的一部分是精讀原典。這句話很有道理，雖然你不可能只讀那幾本重要的書，但是那五、六本書將逐漸形成你知識樹的主幹，此後的東西要掛在上面，都可以參照這一個架構，然後把不相干的東西暫放一邊。生也有涯，知也無涯，你不可能讀遍天下所有的好書，所以要學習取捨，了解自己無法看遍所有有興趣的書，而且一旦看遍所有有興趣的書，很可能就會落得普林斯頓街上的那位舊書店的老闆一般，因為閱讀太多不是自己所關心的領域的知識，它對於你來說只是一地的散錢。

3.掌握工具

在這個階段一定要掌握語文與合適的工具。要有一個外語可以非常流暢的閱讀，要有另外一個語文至少可以看得懂文章的標題，能學更多當然更好，但是至少要有一個語文，不管是英文、日文、法文……等，一定要有一個語文能夠非常流暢的閱讀相關書籍，這是起碼的前提。一旦這個工具沒有了，你的視野就會因此大受限制，因為語文就如同是一扇天窗，沒有這個天窗你這房間就封閉住了。為什麼你要看得懂標題？因為這樣才不會有重要的文章而你不知道，如果你連標題都看不懂，你就不知道如何找人來幫你或是自己查相關的資料。其他的工具，不管是統計或是其他的任何工具，你也一定要多掌握，因為你將來沒有時間再把這樣的工具學會。

4.突破學科間的界線

應該要把跨學科的學習當作是一件很重要的事，但是跨學科涉及到的東西必須要對你這棵知識樹有助益，要學會到別的領域稍微偷打幾槍，到別的領域去攝取一些概念，對於本身關心的問題產生另一種不同的啟發，可是不要氾濫無所歸。為什麼要去偷打那幾槍？近幾十年來，人們發現不管是科學或人文，最有創新的部分是發生在學科交會的地方。為什麼會如此？因為我們現在的所有學科大部分都在西方十九世紀形成的，而中國再把它轉借過來。十九世紀形成這些知識學科的劃分的時候，很多都帶有那個時代的思想跟學術背景，比如說，中研院的李院長的專長就是物理化學，他之所以得諾貝爾獎就是他在物理和化學的交界處做工作。像諾貝爾經濟獎，這二十年來所頒的獎，如果在傳統的經濟學獎來看就是旁門走道，古典經濟學豈會有這些東西，甚至心理學家也得諾貝爾經濟獎，連Joh n Nash 這位數學家也得諾貝爾經濟獎，為什麼？因為他們都在學科的交界上，學科跟學科、平台跟平台的交界之處有所突破。在平台本身、在學科原本最核心的地方已經 search 太多次 了，因此不一定能有很大的創新，所以為什麼跨領域學習是一件很重要的事情。

常常一篇碩士論文或博士論文最重要、最關鍵的，是那一個統攝性的重要概念，而通常你在本學科裡面抓不到，是因為你已經泡在這個學科裡面太久了，你已經拿著手電筒在這個小倉庫裡面照來照去照太久了，而忘了還有別的東西可以更好解釋你這些材料的現象，不過這些東西可遇而不可求。John Nash 這一位數學家為什麼會得諾貝爾數學獎？ 為什麼他在賽局理論的博士論文，會在數十年之後得諾貝爾經濟獎？因為他在大學時代上經濟學導論的課，所以他認為數學可以用在經濟方面來思考，而這個東西在一開始，他也沒有想到會有這麼大的用處。他是在數學和經濟學的知識交界之處做突破。有時候在經濟學這一個部分沒有大關係，在數學的這一個部分也沒有大關係，不過兩個加在一起，火花就會蹦出來。

5.論文題目要有延展性

對一個碩士生或博士生來說，如果選錯了題目，就是失敗，題目選對了，還有百分之七十勝利的機會。這個問題值得研一、博一的學生好好思考。你的第一年其實就是要花在這上面，你要不斷的跟老師商量尋找一個有意義、有延展性的問題，而且不要太難。我在國科會當過人文處長，當我離開的時候，每次就有七千件申請案，就有一萬四千個袋子，就要送給一萬四千個教授審查。我當然不可能看那麼多，可是我有個重要的任務，就是要看申訴。有些申訴者認為：「我的研究計畫很好，我的著作很好，所以我來申訴。」申訴通過的大概只有百分之十，那麼我的責任就是在百分之九十未通過的案子正式判決前，再拿來看一看。有幾個印象最深常常被拿出來討論的，就是這個題目不必再做了、這個題目本身沒有發展性，所以使我更加確認選對一個有意義、有延展性、可控制、可以經營的題目是非常重要的。

我的學生常常選非常難的題目，我說你千萬不要這樣，因為沒有人會仔細去看你研究的困難度，對於難的題目你要花更多的時間閱讀史料，才能得到一點點東西；要擠很多東西，才能篩選出一點點內容，所以你最好選擇一個難易適中的題 目。

我寫過好幾本書，我認為我對每一本書的花的心力都是一樣，雖然我寫任何東西我都不滿意，但是在過程中我都絞盡腦汁希望把他寫好。目前為止很多人認為我最好的書，是我二十幾歲剛到史語所那一年所寫的那本書。我在那本書花的時間並不長，那本書的大部分的稿子，是我和許添明老師同時在當兵的軍營裡面寫的，而且還是用我以前舊的筆記寫的。大陸這些年有許多出版社，反覆要求出版我以前的書，尤其是這一本，我說：「不行。」因為我用的是我以前的讀書筆記，我怕引文有錯字，因為在軍隊營區裡面隨時都要出操、隨時就要集合，手邊又沒有書，怎麼可能好好的去核對呢？而如果要我重新校正一遍，又因為引用太多書，實在沒有力氣校正。

為什麼舉這個例子呢？我後來想一想，那本書之所以比較好，可能是因為那個題目可延展性大，那個題目波瀾起伏的可能性大。很多人都認為，我最好的書應該是劍橋大學出的那一本，不過我認為我最好的書一定是用中文寫的，因為這個語文我能掌握，英文我沒辦法掌握得出神入化。讀、寫任何語文一定要練習到你能帶著三分隨意，那時候你才可以說對於這一個語文完全理解與精熟，如果你還無法達到三分的隨意，就表示你還在摸索。

回到我剛剛講的，其實每一本書、每一篇論文我都很想把它寫好。但是有些東西沒辦法寫好，為什麼？因為一開始選擇的題目不夠好。因此唯有選定題目以後，你的所有訓練跟努力才有價值。我在這裡建議大家，選題的工作要儘早做，所選的題目所要處理的材料最好要集中，不要太分散，因為碩士生可能只有三年、博士生可能只有五年，如果你的材料太不集中，讀書或看資料可能就要花掉你大部分的時間，讓你沒有餘力思考。而且這個題目要適合你的性向，如果你不會統計學或討厭數字，但卻選了一個全都要靠統計的論文，那是不可能做得好。

6.養成遵照學術格式的寫作習慣

另一個最基本的訓練，就是平時不管你寫一萬字、三萬字、五萬字都要養成遵照學術規範的習慣，要讓它自然天成，就是說你論文的註腳、格式，在一開始進入研究生的階段就要培養成為你生命中的一個部分，如果這個習慣沒有養成，人家就會覺得這個論文不嚴謹，之後修改也要花很多時間，因為你的論文規模很大，可能幾百頁，如果一開始弄錯了，後來再重頭改到尾，一定很耗時費力，因此要在一開始就養成習慣，因為我們是在寫論文而不是在寫散文，哪一個逗點應該在哪裡、哪一個書名號該在哪裡、哪一個地方要用引號、哪一個要什麼標點符號，都有一定的規定，用中文寫還好，用英文有一大堆簡稱。在 1960 年代臺灣知識 還很封閉的時候，有一個人從美國回來就說：「美國有個不得了的情形，因為有一個人非常不得了。」有人問他為什麼不得了，他說：「因為這個人的作品到處被引用。」他的名字就叫 ibid。所謂 ibid 就是同前作者，這個字是從拉丁文發展出來的，拉丁文有一大堆簡稱，像 et. al.就是兩人共同編的。英文有一本 *The Ch icago Manual of Style* 就是專門說明這一些寫作規範。各位要儘早學會中英文的寫作規範，慢慢練習，最後隨性下筆，就能寫出符合規範的文章。

7.善用圖書館

圖書館應該是研究生階段最重要的地方，不必讀每一本書，可是要知道有哪些書。我記得我做學生時，新進的書都會放在圖書館的牆上，而身為學生最重要的事情，就是要把書名看一看。在某些程度上知道書皮就夠了，但是這仍和打電腦是不一樣的，你要實際上熟悉一下那本書，摸一下，看一眼目錄。我知道現在從電腦就可以查到書名，可是我還是非常珍惜這種定期去 browse 新到的書的感覺，或去看看相關領域的書長成什麼樣子。中研院有一位院士是哈佛大學資訊教授，他告訴我他在創造力最高峰的時候，每個禮拜都到他們資訊系圖書室裡，翻閱重 要的資訊期刊。所以圖書館應該是身為研究生的人們，最熟悉的地方。不過切記不重要的不要花時間去看，你們生活在資訊氾濫的時代，跟我生長在資訊貧乏的時代是不同的，所以生長在這一個時代的你，要能有所取捨。我常常看我的學生引用一些三流的論文，卻引得津津有味，我都替他感到難過，因為我強調要讀有用、有價值的東西。

8.留下時間，精緻思考

還要記得給自己保留一些思考的時間。一篇論文能不能出神入化、能不能引人入勝，很重要的是在現象之上作概念性的思考，但我不是說一定要走理論的路線，而是提醒大家要在一般的層次再提升兩三步，conceptualize你所看到的東西。真切去了解，你所看到的東西是什麼？整體意義是什麼？整體的輪廓是什麼？千萬不要被枝節淹沒，雖然枝節是你最重要的開始，但是你一天總也要留一些時間好好思考、慢慢沉澱。conceptualize 是一種非常難教的東西，我記得我唸書時，有位老師信誓旦旦說要開一門課，教學生如何 conceptualize，可是從來都沒開成，因為這非常難教。我要提醒的是，在被很多材料和枝節淹沒的時候，要適時跳出來想一想，所看到的東西有哪些意義？這個意義有沒有廣泛連結到更大層面的知識價值。

傅斯年先生來到臺灣以後，同時擔任中央研究院歷史語言研究所的所長及台大的校長。台大有個傅鐘每小時鐘聲有二十一響、敲二十一次。以前有一個人，寫了一本書叫《鐘聲二十一響》，當時很轟動。他當時對這二十一響解釋是說：因為台大的學生都很好，所以二十一響是歡迎國家元首二十一響的禮炮。不久前我發現台大在每一個重要的古蹟下面豎一個銅牌，我仔細看看傅鐘下的解釋，才知道原來是因為傅斯年當台大校長的時候，曾經說過一句話：「人一天只有二十一個小時，另外三小時是要思考的。」所以才叫二十一響。我覺得這句話大有道理，可是我覺得三小時可能太多，因為研究生是非常忙的，但至少每天要留個三十分鐘、一小時思考，想一想你看到了什麼？學習跳到比你所看到的東西更高一點的層次去思考。

9.找到學習的楷模

我剛到美國唸書的時候，每次寫報告頭皮就重的不得了，因為我們的英文報告三、四十頁，一個學期有四門課的話就有一百六十頁，可是你連註腳都要從頭學習。後來我找到一個好辦法，就是我每次要寫的時候，把一篇我最喜歡的論文放在旁邊，雖然他寫的題目跟我寫的都沒關係，不過我每次都看他如何寫，看看他的註腳、讀幾行，然後我就開始寫。就像最有名的男高音 Pavarotti 唱歌劇的時候都會捏著一條手帕，因為他說：「上舞台就像下地獄，太緊張了。」他為了克服緊張，他有習慣性的動作，就是捏著白手帕。我想當年那一篇論文抽印本就像是我的白手帕一樣，能讓我開始好好寫這篇報告，我學習它裡面如何思考、如何構思、如何照顧全體、如何用英文作註腳。好好的把一位大師的作品讀完，開始模仿和學習他，是入門最好的方法，逐步的，你也開始寫出自己的東西。我也常常鼓勵我的學生，出國半年或是一年到國外看看。像現在國科會有各式各樣的機會，可以增長眼界，可以知道現在的餐館正在賣些什麼菜，回來後自己要作菜也才知道要如何著手。

四、用兩條腿走路，練習培養自己的興趣

最後還有一點很重要的，就是我們的人生是兩隻腳，我們不是靠一隻腳走路。做研究生的時代，固然應該把所有的心思都放在學業上，探索你所要探索的那些問題，可是那只是你的一隻腳，另外還有一隻腳是要學習培養一、兩種興趣。很多人後來會發現他的右腳特別肥重（包括我自己在內），也就是因為忘了培養左腳。很多很有名的大學者最後都陷入極度的精神困擾之中，就是因為他只是培養他的右腳，他忘了培養他的左腳，他忘了人生用兩隻腳走路，他少了一個小小的興趣或嗜好，用來好好的調解或是排遣自己。

去年夏天，香港《亞洲週刊》要訪問我，我說：「我不想接受訪問，我不是重要的人。」可是後來他們還是把一個簡單的對話刊出來了，裡面我只記得講了一段話：做一個研究生或一個學者，有兩個感覺最重要——責任感與罪惡感。你一定要有很大的責任感，去寫出好的東西，如果責任感還不夠強，還要有一個罪惡感，你會覺得如果今天沒有好好做幾個小時的

工作的話，會有很大的罪惡感。除非是了不得的天才，不然即使愛因斯坦也是需要很努力的。很多很了不得的人，他只是把所有的努力集中在一百頁裡面，他花了一千小時和另外一個人只花了十個小時，相對於來說，當然是那花一千個小時所寫出來的文章較好。所以為什麼說要趕快選定題目？因為如果太晚選定一個題目，只有一年的時間可以好好耕耘那個題目，早點選定可以有二、三年耕耘那個題目，是三年做出的東西好，還是一年的東西好？如果我們的才智都一樣的話，將三年的努力與思考都灌在上面，當然比一年還要好。

五、營造卓越的大學，分享學術的氛圍

現在很多人都在討論，何謂卓越的大學？我認為一個好的大學，學校生活的一大部分，以及校園的許多活動，直接或間接都與學問有關，同學在咖啡廳裡面談論的，直接或間接也都會是學術相關的議題。教授們在餐廳裡面吃飯，談的是「有沒有新的發現」？或是哪個人那天演講到底講了什麼重要的想法？一定是沉浸在這種氛圍中的大學，才有可能成為卓越大學。那種交換思想學識、那種互相教育的氣氛不是花錢就有辦法獲得的。我知道錢固然重要，但不是唯一的東西。一個卓越的大學、一個好的大學、一個好的學習環境，表示裡面有一個共同關心的焦點，如果沒有的話，這個學校就不可能成為好的大學。

自序

往事並不如煙

自從我在2010年8月底發現罹患肺腺癌至今，始終沒有一刻淡忘。從那一個日子開始，我似乎走入另外一個世界裡。除了原來的工作，家庭生活之外，現在無疑增加了醫療此一重要領域。

這一本書的每一個字都是我在生病之後才寫的，收集的內容與方法雖然與過去不變，但是心情上大大不同。兩岸關係在2008年馬總統就任之後才開始重視文教交流這一塊；從事此一領域的研究超過二十年以上的我，正圖有所發揮，沒有想到老天有意考驗我的意志力，這幾年來，由於治療的關係，身體大不如前，研究與發表日益減少，此乃意料中事。

兩岸關係六十多年來首次開啓文教交流，互相招收高教學生，各種問題漸漸出現，我很高興極將有機會一展長才；沒有想到一場大病使我必須長期面對，甚至於隨時中止都有可能。這兩年多以來，我把自己所寫的集結成書，理由很簡單，那就是人生無常。我深信這一本書所探討的內容很有深度，這可以從各方面回饋的反應獲得肯定。

不過在此同時我的身體每況愈下。2013年春就咳得很厲害，大檢查之後發現轉移到脊椎與腦部。八月從日本回來就開始放療一全腦電療；此外標靶藥也開始吃，一時之間心慌意亂。許多貴人與親朋好友都來關心，買了不少營養品。雖然如此，我還是為報紙寫文章，極少上電視。沒有想到來自各方的責難不斷，大家希望我不憂國憂民，安心養病。

由於身體退步，2014年作品大量減少，2015更是停產。許多好友叫我「不要工作，想做什麼，就做什麼」，「想吃什麼，就吃什麼」。

大家的好意我都知道，但是我必須工作養家，也必須住台北繼續治療。萬一年資到了要我退休搬出去，我只能回高雄。那種變動之大可想而知。

這一本書就是在我無能預期還有多少歲月可以用，趕快出版。

我認為往事並不如煙，除非你不重視。

預祝大家新春（羊年）行大運

楊景堯

2015/1/31於淡江大學中國大陸研究所

【目次】

專題二

開放陸生來臺就學專題 *35*

專題三

專題四

其他教育與社會觀察 207

專題一

十二年國教專題

十二年國教不該匆促上路

報載新任教育部長首次發表的教育政策是「自 108 年起各高中職免試名額要高達五成以上」，許多明星高中校長跳腳，擔心明星光環被稀釋；教育團體也不滿，聲稱 103 年就應該實施，政府不應該為七年後的教育部長開支票。這種「哪一年要實施，應該有多少免試百分比」，不知道已經吵多久了，換了教育部長還繼續吵下去。

馬總統在當選感言裡就提到，會檢討有哪一些政策該修正就要修正，筆者很希望他正視十二年國教給國內帶來的不安遠超過可以預期的好處，想想我們真的有實施十二年國教的必要性嗎？我們真的有實施十二年國教的條件嗎？當年曾經發表〈十二年國教真的是全民共識嗎？〉一文的教育學者被邀請擔任十二年國教的宣導團長之後，冷漠成為教育學術界另外一種回應。

一直到今天爭執的都是實施的技術問題，從來沒有看到任何一個主張實施十二年國教的學者提出完整的十二年教育內容，為什麼要延長？長期以來臺灣有太多的教育改革與課程改革，他們所預言的教育成果有哪一樣如同預期發生？把當年教育部委託學者完成許多「九年一貫課程研究」的論文拿來檢視就知道，接受九年一貫課程的學生程度有比以前更好嗎？很顯然對教育的不滿已經是另一種臺灣共識。

直至今日，所謂的十二年國教都在「免試方式與名額」上爭執，筆者更關心的是國人對此一議題的冷漠與無奈，甚至於連知識份子也都會「自反而縮」，不發言了。華勒斯坦早就說過，相對於許多馬克思主義的爭論者「我比較重視這個世界到底是怎麼運作？」他認為這個世界不外是同時進行「無產階級化」與「資產階級化」；甚至於不斷推動「無產階級化」的發展，其實勞動者本身就是主要的推動力。

筆者想說的是，許多教育改革者的理想乃是源自於對於當前教育現況的不滿；主張十二年國教的部分人士也是懷有理想，就像當年提出教改普設大學與九年一貫課程者的初衷一樣，都是為了臺灣未來的好。很遺憾的是，如同海耶克在《到奴役之路》一書所提到的，許多計畫經濟的主張者很奇怪，為什麼當時他們所預期的事情都沒有發生？

有關十二年國教的爭議應該就此打住，「政策該轉彎就轉彎」，沒有什麼好丟臉的。國家提供高中職免費是既定政策，「羊毛出在羊身上」，沒有太多爭議。但是「免試」與否，就交給五都直轄市自己去決定吧！教育部必須重視宏觀面而不是枝節的部分；否則就好像：「大學國際化」政策只是大學的事，與當地政府沒有關係一樣離譜。如果吵到換了新部長還是沒有共識，那就不是人的問題了，十二年國教不應該匆促上路。（2012/3/8）

補註：十二年國教自 103 年正式實施，由於制度設計不周，引起民怨。一直到 104 年元月，台北地區與教育部仍然各持己見，沒有妥協。可見這是一個不成熟的教育政策。

歸去麥讀——
堅持十二年國教是爲了什麼？

爭議不斷的十二年國教，政府官員的理由毫無說服力，而且一變再變，令人懷疑這會不會是一場國家的災難。堅持要如期實施的理由是什麼？

其一，保住馬總統的顏面，「君無戲言」，「令出必行」。其二，保住高官的烏紗帽，有人以去留作賭注。其三，保住「全國教育會議」結論的正確性，因為該會議結論說：十二年國教是全民的共識。

先從「免費入學」而言，以全民的稅收支付高中職學費，倒不如直接補助低收入戶就好了，既然不屬於憲法上的「義務教育」，沒有「排富」的免費就學，在貧富差距嚴重的臺灣，談不上社會正義。

事實上，「十二年國教」的受惠者是誰？好像看不出來。到目前為止，考生與家長因為「十二年國教」超額比序標準的爭議，引起的焦慮遠高於可能減少的負擔。除了考生與家長不領情之外，各國中又何嘗受惠？名堂百出的比序資料幾乎都給國中更多的工作壓力，不論是獎懲輕重、幹部安排、社團活動、服裝儀容、遲到早退等等，國中教師恐怕還沒有走出「九年一貫課程」的衝擊，現在又要面對另一波「退休潮」。

明星高中的反對也是意料中事，建國中學校長帶頭出來反對，算是給歷史一個交代。至於其他高中有沒有受惠？尤其是公私立高職與後段班高中，會因為十二年國教而「脫胎換骨」？恐怕沒有官員有能力承諾。最直接的方法就是請所有官員的小孩接受抽籤入學，以身作則，看看能不能出現「林書豪們」？

從高等教育來看，「十二年國教」有沒有幫助？「七分進大學」出現許多「大學學歷、國中程度」；將來實施「免試入學」，而且降低考試成績比序的比重，甚至於不排除「電腦抽籤」決定入學，臺語說「歸去麥讀」（乾脆不必讀了），在「九年國教」之後，直接由各大學推出「第二個九年一貫制」，包括：大學預科先修三年、本科四年、碩士兩年，一條龍「免試」服務，「一步到位」，皆大歡喜。

從一開始的「十二年國教」內容到今天政府的說詞比對，筆者的剪報千奇百怪，唯一不變的就是堅持如期實施十二年國教，其他都變了；就連當初支持政策的一些家長代表或民間人士，現在也意見很多。換句話說，這是一個沒有社會共識的政策，也是看不到受惠者的政策，更不是國際上共同在推行的政策。

「有夢最美」，十二年國教是不是全民共同的夢？「不比成績比手氣（抽籤）」的思維完全不是教育專業考量，教育部難道沒有更重要的教育問題要面對嗎？請馬總統與執政團隊三思。（2012/4/6）

謝謝建中的高一學生

根據報導，建中高一學生共 40 位，在老師的指導之下，對 3 千多位國中學生進行有關實施十二年國教的意見調查，結果有四成五願意繼續參加考試分發，有三成六反對免試入學，贊成免試入高中的只有一成二而已。

這一件事情令我對建國中學高一學生刮目相看，因為他們充分運用當前主流的實證主義思想，不以口水戰，而是直接訴諸國中學生，聽取他們的意見，沒有預設立場。

結果充分證明國中學生對於免試入高中的政策並不期待，也不領情，甚至於堅決反對。筆者非常佩服這一些高一學生科學與客觀的做法，他們的努力不但從中學到了東西，也提供我們社會另一樣重要的參考數據，那就是真正反映國中學生的意見；這是過去我們從來不曾聽說過的——因為我們都很有自信告訴他們：我們是不會害你們的，我們是為你好的。

教育部長針對建國中學學生的報告結果反應，竟然是要與建中學生溝通，真的是令人匪夷所思。因為被調查的是 3 千多位國中學生，建中學生並不需要溝通，而是需要鼓勵。因為事實證明其實過去官方的說法是不周全的。教育部長應該要找考生與家長溝通才對。

謝謝你們這一群建中的學生，你們真的很棒，因為你們不但為政府政策找尋解決問題的典範，也給針對十二年國教政策爭議不休的臺灣上了民主與寶貴的一課。（2012/4/15）（本文刊登於《聯合報》2012/4/16 A15 版）

吵了一年，十二年國教還是回到原點

用浪費資源恐怕還不足以形容過去一年多來官民用在「十二年國教」上面的精力與對立，因為都是在與空氣打仗，記記重拳都打在棉花裡。政府官員再次痛陳當前國中升學考試的壓力。「免試與免費」是他們的共識，因為只要改成十二年國教，當前這一些升學壓力就會消失。但是顯然政府官員與民眾的預期落差很大，恐慌不但未減，而且在想像中持續擴大。

舉例而言：新設立「高中會考」取代基測與聯考，但限制只佔三分之一。此一高中會考將會新增英語聽力與數學非選擇題兩項考試。用「高中會考」取代基測，再區分成三等第，作為分發比序的三分之一，就會「減輕升學壓力」？何況還增加英聽與計算題，不但自打嘴巴，「免試」破功，而且考生壓力有增無減。雖然只佔三分之一，但是可以預見的，除非是個案，其他三分之二大多數學生都會「同燈同分」，不至有太大差異；「高中會考」將會成為分發的「關鍵因數」。

臺北市議會昨天晚上緊急開會決定高中入學方式是地方自主的權限，教育部無權代為決定。其實這只是「反對」的另外一種說詞而已。看來吵了一年多，十二年國教的爭議不但沒有降低，反而急遽上升。

究其原委是「鴕鳥心態」、「頭過身就過」的官僚心態作祟，所謂「超額比序，吵吵就好」的態度，從一開始就注定不得民心，所謂「十二年國教已經研擬二十八年」更是「誇大不實的廣告」，否則怎麼會如此禁不起風吹草動？

官方公布「高中會考」最高等級以一到兩成為限，以減少超額比序的壓力，與現行制度相比較，不但沒有減少學生壓力，反而增加學校困擾，甚至於出現不得不抽籤的「鬧劇」。試問到時候會不會有人趁機大撈一筆：抽到籤王讓售？這都只是徒增話題，毫無教育專業可言。

政策如果與民意方向一致，執行起來則有如順水推舟；政策如果與民意背道而馳，則永無收效之期。實施十二年國教既非具有急迫性，也沒有準備好（經過這一年多的爭議更可以佐證），更看不出有比現行制度更好的方案，終致建中與北一女的學生出面反對，進而臺北市議會不分藍綠，一致反對；現在更進一步連雲林縣等較偏遠與鄉下地區，也開始有不同的聲音出來了。

總之，「實踐很偉大、理論很蒼白」是筆者對於這一年多來「十二年國教」政策爭吵始末的結語，希望到這裡打住停止無謂的內耗；記取教訓，等到一切都準備好再提出來吧。（2012/4/20 修正）（本文刊登於《聯合報》2012/4/23 A15 版）

十二年國教是「人民信任工程」

除非沒有讀過社會學大師華勒斯坦的《世界體系理論》，或是讀過但是反對他的理論，否則從他在 1985 年的對話錄裡實在令人驚訝，今天在臺灣有關十二年國教的種種現象其實早在他的預言裡，因為這一切都是「世界體系」的一部分，而資本主義則是這個世界體系的代表。

十二年國教要成功的三大支柱是：有說服力的理論基礎、成熟的制度設計、人民的信任。缺一不可。

首先執政者的論述是：十二年國教是全世界的潮流、這是第八次全國教育會議的共識、距離實施九年國教已經長達五十四年，應該是延長的時候到了。事實是：全世界實施十二年國教的只有不到十個國家；其次，筆者早以「把全國教育會議還給全國」來質疑第八次全國教育會議的代表性；第三點，用實施的時間來推論其延長為十二年的合理性，更是匪夷所思，充分反映執政者缺乏政策的論述能力。

如果是成熟的制度設計為何完全沒有共識，飽受批評？上週還有包括臺大黃光國、政大周祝瑛等知名學者站出來反對十二年國教的「抽籤入學設計」，在在都說明了整個社會對十二年國教的不信任。各大電視媒體的分析，真正十二年國教的受惠者是：補習班、私立學校以及鄰近明星學校的房地產。

真正嚴重的是第三項必要條件，那就是民心向背。根據包括《聯合報》在內的三大媒體民調結果相當一致，馬總統在就職前夕的民調支持度都只剩下兩成多，不滿意度則高達六到七成。此一事實導致馬總統親自出面表示願意檢討再檢討、改進再改進，但是失去民心是事實，十二年國教必須要暫停的道理就在這裡。人民的信任是十二年國教成敗的關鍵。

其實華勒斯坦早就預言：「壟斷」是資本主義世界體系運作的常態，「資產階級化」是大家共同努力的方向；無產階級的推動者其實是無產階級自己；就算是中美洲國家以正義為口號推翻既有政權，也是走向「資產階級化」的道路，實施社會主義的國家也不例外。因此從華勒斯坦的理論就可以解釋實施十二年國教的真正背景，以及可預見的結果。「造夢」或是「口號」都無法改變「資本主義世界體系」之內，「壟斷」是唯一真理。

華勒斯坦曾經說過，資本主義有一天會崩潰，但是那不會是因為不景氣，顯然與「新自由主義」相互結合，在全球化的潮流之下橫掃千軍，臺灣沒有條件與世界體系的運作方式有別，依然是資本主義掛帥，自由與民主是我們的生活方式，十二年國教所描繪的願景只是「紙糊的」。

總之，十二年國教缺乏成功的條件，三大支柱無一具足；就算前述兩項人民無法判斷，但是「不信任政府」就足以摧毀任何預建構的「教育工程」。圖利少數行業以及無法撼動資本主義世界的運作模式，早已註定十二年國教的失敗；一意孤行的結果，將會是臺灣的災難。（2012/5/19）

「被十二年國教」之後

最近有關「十二年國教」的種種聲音都有，筆者嘗試用另外一種思維：「被十二年國教」之後能改變什麼？省思現在的社會本質與大家分享。

一個月前到香港出席研討會，看到一則在討論希臘的歐債危機新聞，記者報導當地的許多黑心商人大賺「黑心錢」（Take advantage from those suffers.），例如拿金飾換現金不但沒有給收據，而且兌換比例都被暗中壓低，「不願意就不要來」。這個歐洲文明古國，馬上要進行國會全面改選，全世界都在關注，庶民的生活卻早就苦不堪言。

最新一期某週刊提到富豪世界對於收藏品的相關報導，與希臘人民的民生困苦形成強烈對比。只要擁有中國歷史上珍貴的玉璽、字畫、骨董等等，「富豪收藏家」輕易可以「Take advantage from Chinese Culture.」（利用中華文化賺錢），令人不勝唏噓。貧富差距在全世界都存在，藉由教育促進社會流動也是社會學重要理論，但是「選擇」的功能如果被捨棄，社會流動將會受到嚴重阻礙；臺灣、日本、韓國等高等教育過剩造成的「文憑貶值效應」就是最好的證明。

社會學大師華勒斯坦的「世界體系理論」提到只有兩個階級：資產階級與無產階級，許多資產階級的背後推手是無產階級；無產階級的特徵是沒有選擇，只是程度的嚴重不一而已。換句話說，除非資本主義瓦解，否則全世界的國家運作模式都一樣：「資產階級化」與「無產階級化」兩大類而已。

薩伊德也在《東方主義》書中一開始就說，「東方」是被建構出來的，「東方主義」成為學術研究的主題也是呼應西方社會的「支配」東方思想，再加上有一些來自所謂東方國家的學者相呼應，在美國就幾乎沒有辦法推翻這種既成的事實。以美國的經濟社會標準去衡量東方國家落後的程度，完全是西方學者的優越與支配心態在作祟，那種差距的解釋完全被壟斷。

推動十二年國教的堅持，使臺灣陷入高度的不信任感當中。卸任部長以歷任教育部長多來自非明星高中為例的論述，以及官員「將後段學校拉上來」的理想，都不具說服力。「公平正義」只存在「觀念世界」想像當中，「現象世界」什麼都不會改變，臺灣也不會因此出現林書豪、賈伯斯，就像薩依德對建構「東方」的詮釋一樣，「壟斷論述」將會是「被十二年國教」之後剩下的歷史註腳。（2012/6/16）

十二年國教的阻力在哪裡？

臺灣因為經濟議題與「倒閣」之爭，已經夠亂了；最近有關十二年國教的議題又開始延燒，尤其是教師節快到了，教師工會與家長團體之間的摩擦，更掀開了一些不好的爭議，其實都導向更激烈的對立，對於臺灣的安定絲毫沒有助益。

在《大國崛起》「日本篇」提到，一百多年以前日本開始走向工業化阻力，有一個案例說：日本從法國購置了繅絲設備，還重金禮聘了法國技師到日本福岡，工廠就要開工了，卻招不到工人。因為當時的許多日本人都認為，那些轟轟作響的機器會吸走人的精髓。為了打消人民的恐懼，明治政府想出一個辦法，就是勸說士族高官的女兒進工廠當女工，等到技術成熟之後，再派到全日本各地當種子，繅絲也就因此成為日本最早進入國際市場的產品。

十二年國教至今仍然無法定案，原因之一就是既有的高中情結。記得中教司長曾經說過，如果大家都願意選擇進高職就讀，十二年國教就會成功。如何改變臺灣既有的文化，筆者認為「以身作則」最有說服力。馬政府可以宣布，凡是政府官員、國營事業員工、公立學校教職員等人有子女就讀於國中小者，在國中畢業時必須優先選擇高職就讀，藉以穩定軍心。假如此舉政府可以成功做到，那麼筆者願意無條件挺身而出，為推廣十二年國教宣導。

反之，如果政府官員都承認不可能做到，或者是陽奉陰違，自己的子女依然是以建中、北一女為首選，不願意配合政策改讀高職，那就預告了此一政策不得民心，失敗已經是必然的下場，只是時間早晚的問題。許多高官將子女送往國外，或是就讀明星高中，卻一再告訴人民「職業不分貴賤」，高職比高中有前途，這種「說的與做的不一致」，人民早就習以為常。

早在《戰國策》中就有「鄒忌諷齊王納諫」一文指出，當年鄒忌告訴齊王「宮婦左右，莫不私王；朝廷之臣，莫不畏王；四境之內，莫不有求於王。由此觀之，王之蔽甚矣。」沒有想到齊王竟然從善如流，下令群臣吏民，可以當面糾正其錯誤者受上賞；上書糾正其錯誤者中賞；於市朝批評齊王而傳到他耳裡的得下賞。這一則故事使筆者思考甚久。

十二年國教的反對之聲從來就沒有斷過，馬總統願意採取哪一種態度面對，都可以停止紛爭。其一是：如果真的有這麼好，「下令從公務人員做起」，必能止謗，自會在歷史上留名；反之，如果連自家人子女都不願意捧場，那就趕快學齊王，接納諫言，不要視反對的聲音就一定是敵人，考慮宣布停止十二年國教的政策，趕快讓臺灣安定下來。兩種選一種，不要再內耗了。（2012/9/27）

十二年國教與高等教育關係的迷思

一、「淡化明星大學」的迷思

佛家喜歡講：「因緣具足」自然水到渠成。政府推行十二年國教以來，爭議不斷，執意要在103學年度上路，開啟「免試與免費」的十二年國教新頁，究竟是國家的「新生」還是「災難」？到現在仍然說不清楚。

政務委員薛誠泰在《聯合報》發表「淡化明星大學　落實十二年國教」，讀完之後頗有「不知所云」之感。看不清楚作者的意思：何者是因、何者是果？如果「淡化明星大學」才能夠「落實十二年國教」，顯然目前是沒有條件的，而且也與國家的高等教育政策相違背。因為「五年五百億」、「卓越教學計畫」與「典範科技大學」等等，哪一樣不是經過行政院支持推動？哪一樣不是刻意在塑造「明星大學」？尤有甚者，當年扁政府選定兩所大學給予大量資助，希望要在十年之內進入世界百大排名，成為世界一流大學，在在都證明我國雖然政黨二次輪替，但是高等教育屬於「自由主義」之配之下的市場競爭態勢全世界皆然，「淡化明星大學」完全站在「自由主義」的對立面。

如果把「淡化明星大學」設定為「落實十二年國教」的前提，筆者希望馬總統延後這一政策，因為高等教育在全世界都是「選擇性教育」，由市場競爭在決定大學的各種排名，甚至於許多先進國家嘗試將高等教育「打包」出口外銷，賺取外匯，想盡辦法要「行銷高等教育」，沒有反對高等教育出現「明星大學」的道理。

反之，如果薛誠泰政務委員的意思是「落實十二年國教」就可以

「淡化明星大學」，那也是一廂情願，恐怕不會是事實，對臺灣沒有好處。1949 年以後共產黨統治的中國大陸高等教育，教育為政治服務，國家為精英提供免費高等教育：「全包」—「包學費」、「包醫療」、「包住宿」、「包分配（就業）」等等。所有大學都是國家的，典型的社會主義思想。雖然有所謂「重點大學」的設置，可除了文革十年之外，也是要參加考試競爭分發，明星大學還是沒有被淡化。

在亞洲國家高等教育史上，日治時期的臺灣、以及東南亞在殖民時期的各國大學，例如泰國與越南，甚至於在港英殖民期間的香港，各國所屬的大學，依據屬性培養該國所需要的公務員。像是越南、泰國法政大學就是培養司法人員，師範大學就是培養中小學師資，香港大學也是為了培養公務員而設，這一些歷史都說明了高等教育的發展。由於全球化與新自由主義的影響，聯合國也開始以各國家大學教育程度所佔的比例，作為國家發展的重要指標。當然，各大學也就開始跳脫「培養公務員」的思維，重視研究成果；進而發展出國際比較，更是增強市場競爭世界排名；國際留學生的快速成長，更是說明了「高等教育」與「自由主義」之間的密切關係。

二、國民教育本質的再認識

筆者一再強調執政者一定要清楚認知「國民教育的本質」，那就是：義務教育、強迫教育與成為一個健全國民所需要的教育（簡單講就是政治教育）。所謂「義務教育」是雙向的：「國民有上學的義務，國家有提供基本教育的義務」，而且依照憲法是完全免費的。接受國民教育就像男生服兵役一樣，都是對國家的一種必須服從的義務。

所謂「強迫教育」是相對於「選擇性教育」而言，國民教育是不可以自以選擇學校的，也不可以隨性愛上課不上課，否則就觸犯「強迫入學條例」，依法家長是必須受到處罰的。一旦完成九年國民教育之後，後續的高中職、大專教育都屬於「非強迫教育」，人民可以自由決定，完全沒有限制。

所謂「國民教育」也就是從國民教育演進史來看才會知道其政治意涵。最早開始有「國民教育」是歐洲十六世紀馬丁路德的「宗教改革」帶來的風氣，為了宗教的理由，必須要教導人民自己讀《聖經》，不由教會壟斷解釋上帝的意思，開啟了全民受教育的風氣。下一個階段是在十七世紀「工業革命」之後，開始有資本家願意出錢教導人民操作機器，以便進入他們的工廠上班，幫助資本家賺錢。第三個階段是政治的理由，到了十九世紀末開始，許多新興國家認為該國人民有必要對自己的國家有共同的知識與目標，因此由政府出資辦學校，進行一定期間的基礎教 育，此乃是基於政治上的考量。最經典的例子就是日本明治天皇在 1872 年頒布的「學制」，日本小學入學率從 1873 年男生 40%，女生 15%，成長到 1910 年的 99%；到了二戰期間，天皇頒布「教育敕語」（皇帝的昭示），內容就是說：「把國家當成是一個家庭，天皇就是父親。」這種思想對二戰的日本國民影響很大。最近香港人民對於中國政府要實施「國民教育科」的反對，雙方都是深切知道國民教育就是一種政治教育，但是雙方的期待不一所致。

有鑑於全世界近兩百個國家裡面，實施十二年國民義務教育（符合上述三項條件）不到十個。（請見表一）臺灣在當前的世界大環境中，是否有能力（財力）、有必要（強化愛國思想），以及有配套（包括十二年一貫的教材設計、合格的師資、高中入學免試方式爭議不斷、進入大學又要競爭等等），甚至於針對過去「九年一貫課程」的實施成效，九年國民教育的各種評鑑等等，都還有很多爭議的情況之下，堅持「十二年國教」，在臺灣經濟嚴重退步的當前局勢，成為媒體大作文章的題材。

表一　世界各國義務教育年限統計表

義務教育年限	四	五	六	七	八	九	十	十一	十二	十三
阿拉伯		2	1	1	6	4	4	1		
中東歐				4	7	7	1	1		
中亞			1		5		3			
東亞太平洋	1	2	1	2	9	5	5	3		
拉美加勒比海		4	2	3	4	10	5	10	3	1
西歐北美					4	8	9	3	4	
南西亞	3		1		2	1				
非洲	2	8	5	3	6	9	5	1		
合計	6	16	11	13	43	44	32	19	7	1
					22.4%	23%	16.7%	10%		

資料來源：Global Education Digest 2011, *Comparing Education Statistics Across the World*. UNESCO, pp.132-143 作者自行整理；北韓於 2012 年 9 月 25 日公開宣布實施十二年國教，因此沒有列在本表統計當中。

三、十二年國教傷害技職教育無法避免

許多有關「反對十二年國教」的理由（包括筆者自己的文章），本文不擬重複。本文特別要提醒執政者注意：堅持實施十二年國教，將是臺灣高等教育技職院校的夢魘，終將從私立高職開始瓦解，進而使公私立大學技職院校沒有四技生源，倒閉已經是必然，沒有任何退路。

兩年前時任教育部長吳清基公開說：「我國技職教育和德、日、澳洲並列全球四強，中國大陸只有專科，一大堆學生想到臺灣讀往上銜接的二技、二專或四技等，福建省就說有 8 萬學生想到臺灣讀技職校院。」今年 2 月才上任的教育部長蔣偉寧 8 月卻公開說：「臺灣人力培

養確實出了狀況，好像在吃老本。技職教育的訓練與企業需求的落差，『超過我的想像』。」在同一個場合上，嘉義的穎杰公司董事長說：「南部有技職學校還在用三十年前的舊教材」；臺北科技大學校長 姚立德也說：「國內的科技大學及技術學院的教材與設備趕不上其他先進國家的情況非常嚴重，還有很多高職的科，設備費甚至是零。」

此刻去追究前教育部長吹噓我國技職教育並列「世界四強」之說，似乎無助於緩解實施十二年國教之後，殺傷我國技職教育體系的必然性。

根據教育統計，2011 年高中職比例是 52.5%比 47.5%，看起來情況還好。但是如果仔細去看內容，高中 40 萬在校生中，私立只佔 12.6 萬，只有三成；可是高職 36 萬人中，私立有 23 萬人，私立就佔六成四。生源的減少不必贅言，將來國中畢業生可以免試升學，有兩個趨勢：選擇私立明星高中優於公立高中、選擇普通高中優於高職；結果一定是：私立高職缺額最嚴重（死得最早），其次是後段班公立高職與私立高中。從上面的比例可以發現：私立高職多達六成三，如果全部倒閉只剩下公立。

據報導，2012 年 9 月臺南高工職校入學的新生，最低入學分數只有國中基測 88 分；去年之前至少都要達國中基測三百分以上才有可能錄取，這一所歷史悠久的公立高職，面對十二年國教的衝擊，也明顯不敵。更不必說其他私立高職，立法委員陳學聖指出，桃園有兩所私立高職改制高中，就是佐證。

更嚴重的還在後面，以「高職」畢業生為主要生源的公私立科技大學與技術學院，「巧婦難為無米之粥」，連帶受到實施十二年國教的「池魚之殃」，倒閉已經不是「遠在天邊」，而是「近在眼前」。要命的是監察院又在今年 7 月 12 日提出「技職教育學術化」糾正案，案由是「89 年教改之後，我國技職教育日趨學術化，對技職校院教學與特色發展，及技術人才培育與產業發展造成嚴重不利影響，又未能積極落實證照法制化，以促進證照制度及技職教育之健全發展，行政院經建會、經濟部、行政院勞委會及教育部等權責機關均核有怠失，爰依法提案糾正。」試問：我國的高等技職教育怎麼兩年之間，就從「並列世界四強」掉到「萬丈深淵」，成為過街老鼠？

總之，俗話說：「牽一髮而動全身」，實施十二年國教是民進黨執政時期提出來的政策，採免試與免費，固然立意良善，要保護弱勢，可是與大學聯考無法脫鉤，遲早要競爭出高下。馬總統的治國經濟思想，要加入 TPP、TIFA 與 FTA 等各項談判，每一種都是要建立在自由主義的基本立場上。臺灣師大教授宋曜廷以「十二年國教 要競爭力不要壓力」為教育部聲援，恐怕缺乏說服力。家長的牽掛就是學生壓力的來源，「愛之深，責之切」是千古不變的道理；先說服家長：「沒有競爭，競爭力從何而來？」看來是教育部刻不容緩的工作。（2012/9/16；2012/9/26 修正）（本文 2012/10/01 發表於臺北論壇 http://www.taipeiforum.org.tw）

何謂PISA？讓外行的也聽懂吧！

有關十二年國教的爭議紛擾不斷，筆者也接到幾位憂心的家長反映，看到馬總統出面與「媽媽監督聯盟」代表見面討論核四問題，並且提醒官員「要讓我們外行的都聽得懂」，這一些用心都看在人民眼中，怎麼十二年國教爭議就沒有平等的對待？

首先，行政院長的態度是什麼？教育部所提出的十二年國教政策，從100年公布「教育報告書」至今，十二年國教的具體設計一變再變；從免試，到採用高中會考三等第，再到北北基特色招生加考「類PISA」，再到最新消息高中會考從三等第改為九等第，以增加鑑別度。到今天為止，仍然還不確定，請問江院長，是否支持十二年國教如期在明年上路？

其次，國內許多重量級學者如黃光國、李家同等德高望重，反對十二年國教的殷殷逆耳之言，不見政府具有適切的回應，說服慌亂的民心，卻看到代表執政團隊的前教育部長曾志朗出面指責反對者「連PISA是什麼都搞不清楚就反對」，是「理盲濫情」。請問江院長知道什麼是PISA嗎？十二年國教的政策中有這一項嗎？為什麼要加進去？PISA測驗沒有缺點嗎？

筆者孤陋寡聞，自忖近一百年來沒有見過執行國民教育卻遭到人民極力反對的案例，造成人民與政府的對立。唯二的例外是：香港的「反國民教育」，其本質上與臺灣不相同，但是造成人民的恐慌是一樣的。臺灣的十二年國教自稱「讓人民安心」，敘獎記功毫不手軟，卻不知人民的恐慌與反感與日俱增。如果政府的高層部會首長有小孩是第一屆

「白老鼠」，再來指責家長與學者的質疑與恐慌會比較有說服力。

既然總統重視核四，願意與媽媽聯盟溝通，建議行政院江院長比照辦理，邀請反對陣營公開溝通，把質疑講清楚：一者代表江院長力挺到底的立場不變，二者提供執政者「有理講不清」的澄清機會；第三弭平人民與政府的對立，讓人民相信政府是出於善意的。如果做不到「讓外行的人聽懂什麼是 PISA」，那就寧可暫緩也不要失去民心。

總之，「核四」與「十二年國教」明顯是臺灣看不見的兩大危機，已經造成人民不分藍綠與政府對立。一變再變的十二年國教入學制度，還會不會變？恐怕就連江院長也不敢保證。佛家講布施的「無畏施」，就是要讓人民免於恐懼，這是江院長您的責任，十二年國教要不要如期實施請您作主，公開說明並且邀請反對的代表溝通吧！（2013/4/1）（本文刊登於臺北《聯合報》2013/4/3 A23 版）

十二年國教爭議

肯定相關教育行政人員的努力，但是反對的人並不是敵人，而是一樣關心臺灣的人，政府應該傾聽，而不是認為「反對者就是故意來鬧的」，以至於形成「官民對立」的感覺。

三年前的「全國教育會議」形成的「共識」—「推動十二年國民基本教育」（頁 20），就已經埋下障礙。現在持反對意見的人，有哪些是當年參加支持十二年國教，如今卻反悔者？可見問題在於該會議的代表性不足，反對者聲音沒有出來。

國民教育、義務教育、強迫教育三者是「三位一體」；如今十二年國教定位成「不強迫」的國民基本教育，完全顛覆傳統的認知。

「不強迫」=「有選擇的權利」=「產生市場競爭」=「優勝劣敗」（壓力不減反增）

爭議點：

1.沒有建構「國民教育」完整論述—缺乏說服力；

2.沒有急迫性—現在國內教育問題層出不窮；

3.沒有準備好—師資與課程也都沒有配套，入學方式一改再改，在在都證明沒有準備好；

4.沒有條件—九年國教問題不求解決；

5.誤以為「十二年」一定比「九年」更好—「時間長就一定好」的觀念已經被放棄。

教育工程是百年樹人的工作，無法回頭；同時也是「對政府的信心工程」，如果人民對政府沒有信心，說再多也是沒有用。當前國內局勢非常明顯，人民是不信任政府的。政府是不能讓人民放心的。（2013/5/23）

臺灣強推十二年國教的謬誤

臺灣近日內最火的話題就是「延長十二年國教政策」。馬總統就任總統第五年了，似乎事事不順，監察院長王建煊使用「馬總統很倒楣」來形容，單以十二國教的政策來看，筆者確實是同意王院長的說法；馬總統不是教育專家，卻很篤定宣布要延長十二年國教，而且在 2013 年元旦信誓旦旦宣稱保證從 2014 學年度起全面實施，免學費的十二年國教。才半年不到，此一宣示已經不保，行政院面對六大直轄市長齊聲表示「地方政府沒有經費配合」，於是改口要採取「排富」做法，爭議再起，幾乎掩蓋了此一政策的謬誤之處。

謬誤之一在於使用「延長十二年國教」的說詞，卻又強調此一高中職教育既非義務教育，也非強迫教育。換句話說，臺灣的執政者試圖創造「非義務教育」的「國民教育」新概念，可是卻沒有建構其內涵。在聯合國的教育統計中，各國「強迫教育」（compulsory education）年限成為比較的指標。但是「國民教育」一詞該如何翻譯？尤其是現在又創造一個「國民基本教育」來代替「國民教育」，從兩年多以前，教育部中教司長張明文就告訴筆者，此一內涵主要就是兩個重點：免試入學與免費就學。如今這兩個重點都守不住，遑論其他。

謬誤之二在於此一政策的緣起，早在民進黨執政之際，時任行政院長的蘇貞昌就提出此一政策，但是沒有實施；馬總統就任以來，缺乏深思熟慮，藉由三年以前舉辦「第八屆全國教育會議」來使此一政策合理化，原因是該次會議沒有邀請反對者參加，很容易形成共識，結論就是要推動延長十二年國教。緊接著馬總統就據此為由，表示依循全國教育會議的共識去執行，並非沒有根據，因此也不輕易改變。此一「先設定目標，再找尋背書」的行政決策不勝枚舉，不足為奇。

謬誤之三在於執政者沒有論述之餘，先後丟出許多「假議題」，例如：要重視技職教育；要重視 PISA（OECD 在 2000 年開始每三年一次的國際性學習評量）教學；要減輕學生升學壓力；要實現社會公平正義等等「神話」、「大話」與「假話」。馬總統真的很倒楣，因為他相信這一些策士的建言；卻沒有想到此一政策「免試入學」就在大臺北（臺北市、新北市、基隆市）遇到了挑戰。最後結果到今天還不知道，幾個一流明星高中堅持釋出最多百分之十五的名額「免試入學」，將來要集中輔導教學；至於其他名額還是要依照考試成績分發。

謬誤之四是升學壓力不減反增，因為新創造「高中會考」代替原有的「國中基測」；此外，全國分 15 個就學區，各地的入學志願比序標準不相同。以「北北基」為例，想要進入建中、北一女等明星高中，還要參加第二次的「特色招生」考試，才能夠爭取「免試」剩下來的名額。換言之，考試複雜化、多樣化，學生壓力可想而知。許多家長叫苦連天，所謂「一動不如一靜」，此一政策完全沒有急迫性，卻成為馬總統的「承諾」。

謬誤之五，「沒有受害者」成為最後捍衛此一政策的說詞。筆者聽到一種論調，「就算此一政策失敗，也沒有受害者」，為何不給他們一次機會？此說之荒唐，在於不重視人民的感受，以及忽略教育的深遠影響。受到傷害的青年一代，人生是沒有機會再重來的。

總之，馬總統強推「延長十二年國教」的政策，挑戰的是臺灣人民根深蒂固的士大夫觀念，類似新加坡的菁英思想，苦了人民，卻改變不了臺灣教育的困境。（2013/6/15）

教改政策粗糙，別假裝看不見

上週馬總統終於提出對十二年國教的看法，強調「十二年國教是基本教育，不是義務教育」，希望為「排富」解套，使筆者感觸很多。自從三年多以前政府宣布要正式實施十二年國教以來，筆者就一直思考國內有那麼多所謂「教育學者」，甚至於有十二所過去歷史悠久的師範院校，都如同吳念真導演所說的：臺灣人最大的問題是「假裝看不見」，到底是為什麼？

依照馬總統的邏輯，過去九年義務教育就不算是「基本教育」，或者說是「未完成的基本教育」；請問總統：「基本教育」與「義務教育」有何不同？三年多以來，筆者親自見證教育部官員在玩文字遊戲，既解構「國民教育、義務教育、強迫教育」「三位一體」的基本理論，如今又無法建構十二年國教的新理論，告訴人民「三位一體」脫鉤之後各自的新概念是什麼？

明眼人看到馬總統所說的上述兩句話，都知道他是「假裝看得懂」。沒有人敢追問下去，如果十二年國民基本教育可以選擇，試問拒絕的人還能算是國民嗎？有太多的問題，馬總統都「裝作看不見」，但是人民都看在眼裡。

教育部長也是從頭就是「假裝看得懂」，到今天還是如此，因為他的唯一論述是：如果不實施，問題會很大。民國100年公布的教育報告書中陳述實施十二年國教的目的，從第一項「減輕升學壓力」到最後一項「實施社會公平正義」，到今天教育部長似乎都「假裝看不見」，不敢再提了。

從「免試」與「免費」為核心的十二年國教政策，「免試」早就跳票，變本加厲。過去兩年多以來，不斷添加新元素，例如要提升國民素養，要仿效 OECD 的 PISA 考試等等；如今下週要強行立法之前夕，「免費」又引起爭議，政府官員堅持如期實施，包括總統與行政院長等高層對於人民的極端不信任「假裝看不見」。

歷史不能重來，教育不能回頭。如果連總統與行政院長都說不清楚、講不明白，為什麼要實施十二年國教？請政府官員不要堅持「就是要實施」的蠻橫心態，因為人民都看在眼裡。「多三年可以使人民素養變得更好」的說詞毫無說服力，遠不如檢討與改善九年國教的內涵來得重要。教育不是健保制度，也不是社會福利，無法回頭。整個政策粗糙臺灣人民都看見了，請高層不要「假裝看不見」。（2013/6/23）（本文刊登於《聯合報》2013/6/24 A15 版）

十二年國教真的要實施嗎？

這個問題看在多數臺灣人裡可能是廢話，因為臺灣的官僚體系一旦決定了，很少出現像當年行政院長郝柏村「朝令有錯，夕改何妨」的魄力。就連號稱教育世家的行政院長江宜樺恐怕也身不由己，他從來沒有表示支持的立場與理由。

根據第八次全國教育會議的結論指出，十二年國教的目的是為了減輕學生壓力與實現社會公平正義。免試與免費是手段，結果都已經破功。事實證明在全國各考區的情況不一，北北基競爭最嚴重。菁英與名校磁吸效應非常明顯，前述所謂減輕壓力與實現社會公平正義等等，沒有人會相信。

這就是當前臺灣的悲哀。

政府告訴大家的話沒有人相信；立法委員諸公又逼於黨意強渡關山；一般家長面對「天要下雨娘要嫁人」，毫無反抗的機會，只能逆來順受。筆者只是想再確認一次：請問總統與行政院長：十二年國教真的要如期實施嗎？圖的是什麼？未來的臺灣會更好嗎？請再一次向人民做承諾吧！（2013/12/12）

十二年國教的政治效應？

根據報載，教育部長宣稱要全面檢討十二年國教入學制度之一的會考制度；甫於今年首次開辦的十二年國教，雖然外界質疑不斷，馬政府仍堅持要實施，至於準備好了嗎？教育部國教署長親口保證「教育部已經準備好了」。上一個月第一屆白老鼠一共有28萬人參加；現在成績出來了，北北基考區一如原先所預料競爭最激烈，將會出現「同燈同分不同校」的後遺症。因為分數不夠精細區隔，以至於學生無所適從。「高分低就」是北北基過去「聯測」的慘痛教訓，今年的情況更為複雜，因為後面還有「特色招生」考試，這又為執政者累積更多民怨。

表面看起來，十二年國教所產生的衝擊似乎比不上營建署長貪污現金被人贓俱獲引起的高度關心，更比不上鄭捷在臺北捷運上面隨機殺人引起更多的憤怒。這一些令人髮指、天地不容的壞例子都是近在眼前而已。十二年國教所引起的討論少了很多，但是其影響層面在政治方面應該是執政者最在意的。

首先這是馬總統引以為傲的政績，儘管事先有許多學者提醒暫緩，立法院還是強渡關山，修改「高級中學法」，以符合實施十二年國教的需 求。受到影響的28萬考生分成十五個考區，北北基是最競爭的。其他很多考區因為少子化影響，很多地方都是供過於求，沒有嚴重爭議。

北北基是臺灣重中之重，歷來總統都是臺北市長出身可以證明。從臺北看臺灣，城鄉差距、貧富差距、社會不公不義的案例處處可見。臺北住民對於政治的影響力，絕對超過前述的兩個案例。如今十二年國教不但沒有加分，反而是教育部長一開始就說「會考制度要全面檢討」；

要知道會考還沒有全部結束，現在只有成績公布而已，無異於坦承失敗？北北基的會考成績是家長與學生的夢魘；而這個民怨的事實會轉換成為從年底開始的各種選舉選票。

所有政治人物都希望藉由開創新政策為自己執政加分，但是事與願違，十二年國教不是一般的教育政策，其所牽涉到的層面太廣了。好大喜功是政治人物常態，但是稍一不慎引燃的效應遠比前述的殺人或貪污更深更遠。今年的入學制度要延續三個月之久，因為後面一流高中的「特色招生」要到 7、8 月才會塵埃落定。可以預期的是，11 月馬上要投票選舉，從來沒有一次教育政策像今年一樣，與政治如此接近，也投射出臺灣的未來。(2014/6/8)

馬總統欠人民一個道歉

十二年國教是馬總統親自欽點的國家重大政策。從民國百年就開始大作廣告，在各大報以半版彩色強調這是要打造孩子未來的競爭力，民國 103 年 8 月起實施。重點是：一、國中教學正常化、適性輔導及品質提升；二、高中高職（含五專前三年）全面免學費；三、高中高職及五專大部分免試入學；四、高中高職優質化、均質化。一直到今天為止，我還是搞不懂「一免、二免、特招」之間有何不同。在民國 102 年 5 月 30 日國教署長吳清山、臺大黃光國教授與筆者等人出席 TVBS 現場節目時，國教署長吳清山信誓旦旦「教育部已經準備好了。」筆者當時堅持政府要暫緩實施，因為有很多問題無法交代。

如今堅持如期實施十二年國教的下場亂七八糟，這使我想起今年發生在韓國中學生畢業旅行「世越號」的翻船死傷事件，超過 400 條青春的人命卻被活活淹死在船艙裡面。她們最大的致命傷就是相信廣播要她們停留在船艙之中不要出來。聽話的結果是被水淹死，那種傷痛無法平復。韓國總統親自出來道歉，嚴懲失職人員。這兩件事情由於相去不遠，使我產生很多聯想。

看到兩國家長那種悲痛欲絕的那種感覺很近似，中學生也都很聽話認真讀書參加會考，等到成績出來竟然不會填寫志願？許多家長抗議請教育部長幫忙填志願，這不是諷刺，而是真的不會，家長搞不清楚；身為子女更是心急如焚，到底怎麼回事？「一免」放榜結果竟然有很多全校第一名落榜，這要如何解釋？28 萬考生被當成白老鼠。教育官員一致的口徑是明年再修改，教育部長的話更經典：「不好意思」、「所有責任到我為止」。身為家長情何以堪？沒有一個官員有同理心。

今年這一件中華民國史上的重大教育政策還沒有真正結束，我們看到多少家長與學生哭得死去活來，卻依然無解。發生這麼嚴重的疏失，失控而且造成民怨載天，試問：總統不需要出來道歉嗎？行政院長可以躲多久？後面如何善了？明年還要繼續玩下去嗎？

筆者建議教育部回到原來的國中基測方式，不必標新立異。政策不但錯誤而且傷害人民不計其數。不必等到 8 月，現在政府就可以宣布明年的政策，以免考生與家長惶惶然不可終日。一切就等準備好了再說吧！（2014/6/26）

專題二

開放陸生來臺就學專題

招收大陸研究生爲何沒有吸引力？

兩岸關係和平發展的最具體見證，就是從 2011 年開始正式招收大陸學生來臺就學，雖然第一年成績不理想，預計招收研究生共 653 人，實際報名約 300 人，最後錄取 248 人，缺額高達 405 人，佔六成二；其中更有 41 校掛零，其中的原因教育部表示會檢討，而且歸咎於匆促上路、宣傳不足等外在因素，期待來年會有改善。

2012 年元月的總統大選，使得原訂於去年底就開始的研究生報名延遲，在大選底定之後兩天正式公布簡章，並且接受就讀碩博士班報名，從元月 16 日到 3 月 14 日為止。總結第一年的慘痛經驗以及大選結果來看，並不是開放大陸學生的政策錯誤，而且來臺的大陸學生也都有很好的印象與表現。教育部想必也充分做了檢討以及改善，對於 2012 年的招生計畫理應樂觀才是。

很令人驚訝的是，截至 2 月 20 日為止，報名時間已經過了一半，確定完成報名與繳費人數只有 150 人左右，距離去年報名的 300 人還很遙遠。剩下不到一個月的時間，報名人數令人擔心。教育部應該已經充分檢討，時間也非常充分（與上次相比較），沒有經驗也不成理由，所有的條件也都沒有改變，甚至於有不少大學還主動提供獎學金，條件只有更好，沒有更壞，報名人數不但沒有明顯增加，很有可能比去年減少。

中國大陸 2011 年大學本專科畢業生合計約 6 百萬人，招收碩士生約 50 萬人，而且自 2012 年起還首次批准五所民辦大學招收碩士生；如果純以臺灣開放的六省市而言，2011 年高考的報名人數合計高達 185.9 萬人，如果錄取率 60%來算，有百萬大軍錄取；加上大陸「少子化」

非常明顯，此六省市去年高校畢業生至少超過百萬；雖然只限於 41 校可以報名，但是不論怎麼算，也都無法將報名人數少歸咎於生源人數。

臺灣開放招收大陸學生的政策符合世界潮流；第一年的慘痛教訓也給教育部珍貴的經驗，承諾要虛心檢討改進；大陸學生對臺灣的好印象也是不爭的事實，每一年申請來臺灣交換的陸生人數有增無減；有多達一百多所公私立大學敞開大門要歡迎大陸學生來申請，今年經過一個多月才只有 150 名報名的事實，絕非國人所樂見，相關單位必須重新「診斷」原因所在。

美國 2011 年的陸生人數多達 15.7 萬人，成長 23 %，佔外國學生五分之一，比第二名的印度超出 5 萬人。如何使臺灣對大陸學生的吸引力，充分反映在大學招收研究生的具體數字上，是馬政府急需克服的問題。臺灣不是沒有吸引力，生源也非常充足，政策也是人民支持的，剩下的就是政府團隊的努力了。（2012/2/20）

「三限六不」只是代罪羔羊

據報導有關開放陸生的檢討，馬總統在國民黨中常會聽取新任教育部長的意見，與前一任部長的看法一致，認為都是「三限六不」導致招生不順利；換言之，只要「三限六不」鬆綁，招收陸生困境就可以迎刃而解。事實真的是如此嗎？

首先要聲明的是，筆者一直認為「三限六不」是不合理的規定，但是開放初期，陸生多數可以體諒，希望早日解禁也是可以理解。鬆綁固然有助於招生，但是如果其他因素不配合，期盼以後招生可以門庭若市，恐怕也是奢望。

第一方面是對大陸的了解與態度問題。臺灣單方面設立各種條件，「三限六不」與 41 校等等，都是一廂情願，從來沒有考慮今天的大陸已經不同與以往；就好像大陸早就訂有「臺商保護法」一樣，臺商希望兩岸用 ECFA 來正式規範，才能真正受惠。此外，臺灣要招收大陸的研究生只限 41 校的畢業生才可以，招收本科生卻又毫無門檻，只要有高考成績，就算是職業學校畢業也可以申請；這兩類學生的標準差距之大，令人匪夷所思；而且在大陸，這兩類學生的來源與管理機制完全不同，兩岸關係的微妙與複雜度這麼高，豈能容許臺灣「一鎚定音」？第一年將臺灣招生限制沿海六省市（大陸共有三十一個省市與自治區），算是很給面子了。

大陸海協會長陳雲林來臺時當面提出希望未來能夠進行兩岸文教協議的商談，沒有獲得正面回應，早就可以預期後續效應；今年大陸的全國政協主席賈慶林也公開呼籲兩岸要進行文教協議，都是充分展現大陸的想法。臺灣既不可能以對待外國學生一樣看待陸生，當然也就不能寄望大陸政府會輕易讓臺灣政府予取予求。尊嚴與對等看來是大陸對開放陸生來臺最起碼的要求。

第二方面是教育部的招生政策，必須徹底檢討。例如很多大學只給個位數名額，或者是開放後段班大學碩博士班要招收大陸頂尖大學畢業生來就讀，甚至於許多系所被限制不可以招收大陸學生等等，都有改善的空間。

大選期間筆者接待美國首府的約翰霍普金斯大學中國研究系主任藍普頓（David Lampton）3 位教授與 11 位研究生座談的時候（2012 投票前夕），就發現有許多華裔研究生，包括中國與臺灣去的都有。筆者很好奇「中國人去美國就讀中國研究？」，藍普頓教授告訴筆者這是對研究生非常有幫助 的。當他知道我們大陸研究所不准招收大陸研究生，卻可以來選修筆者的課，他很驚訝的問為什麼？筆者請他直接去問教育部。

上述的事情都在在說明招收陸生的議題上，「三限六不」只是代罪羔羊，其背後還有很多問題，都是我們自己綁住自己；就算「三限六不」鬆綁，其他方面不改進，甚至於不能體認到大陸官方在這一件事情所扮演的角色，那恐怕仍然會原地踏步，徒勞無功了。（2012/2/22）

「含金量」才是招收陸生的保證

自從馬總統公開宣示要將「三限六不」放寬，以擴大招收陸生的來源之後，非常意外的是，筆者接到一些來自大陸學生的探詢，深怕這些條件放寬，會增加他們未來的競爭者，他們急於知道何時才會實施。

目前臺灣招收陸生有以下基本限制（碩博士生）：沿海六省市戶籍、畢業於 41 所大學（九八五工程為主），「三限六不」等條件；換句話說，目前在大陸就讀大二或大三，正準備一、兩年後來臺灣就學的陸生，非常關心臺灣政策的變化，因為他們都有「臺大夢」。放寬標準無異宣告他們的夢可能實現機會渺茫，這真的是筆者感到意外的「受害者」。

有趣的是馬總統就任以來，推出所有招收陸生政策的政府團隊，除了新部長之外，其他都是「原班人馬」，筆者深感不解的是當初政策決定的理由是什麼，如今才實施半年，同樣的官員卻完全持反對的態度，建議要將「三限六不」鬆綁；剛愎自用與思慮不周，都不足以解釋政府施政的反覆。除了「爹不疼娘不愛」（藍綠都有意見），看來也不是所有的陸生都會感謝。

周平教授曾經以「高教亂象已盤根錯節成為超穩定結構，並繁衍出極端保守的既得利益者。」他雖然沒有明講「既得利益者」是誰，但是黃光國教授稍早在媒體發表「國家教育院能否給教長擔當」，就明講「教育部找一些關係良好的教授來承包計畫，大包轉小包，不斷收集一些實證資料，但是不可能用來解決實際問題。最大的好處是推卸責任。」有人甚至以「吃相難看」來形容高教亂象。

海耶克在其名著《到奴役之路》前言中提到，「社會主義要實際實現，只有使用大部分社會主義者不贊成的方法才能實現。」筆者認為大家誤以為「三限六不」解禁是招收陸生的萬靈丹，恐怕真正的障礙又往前移動了。換句話說，臺灣的大學能不能吸引陸生，恐怕已經超出當初制定「招收陸生政策政府團隊」的想像，一如海耶克在書中提到「為什麼經濟的計畫會產生那樣未預期到的結果？」，真正的解答是我們的教育部要反求諸己。

中國大陸早已「今非昔比」，許多官員還停留在「自我感覺良好」的舊時代裡，高等教育的延誤診治眾所皆知，部分「尸位素餐」的官員與「既得利益」的山寨學者互為表裡，許多後段班大學早已「生源茫茫」，卻還指望大陸學生來彌補缺口，讓後段班大學起死回生。真實的情況是，「物競天擇」，既想要招收大陸一流學生，又想要填補招不到臺生的大學，聽來就十分諷刺。

總之，「三限六不」的鬆綁主張，意味著承認以前的錯誤；不過能否如預期增加陸生，筆者仍然是持保留的態度，因為真正的原因不是在這裡。（2012/2/25）

大學院校的「陸生夢」很遙遠

開放招收大陸學生是馬總統引以為傲的政績之一，但是第二年的研究生報名已經結束，與去年相比較略有增加，約 500 位完成報名全部手續，仍然少於預定要錄取的人數；如何解讀這項數字考驗執政者面對問題的勇氣與智慧。

不同大學都有相同的「陸生夢」，這是無庸置疑的。生源充足的一流大學期待招收大陸的一流學生，提高學術殿堂的多元思維；至於生源嚴重不足的後段班的「陸生夢」，當然是為了求生存，尤其是技職院校希望開放招收大陸的專科畢業生到臺灣來就讀二技，授予「學士學位」，更是「生死攸關」的「陸生夢」，因為大陸的專科畢業生升學管道非常有限，臺灣的技職院校明顯嚴重過剩，看來似乎很有道理。

雖然「陸生聯招會」試圖根據去年與今年開放招收陸生申請就讀研究所的紀錄作比較，不過顯然由於太多制約因素導致此一統計缺乏說服力，也不適合推論未來的趨勢。尤其是第一年在招收本科生與研究生的成績上，都令技職院校的「陸生夢」碎。今年的研究生報名人數略增，結果是否對技職院校有利，至今看不出樂觀的跡象。有些教育界先進向馬總統進言，希望開放採認大陸專科學歷，以便招收大陸專科畢業生到臺灣就讀二技，而且也獲得正面的回應。

相對於普通教育，兩岸不約而同都輕視技職教育，而且臺灣的技職教育「學術化」的傾向早受詬病，大陸不會不知道。換句話說，就算開放大陸的專科畢業生申請到臺灣就讀學士學位，他們的優先選擇不會是技職院校。一般大學雖沒有二技部，但是只要有市場，沒有不可能的事。

其次，大陸留學生源的數量驚人，但是也呈現不均衡的流動。就數量上來看，2011 年大陸出國的人數多達 33.9 萬人，到中國大陸留學的國際學生也史無前例高達 29 萬人，兩者差距越來越近。但是事實上，大陸能出國的留學生年齡一直下降之中，就算是專科畢業，具有外語能力與經濟能力者，要出國毫無困難。換句話說，技職院校的「陸生夢」似乎明顯針對有「經濟能力」者而已。

第三，大陸近幾年除了早就有的「專升本」制度之外，針對技職教育有許多新措施，以便將「生源流失」的洞堵住。山東省去年高考出現高達 4 萬缺額也是全國震驚。許多省分開放技職院校招收非戶籍生報考都可以看出其努力。從 2012 年起還開放五所民辦大學招碩士生，這都是技職教育的突破。

總之，中國大陸出國留學在今天已經從「奢侈品」轉移到「中高檔投資品」，年收入 30 萬以下的家庭從 2010 年的 58%升幅到 2011 年的 76%，有四分之三前往美國、英國、澳洲、加拿大四國，留學已經從貴族時代走入大眾化時代。臺灣大學院校的「陸生夢」，卻是越來越遙遠了。（2012/4/2）（本文刊登於《聯合報》2012/4/3 A15 版）

招收陸生要從贏得人民信任開始

今天同時有兩則重要的高等教育新聞，其一是臺灣有五所大學被英國《泰晤士報》高等教育專刊首度公布建校未滿五十年的「全球百大」，結果臺灣表現最佳的是建校三十二年的中山大學，排名第三十名；第二則新聞則是臺灣第二年招收大陸研究生正式放榜，碩士生招收 299 人，博士生招收 30 人，總數比去年多，缺額比去年少。這兩則重要新聞對臺灣的高等教育有何啟示？

首先是臺灣對自己的高等教育一直似乎很沒信心，總習慣「挾洋以自重」，用外國的排名來壯大自己的自信。這種「用西方的指標評鑑東方的大學」，在香港已經遭遇港大教育學者楊銳的嚴厲批判。香港是英國　的殖民地，香港的高等教育制度完全是依照西方的制度建立的；雖然回歸中國大陸，但是在「非西方國家」裡，香港的高等教育制度是「最西方的」；也正因此，各種西方的排名之中，香港受惠最明顯，臺灣很在意，香港的學者卻自我警惕，這是值得我們深思的。

第二年招收研究生正式放榜是筆者比較重視的，馬總統曾經說開放陸生來臺的三個目的：為兩岸和平奠立基礎、強化臺灣學生的能力，以及充分利用臺灣過剩的高等教育資源。但是經過第一年的招生到現在第二年的放榜結果，完全看不出來可以達到預期的效果。以碩士生為例，有招到學生的共有 34 校，其中 9 校是兩位數，前三名是：臺大 79 人；政大 35 人；清大與成大都是 26 人。招生只有個位數的大學共有 25 所，其中只招到 5 人以內的大學更高達 21 所。由此充分顯示臺灣的大學招收大陸研究生集中少數大學的態勢非常明顯。

如果以陸生聯招會的地域區分來看，將「5 人以下」的招生數除外的話，則離島與東區全軍覆沒；南區只有成大較突出 26 人，高雄的中山大學也只有 8 個碩士生；中區則只有逢甲大學招收 7 個碩士生；其他招到「5 人以上」碩士生都在北區。換句話說，招收陸生不但集中少數大學而已，而且大多「傾向臺北都會區」。嚴格說起來，缺額有多少，招生人數有多少，都不能改變馬總統當初開放招收陸生的初衷。

但是第二年的放榜結果告訴我們，就算將來開放生源學校到「211 工程」（約一百所大學）與更多省市，也修改「三限六不」，恐怕陸生想去的大學也只是「含金量」高的大學。「強者越強、弱者越弱」的招生現實，使得所謂「充分利用臺灣過剩的高等教育資源」只是流於「夢想」。「強化臺灣學生的能力」之說，更需要用事實來證明。教育部官員必須認真思考馬總統當初開放陸生來臺的初衷，與當前制度設計的契合度，或是重新建構一套招收大陸學生目標的論述，才能夠真正贏得人民的尊敬與信任。（2012/5/31）

兩岸搶學生火熱進行中

臺灣第二年招收大陸高中畢業生就讀本科的申請報名作業在 6 月 19 日為止結束了，根據官方的消息，總報名人數 2216 人，比去年 1613 人多出 603 人；最受歡迎的前三名大學分別是（每人最多 5 個志願）：輔仁大學（超過 1810 個志願數）、淡江大學（超過 1050 個志願數）、銘傳大學（超過 600 個志願數）。關切報名人數與熱門學校是一個角度，然而更有意思的是，兩岸較勁的原因鮮少人知道。

中國大陸「高考」（大專聯考）固定在每年 6 月 7、8、9 日三天考試，臺灣接受陸生報名的日期則是跨過「高考」這三天；也就是說，當學生參加完「高考」之後，還來得及考慮報名臺灣的大學部招生。根據今年的數據證明，熱門大學的累計在大陸「高考」之後有明顯增加，這意味著大陸學生有不少是考完之後才「腳踏兩條船」，到時候看哪一邊的學校好，再做決定。

自從 2008 年大陸「高考」報名人數達到歷史上高峰 1080 萬人之後，就逐年下降，2012 年下降到 907 萬人，各地都面臨生源減少、錄取率創新高的壓力。不但要「把學生留下來」，更要把「好學生」留下來是各地重點大學共同的努力目標。無獨有偶的是大陸年年出國留學人數快速成長，2010 年出國人數是 28.5 萬人，2011 年就上升到 33.9 萬人，預料 2012 年還會上升。換句話說，出國已經不稀奇，好學生不出國才稀奇。

臺灣招收陸生本科生實施第二年，陸生心目中的熱門大學已經日漸浮現明朗化；除了限制沿海六省市戶籍才可以報考之外，2012 年又增加「二本線」以上才可以到臺灣的限制。如果從報名人數不減反增的現象來解讀，可以增加臺灣的自信心；但如果從報名集中的事實來看，兩岸搶學生的現象非常明顯。

由於大陸「高考」制度設計的緣故，各省市考區規定可以填報的志願數大約 3 到 4 所大學，每個大學 3 到 4 個志願而已。換句話說，就算到達「一本線」也有可能「高分落榜」，上不了自己喜歡的大學。他可以選擇到自己不喜歡的「一本院校」，或是退而求其次就讀「二本院校」，如今考生可以有另外一項選擇：到臺灣就讀。臺灣有機會招收到「一本線」程度學生與大陸「高考」制度設計有密切關係。

如今「高考」各地一本分數線已經公布，各地考生也將面臨抉擇。不久二本分數線公布，這一些已經報名的陸生可能就會有一些「未達標」者先出局。緊接著就是臺灣各大學招生的審查，有意思的是六省市都是「自主命題」，成績無法直接比較，加上要避免名額浪費，恐怕很費心思。至於去年標榜「一本」或「二本」才錄取的做法，今年看來是不必要了。兩岸搶學生的戲碼正在進行之中，沒有放榜之前，恐怕就連學生自己也不知道。（2012/6/26）

招收陸生還沒有上軌道

第二年招收大陸本科生報名已經結束一週了，為了確定最後繳費人數，相關官方單位迄今尚未公布最後數字；不過根據已知的數據，有幾點特別值得觀察。

由於大陸片面宣布，今年只提供參加高考達到二本分數線以上的成績申請臺灣的大學本科，根據去年的經驗，二本分數線以下的報名者約佔四成，部分官員與校長預言，今年的報考人數恐怕不樂觀。「三限六不」還沒有鬆綁，允許來臺的生源又被縮減；沒想到報名結果完全相反：總報名繳費人數 2216 人（去年 1613 人），不減反增 603 人，如何解讀？

其次是陸生志願數（每人最多可以填 5 個志願）最熱門的前三名是：輔大超過 1810（去年 948）、淡江 1065（去年 400 多）、銘傳超過 600（去年 443），而且三校差距頗大。根據報導（6/20）今年報名志願數第四名到第十名是：文化（407），東海（370），中原（356），靜宜（323），逢甲（295），世新（229），元智（187）。比較突出的是：淡江從去年第六名躍升為第二名，逢甲從去年第二名下降成第八名；第四名以下的志願數差距就明顯接近。如果將報名熱度與核定招生名額相比較，似乎只有「世事難料」可以為教育部核定招生名額的反差現象解套。

技職院校報名最多的志願數前三名是樹德科大（105）、中國科大（84）、朝陽科大（64）。教育部核定少數技職院校招生名額特別多，實際報名的落差也是令人難忘。此外教育部 6 月完成首年的檢討報告指出

「國內私立大學也常被誤認為相當於大陸民辦大學或專科，…，以致於陸生裹足不敢報名」，從第二年的報名結果來看，最熱門的輔大與淡江都是私立大學，報名志願數都超過 1 千個，反觀兩所離島國立大學乏人問津，教育部的「推論」要有說服力才是。

總之，今年是開放招收大陸本科生第二年，共有 91 所大學院校要招收 1566 名學生，共有 2216 個陸生報名，最後各校數據等待陸生聯招會公布，深信亞洲許多國家的學者都想要知道正確的報名結果。從上述報名志願熱門的大學排行情形，已經可以預判今年的放榜結果；多數大學「等無人」年復一年，科技大學與兩所離島國立大學招生情形也不是「努力不夠」所致。臺灣開放招收陸生兩年，顯然問題重重，很不順利。這兩年的寶貴經驗與教訓，陸委會與教育部會如何解讀，以落實馬總統的政見與承諾，正在影響兩岸的未來。（2012/6/24，2012/6/25 修正）（本文刊登於《聯合報》2012/6/27 A15 版）

「大陸學生來臺」即將成爲顯學

自從香港在 1997 回歸之後，中國大陸的最後一塊拼圖就只剩下臺灣，這件事使臺灣的角色越顯突出。過去十多年以來，香港與大陸的許多關係都會被放大成「一國兩制」的實驗，更多是要向臺灣做宣傳，證明「一國兩制」是可行的，對大家都是有利的。

例如香港與大陸的經貿 CEPA，就被拿來與兩岸的 ECFA 相提並論；香港的高等教育開放招收大陸學生，以及開放大陸學歷採認等等做法，也都被拿來當參考的實證教材，畢竟這一些都已經是經過實際運作，有不少參考價值。

然而歷史沒有偶然，兩岸關係也不等同於香港與大陸的關係。香港過去是殖民地，而且是非常自豪。記得有一位長者在公車上告訴我：「整個上海也買不下香港」，那種口氣，使筆者聯想到 2011 年 10 月底香港發生的千人上街遊行，到 2012 年初，「反對大陸孕婦來港生子」沉默力量的延燒，絕對不是單一事件。

如今香港大學民調中心公布顯示，香港人最喜歡臺灣人，好感度還超越香港人自己，對大陸人好感度更是低。如此的數字對臺灣的啟示耐人尋味，過去一直以香港的經濟與高等教育為學習對象的臺灣，忽略了大陸對香港經濟與高等教育的投入是刻意照顧，尤其更忽略了香港人內部「自我知覺」(self-awareness) 的改變，這主要是源自他們所付出的代價。

全球化的時代，臺灣似乎沒有選擇，維持與大陸的各方面良好關係是對大家都有利的的決定；但是香港經驗同時也提醒我們：與大陸經貿關係更密切、文教交流越頻繁、往來越方便、界線越模糊以後，產生的問題也越多；臺灣內部多元甚至對立「集體記憶」的「自我知覺」會不會產生變化？

以陸生來臺為例，開放之前的「先見」與「擔憂」似乎在開放一年之後都沒有看到相關報導，可能是以前「多慮了」；可能是陸生已經融入臺灣的社會，看不見；也可能是時間還沒有到，會發生什麼問題與香港可能也不一樣。

但是可以肯定的一點是，香港與大陸來臺灣接受高等教育，似乎是進入臺灣長期停留的唯一途徑，而且兩地的報名數量每年都有增無減；香港學生可能是因為本地高等教育機會有限，加上對於出國留學成本的比較，大陸學生的壓力日增等等原因，選擇到臺灣；至於大陸學生到臺灣求學，有其一定的市場；大陸人口基數龐大，幾千人報名就引起重視，到達臺灣之後更是受到矚目，動見觀瞻，陸生壓力大是必然的，臺生的反應也值得觀察。

總之，兩岸關係的發展路徑既要借鑑香港經驗，也要避免香港經驗過的矛盾；既要符合兩岸人民的利益，也要避免對臺灣造成太大的震盪；既要重視歐美中國專家的「中國研究」理解，也要走出屬於兩岸自己「有創意」的道路。可預見的未來，兩岸關係只有「陸生來臺求學」具有許多想像空間，以及研究題材，在臺灣成為顯學指日可待。（2012/6/28）

放寬招收陸生是自信的表現

當筆者知道本週四（6 月 28 日）晚上九點各大學才能收到招收陸生本科生的報名資料，隔天週五就必須由各系依錄取排序，開會決定；下週一必須回傳給陸生聯招會，週三（7 月 4 日）就要放榜，時間壓力無法置信。今年淡江大學共有 23 個系招收陸生，教育部只核給 45 人，平均每一系只有兩個名額。

結果是報名淡江大學為志願數超過 1060 人，在 91 所招生院校中，僅次於輔仁大學。以淡江為第一志願者共有 230 人，其中一本線以上超過 100 人；如果以單一學系而言，財金系最熱門，前三志願（第四與第五不列入）的人數共有 180 人。由於今年大陸規定二本線以上才提供成績，因此包括教育部與淡江都面臨相同的問題：供需差距如此之大，該如何處理？

首先是教育部與聯招會必須思考，為什麼要招收陸生？聯招的目的之一是否要做全盤的統整調配名額？否則單招就好，何必有三分之二以上學校陪榜？我們該如何去看待招生名額的通盤檢討？今年的招生名額是 1566 位，只要不違背此一上限，筆者認為應該對於包括輔大、淡江、銘傳等前三名熱門大學放寬錄取名額的上限，善用高教資源。

其實筆者的觀察，兩岸教育部的互動還不順暢，大陸似乎佔盡上風；兩岸的高等教育交流其實是在「比氣長」，大陸以逸待勞。陸生並不是大陸官方的代表，陸生表達高度意願來臺就讀，是對臺灣的肯定；來臺灣之後也將會成為未來臺灣實力的延伸，既能滿足陸生的期望，又對臺灣有利，只要將剩餘的缺額流用到前三名的大學，互惠三贏，皆大歡喜。

招收陸生的問題究竟卡在哪裡，筆者深有領悟；但是對於有意來臺就學，高考成績又達到二本以上學生，除非該大學拒絕，否則應該尊重各大學的決定，因為他們必須為陸生的教育負責。教育部的高度，除了要貫徹馬總統的教育政策之外，更要改善兩岸高等教育招生的瓶頸，找出解決之道。從留學教育角度來看，從沒有看到哪一個國家拒絕國際留學生，除非他程度太差。包括日本、韓國、中國大陸、香港等不斷提出吸引國際學生計畫的同時，臺灣沒有理由受限於「核定名額」而將優秀學生排拒在外。

從今年報名情形來看，臺灣的大學招收大陸本科生已經浮現「專業札堆」（財金系最熱門）、「大學札堆」（集中少數大學）、「地域札堆」（大臺北地區）等現象。招生規模與札堆現象不會脫鉤，這是可以預期的。所有國家都希望招收留學生，現在的中國與早期的臺灣更是受惠於留學生遍佈全球，肩負和平大使與文化交流的使命。只要在預定的招生名額範圍內，期盼教育部不要堅持以「核定名額」為限，適度放寬熱門大學名額，才是真正對兩岸人民有利的決定。（2012/6/29）

陸生放榜的另類解讀

第二年招收陸生本科生部分已經放榜，根據聯招會的新聞稿，原定預計共有 91 所學校要招收 1566 位本科生，放榜結果只錄取 999 人，報名人數比去年多 600 人，錄取人數卻比去年少；根據聯招會的新聞稿，原因是報名學生九成以上集中在 15 所大學，換句話說，有另外 76 所大學合計報名人數不到一成，等於是「陪考」性質。聯招會又說，今年提升到二本以上學生才可以報名來臺，同時也提到：陸生誤把科技大學比照為大陸的職業院校；言下之意當然是為技職院校乏人問津叫屈。筆者認為，經過兩年的招生經驗，已經初步得到一些啟示與大家分享。

首先是兩岸高等教育的互動其實是兩岸關係發展的另一重要指標。從研究生到本科生兩年招生結果來看，兩岸高等教育交流仍然原地踏步，沒有突破，也找不到方法。兩岸透過媒體放話就充分顯示此一訊息：國臺辦發言人在記者會上公開表示希望臺灣放寬承認 41 校的限制，臺灣的教育部則透過媒體希望大陸放寬沿海六省市才可以報名的限制。招生設計與放榜結果與其說是兩岸妥協的結果，不如說是兩岸角力的平臺。兩岸各有堅持，互不讓步。

其次是開放陸生的目的完全被遺忘：馬總統宣示開放陸生的目的在哪裡？制度設計是否朝此一目的？值得檢驗。舉例而言，聯招會聲稱陸生缺額比去年多是因為志願集中少數大學；但是沒有說明為什麼不願意開放這一些「少數大學」招收更多的名額？舉例而言，以淡江大學為第一志願的陸生超過 230 人，提寫淡江大學的總志願數超過 1 千人，排名第二；但是教育部堅持依照原先核定的 45 人招生，寧願讓陸生落榜，也不願意改變既定的命令。

教育部做法非但無助於改善招收陸生的窘境，也無異是在幫少數熱門大學提高聲望。聯招會刻意不公布兩項重要的統計：各大學的報名人數統計以及各大學錄取最低分數。究其原委就是基於保護主義，一則避免將錄取分數排序，其次避免絕大多數「乏人問津」的大學面子難看，「熱門大學」也不可以公布，只有核定名額。此外，聯招會聲稱陸生家長「把科技大學比照為大陸的職業院校」，但是在錄取統計上卻又分為普通大學與科技大學兩類，說法與做法自相矛盾。

兩岸高等教育交流一直不順利，過去長期是臺生大陸學歷沒有被採認，臺生在兩岸政治角力之下被犧牲了。如今雖然開放 41 校，顯然臺生沒有明顯增加。反之，陸生想到臺灣也正在經歷這一段政治角力，從兩岸政府的表現說明，大學的招生意願與陸生的選擇都不是臺灣開放招生的主要考量。兩岸在比賽耐力：誰先讓步？犧牲的只有兩岸的青年學子，歷史都是在「沉默的不平」之下前進的。(2012/7/5)

大陸學生留學夢　臺灣招不到

6月底讀到美國紐約時報中文網一篇「中國留美本科生眾生相」，生動描述中國大陸學生的美國夢，即便是仲介費用高、受到歧視、語言適應困難等問題，卻還是年年大增。反觀臺灣7月4日完成第二年的陸生本科生放榜，並且在7月7日結束報到，雖然報名人數比去年多，但是錄取人數卻比去年少，事實真相值得深思。

首先要說明的是：中國大陸雖然留學生源豐富，但是在全世界普遍存在一種「不均衡」與「不對等」的流動。以2011年為例，中國大陸前往歐洲的留學生當中，66%集中在英國，11%在法國，9%在德國，4%在義大利；但是前往美國留學人數最多：2008年有近10萬人，2009年有12.7萬人，2010年已經提高到15.8萬人。這種「不均衡」其實是呼應華勒斯坦的「世界體系理論」，邊陲國家向核心國家流動的趨勢。

中國大陸崛起的事實，卻仍然無法在高等教育方面成為「核心國家」，此一事實可以從「國際留學生」的「不對等」充分體現。以美國為例，2008年前往中國留學者約1.3萬人，雖然美國總統歐巴馬在2009年承諾，未來幾年要招募10萬名美國學生到中國留學，但是此一承諾更激發中國學生留學美國的動力，2010年之後，每一年都超過10幾萬人留美，高居國際學生首位。

如果以全世界來看，2011年到中國的國際留學生高達29.26萬人，來自194個國家與地區；至於出國留學的人數也破紀錄，高達33.9萬人，比上一年度多出19%，其中自費留學生佔93%。雖然留學生「出超」的事實有改善，但是如果仔細作內部分析，恐怕更能夠理解中國的國際留學生「不對等」的事實。

就像《紐約時報》的報導所說的：「陸生學習英語是為了托福成績，不是為了真正口語學習的需要」。此外，仲介一直是學生與家長的寄託，他們不在乎錢，只在乎有一所長春藤的名校。因此假成績、推薦信等等，都不奇怪。這種「全民留學」運動，在臺灣很難想像；不過更難理解的是：大陸來臺學生不增反減，這不是陸生求學意願的真實反映，也不是單純「三限六不」可以概括承受解釋的。

雖然聯招會的新聞稿，強調高達九成以上的志願集中在 15 所學校（共有 91 所學校，計畫招收 1566 位陸生），這是造成缺額過多的原因，今年因為教育部嚴格執行依照核定各校名額錄取，沒有流用的空間。但是教育部也很貼心照顧「陪榜」的大學，既不公布各大學、各學系陸生報名的詳情，也不公布各學系錄取的最低標準，以至於提供落榜的陸生與家長許多傳聞與想像空間。「不透明」的陸生招生資訊，其實是影響臺灣招收陸生很大的致命傷害。

總之，「不均衡」、「不對等」在國際留學的實際情況裡司空見慣，臺灣試圖以「核定名額」強迫陸生改變選項，事實證明徒勞無功。深盼執政官員深思。（2012/7/9）（刊登於《聯合報》2012/7/10 A15 版）

痛陸生來臺政策成效退步

如果在大學讀書，連續兩個學期不及格超過半數，就要被退學；準此而論，馬總統的團隊在執行「開放大陸學生來臺就學」的政策，連續兩年都嚴重不及格，尤其是第二年的本科生招生，計畫要招收 1566 人，卻只招到 677 人，到今年 9 月開學時候真正到臺灣恐怕只會少，不會多。換句話說，缺額將近三分之二，難道不需要有人負責嗎？

筆者之所以一開始以「馬總統的團隊」概括稱呼是因為無法單一歸咎於教育部、陸委會、陸生聯招會或哪一個單一單位或個人，因為「開放大陸學生來臺就學」的政策是兩岸六十多年以來最為重要的指標性政策，如果沒有和平，就不會有高等教育的往來。因此這一個政策的背後意義重大，不是單一部會或是個人可以承擔其失敗的後果。根據筆者的親身接觸，只能以「痛心」來形容相關部會官員的「無關緊要」、「本位主義」的思維，看不到政務官的影子，更看不到行政院對此一重大政策的重視。

第二年招收陸生本科生的制度設計共有 91 所大學計畫招收 1566 名陸生，一直到放榜的新聞稿才公布「有九成的陸生志願集中在 15 所大學」。換句話說，「馬總統的團隊」預見到陸生「很不配合」，填寫志願太過於集中少數私立大學，導致幾乎有三分之二以上的大學「很沒面子」，教育部與聯招會決定要嚴格執行核定的名額。從預先可以知道的後果來看，「馬總統的團隊」該作為而不作為的地方太多，也太明顯；所有的疏失早就可以預見，權責單位卻堅持「依照核定名額放榜」，既沒有備取設計，也沒有名額留用的空間，更不公布各大學各學系陸生報名的狀況，也不公布各校系最低錄取標準，讓許多落榜的考生傳聞滿天飛。

根據最新消息（2012/7/12），監察院糾正行政院「技職教育學術化」，指出跨部會都必須為此負責。技職院校招不到陸生，卻在新聞稿當中指出，「**陸生家長普遍還是把科技校院的學校比照為大陸的職業院校，因此在選填志願時還是跟去年一樣，集中在部分學校或某些領域學系，**」筆者不解的是：聯招會的意思是要陸生將臺灣的科技院校比成臺大、政大？看來陸生並沒有誤解，監察院的糾正文已經證實技職教育「技職」與「學術」兩頭空，這是我們該檢討的。

綜合這兩年招收陸生的實際成果，筆者深感痛心。以下綜合執政團隊的政策與執行的問題，提出幾項重點。

首先是「為什麼要招收陸生？」執政者必須先釐清此一爭議。是為了招收一流學生，或是為了兩岸正常交流，還是為了餵飽招不到學生的後段班大學，把陸生當成「救急」的「肥羊」？從報考研究生限 41 校畢業才可以，彷彿令人覺得政府是比較有原則的，並非飢不擇食。可是如果從本科生的申請門檻來看，尤其是第二年的核定招生名額來看，顯然與研究生的堅持完全不對等。恐怕沒有人可以回答，以至於整個執行方案完全失靈。

但是政府的高層必須表態，作為開放陸生來臺的最高指導方針。筆者認為上述三者當中，第二種「兩岸高教正常交流」才是對兩岸人民最有利的。尤其是當大陸限制高考成績二本以上的高中畢業生才能來臺灣，那無異就宣告了臺灣的後段班生源沒有指望了。可是實際上來看，政府官員的作為是「依法行政」，而不是「依最高指導原則」－「促進兩岸正常交流」作為。寧可預見缺額上千人，也不願通權達變，既滿足大陸考生的心願，也促進兩岸青年更多的交流。「運用之妙，存乎一心」。有沒有用心思考，在這裡就一目了然。

其次是「不透明」的作為，完全違背聯招的基本精神。如果是各校單招，各大學可以自行負責；但是聯招就必須要透明，才有公信力。可是第二年比第一年更糟糕，不但沒有記者會公布研究生與本科生報名結果，新聞稿也沒有，網頁上也查不到。以至於各大學只知道自己的學校報名情形，完全不知道全臺灣其他學校的報名情形。一直到放榜結束，才公布榜單，但是研究生部分對於放棄就學的最後結果，聯招會也不公布。本科生部分也是《旺報》報導幾所主要大學放棄就學的情形，也沒有公布全臺灣所有大學的資料。

「不透明」更表現在教育部核定各校招生名額的計算公式上，到底是如何計算出來的？淡江大學只准招收 45 人，義守大學可以招收 50 人，銘傳大學可以招收 95 人，南臺科技大學可以招收 45 人？有太多疑問，圍繞著陸生報名與錄取名額，無法令人心服。更有意思的是，教育部與聯招會的「創意」，要以「報到率」決定明年的核定名額。這種想法如果不是故意要給「熱門大學」如輔仁大學、淡江大學等「穿小鞋」，就是完全不了解大陸的高等教育制度。競爭越激烈的大學，是兩岸同時在搶好學生，「腳踏兩條船」是人性使然；臺灣沒有獎學金，如果大陸可以上好學校，當然就放棄臺灣。簡言之，報到率與競爭率是成反比，豈有報到率低就減少名額的道理。

根據教育部與聯招會的另外一項「創意」，就是公布錄取新聞稿上，是以「錄取名額」排序，而不是以「錄取標準」排序，或者是以「錄取率」排序。因為後兩項都不肯公布，但是第一項被「核定名額」卡死，完全失去聯招會「大學排序」的意義。舉例來說，輔仁大學與淡江大學報名志願總數都超過 1 千，但是核定名額分別是 104 與 45 人；可是其他有些大學幾乎是「來者全都錄取」，或者是錄取率很高。這一些事實陸生都知道，教育部與聯招會故意隱匿「不透明」，有一位浙江大學教授就笑筆者說：「你們臺灣不是很自豪，自由民主與開放嗎？怎麼這一點比不上大陸？」真的令筆者感到臉上無光。

「陸委會在哪裡？」、「政務官在哪裡？」是筆者針對馬總統開放陸生來臺就學政策執行成效檢討要提出質疑的地方。

顧名思義，陸委會應該重視此一政策，而且應該告訴人民為什麼要開放，對臺灣人民有什麼好處，爭取臺灣人民的認同與支持。但是打從2008 年馬總統就任以來，陸委會在開放大陸學生來臺政策的執行層面，公開場合似乎很少出現。更不必說要居於領導的角色。兩岸完全不對等，因為大陸國臺辦例行記者會才會針對陸生來臺問題發言，大陸教育部完全不發言；反觀臺灣則是教育部強出頭，陸委會完全退居第二線。究竟政府體制出現什麼問題？教育部「包山包海」，就連陸生談戀愛、考駕照、買保險、辦金融卡等都要問教育部。政府的體制混亂，莫此為甚。這是大陸政策，不只是教育政策，教育部只要負責把陸生教育好，輔導好，其他部分需要整個政府團隊合作起來才可以。

延續上一個質疑的是「政務官不見了」，通通是事務官層級回應相關問題。例如第二年本科生放榜之後，缺額過高，許多陸生家長跨海電話或親自來臺詢問「要不要補錄取？」這個問題如果停留在「事務官」層級，根本毫無機會。但是筆者早在放榜之前就公開呼籲，「放寬招收陸生名額是自信的表現」，期盼執政者重視。因為這一個問題如果由政務官來思考，恐怕答案就不一樣。心理學有一派理論「完形心理學」，基本主張就是「整體不等於部分之合」。今天我們看待大陸政策與兩岸關係，就是要有一定的高度，不可以從枝節來看，不可以因小失大。沒有想到陸生想要來臺灣就學，輔大與淡江等熱門大學也願意多收，但是政府不但沒有鼓勵，反而成為「障礙」，理由是「依照核定名額」錄取。想想，何等荒唐？這個時候「政務官在哪裡？」怎不令人痛心？

總之，歷史的前進都是要付出代價的，歷史沒有偶然，今年的陸生「生不逢時」，他們的「臺灣夢」碎了。筆者知道很多人唯一選擇輔大或者是唯一要來淡江就學，其他大學都不要，筆者真的很感動，那是一種跨越海峽兩岸的感動，為什麼我們不願意幫助他們來臺灣求學？當有人要來臺灣求學，我們都求之不得，更何況都是二本以上的優秀學生？

看到這兩年招收陸生的各種錯誤、本位主義與官僚作風，筆者深感無助與痛心，如果臺灣原地踏步，如何面對子孫？這一些事實高層知道嗎？馬總統知道嗎？請相信我們應該可以做得更好的，但是我們政府讓對岸太多青年與家長失望了。未來會更好嗎？誰也不敢說。（2012/7/12）（本文發表於臺北論壇，http://140.119.184.171/taipeiforum/view/10.php，2012/7/18）

尋找陸生在臺灣的感動

感性的人比較容易被感動，理性的人比較容易被啟發。

常聽到陸生敘述在臺灣最感動的一件事，自己也常常因此而記憶深刻，甚至於深受感動。

臺灣的社會需要找回感動的力量，許多青年人不知道感動在哪裡，有什麼好感動；當有人告訴他的時候，他才會恍然大悟：「原來這也會令人感動」。

有一位陸生告訴我，2009 年莫拉克風災的時候，他正好在臺灣，與許多大陸學生一起南下到災區去幫忙。這一件事情沒有人知道，沒有媒體報導，更沒有災民會在乎來幫忙的人是臺生還是陸生。我當時很驚訝。

我只記得有一天慈濟南部的聯絡通知，我的大兒子就匆忙去購買大雨靴、水桶與必要的工具；當天上午清晨四點不到，昏暗的天色中我就送他到高雄慈濟的靜思堂集合，當時我被那廣場上擠滿的青年人群與有序不亂的報到、家長的來車絡繹不絕，感動得無法言喻。那是一種由什麼力量凝聚起來的？大家沒有大聲吆喝，深怕吵醒黑夜的睡眠似的安靜進行著。

昨天研討會上，一位陸生剛來一個月，他最感動的一件事是參觀總統府的時候，看到總統府對面的「白色恐怖紀念碑」，隨時可以自我警惕，讓他心動不已，感動莫名。他是學國際關係的，在臺灣長大的孩子，聽到這事可能反應「連這個也會感動？」因為長期以來臺灣的青年實在太好命了。

我深深感到臺灣的下一代需要尋找感動的力量，大陸青年來臺求學正好是一面鏡子，即便是一件為不足道的幫忙、一位熱心的好老師、一堂精采的演講等等，都可能令陸生深受感動，寫下故事。我希望能夠收集這些故事，讓大家知道：原來臺灣是一個充滿感動故事的地方，我們過去疏忽了沒有關係，我們現在做還來得及；我們未來要共同珍惜，陸生來臺使我們發現自己、珍愛自己、感動自己。臺灣是我們的「生命共同體」。

繼完成《大陸學生臺灣夢》一書之後，我想要繼續策劃，收集陸生在臺灣感動的故事，用故事來呈現臺灣生命內容的豐富，用故事記錄臺灣的歷史，用故事讓全世界都知道我們的努力。就暫時稱呼他是「陸生在臺灣的感動」吧！（2012/7/21）

制度漏洞多　陸生未來等解套

其實有關陸生的問題很多，例如第一年碩士生錄取 220 人，報到的有 205 人，根據臺灣教育制度，這一學年結束他們將要畢業。他們的未來有哪些選擇，到現在有許多陸生本人都不知道。除非他們要回大陸，那麼明年 6 月就要離開臺灣。如果他們不想回大陸，其一就是轉到其他國家工作或進修，其二就是留在臺灣。由於「三限六不」規定他們不可以畢業之後留在臺灣工作；想要留在臺灣，除非結婚，其次就是報考博士班，似乎沒有其他選擇。

結婚是個人自由，沒有法律可以約束。據筆者查證，陸生就讀碩士期間申請直升博士班，比照臺灣碩士生辦法。如果是本科畢業生成績優異，通過甄試也可以直升博士班。這一些都可以在臺灣進行，不必等到真正拿到畢業證書。退一步講，取得臺灣碩士的陸生，如果要依規定參加當年度的「陸生聯招會」舉辦的「研究所招生」，那麼可能就會出現更多問題。

首先是陸生本人必須把握機會，否則猶豫一下，畢業幾年再想到臺灣讀博士，恐怕就必須參加「陸生聯招會」；如此一來「臺灣碩士」與「大陸九八五院校」在競爭臺大博士生入學機會上，如何比較？由於臺灣限制 41 校才能報考，這一群當年本身就是「大陸九八五本科畢業」才能來讀臺灣碩士，如今與大陸「九八五碩士」競爭，如何分出高下，似乎還沒有經驗。事實上，相同的問題也會出現在三年之後的第一屆大陸生取得臺灣本科文憑之際，2011 年共有 724 位本科生在臺灣就學。

根據最新規定，陸生本科生將來可在臺透過陸生聯招會申請碩士班；成績優秀者，可與一般生同參加博士班推甄，獲錄取後直升博士班，但不能直升碩士班。此一「在臺透過陸生聯招會申請」之說，並沒有清楚說明要與當年度的大陸地區報名碩士班學生一起處理分發，還是各自分開處理。臺灣有很多招收陸生就讀本科的大學院校或技職院校以私立學校為主，招生普遍有明顯壓力。陸生如果想要在臺灣讀碩士，就地直升似乎比較容易，如果必須與大陸的本科「九八五工程」畢業生競爭，那就比較緊張。

總之，政府在面對大陸招生制度設計上，從一開始就缺乏整體論述與一貫的主張，也沒有兩岸互信機制與協議，缺乏可以交流溝通的平臺。新任教育部長蔣偉寧自從 2 月 1 日就任到今天 9 月 8 日，從來沒有針對陸生招生有任何公開發言。教育部年底又將要進行「組織改造」，大陸小組將被併入國際文教處成為大陸科，到時後由高教司負責還是由「大陸科」負責，到現在似乎像「皮球」一樣。

俗話說「解鈴還須繫鈴人」，教育部遲早必須面對此一迫在眉睫的問題。政府各部會整體招收陸生思維與制度設計，必須痛心檢討，深入反省，盡早規劃，才不會損及第一屆陸生權益與各級陸生畢業延伸而來的問題。（2012/9/10　查證之後修正）（本文登載於《聯合報》2012/9/11 A15 版）

陸生「臺灣化」的思考

今年是臺灣開放招收陸生的第二年，成績依然很不理想，顯然兩岸在高等教育交流方面上有許多努力溝通的空間。不過，開放招收陸生是一個正確的方向，則是可以從幾個面向得到印證。

首先是當年反對開放陸生的理由，以及擔心兩岸開放雙向交流之後可能出現的「流向大陸」留學人潮，看來都是杞人憂天，並沒有發生。當然這其中，招收陸生的「三限六不」也起了一定的作用，類似貿易上的「非關稅障礙」一樣，降低了兩岸留學市場上的自由程度。這樣做也許可以使一些人比較心安，初期開放抱著試水溫的心態；但是從第二年的經驗來看，應該擔心的似乎不應該是臺灣，因為有一位就讀第二年的陸生首次提出「臺灣化」的概念，使筆者對於臺灣開放招收陸生更持樂觀的態度。

「臺灣化」指的是陸生到臺灣之後產生融入臺灣社會的程度；當然這是筆者根據這位陸生的描述所下的定義。這樣的思考不是臺灣政府方面刻意營造的結果，當然也沒有任何政治上的企圖，尤其更不是臺灣學者或是大學標榜的招收陸生的目的。也正因為如此，更彰顯出陸生對於到臺灣求學的正面反應，也增強了支持開放招收陸生的聲音。

這位陸生所舉的例子其實很籠統，他告訴筆者看到今年新生入學的情況，自己已經在臺灣第二年的經驗，產生了「臺灣化」的概念。雖然他的概念還很模糊，但是他很肯定的是，新生就像去年剛到臺灣的他們，對臺灣的認識只停留在大陸教科書以及有限的網路資訊；只有親自體會在臺灣的生活，使他更有信心比一般大陸學生更知道什麼是臺灣。

美國哥倫比亞大學林曉東教授最近在中國教育報發表「留學生亟需要提高跨文化的交流能力」（2012/7/20）一文，指出這種能力會影響大陸學生在美國留學的課業表現。筆者當時讀完此文產生的聯想是：兩岸之間文化近似，留學需要這種交流能力嗎？又如何在入學時加入這一項能力的甄選？入學之後又該如何在課程上強化這一類的能力，使他們可以更融入臺灣的生活與學習？

不論是奈伊的「柔性力量」理論或是尼爾・佛格森在《文明》一書之中所列舉的西方六種支配全世界近五百年的關鍵因素，在在都說明高等教育的競爭其實是影響深遠。當陸生來臺灣第一年暑假的時候，筆者有一點擔心他們會不會休學？事實證明他們不但回到臺灣繼續學習，而且以「臺灣化」的概念來形容老生與新生的區隔，使我們更有信心。

兩岸關係未來會如何演變誰也不知道，但是筆者深信，只要維持高等教育的正常交流，尤其是降低市場干預因素，表現臺灣的自信，長期下來對於兩岸和平以及臺灣發展都會有正向的影響。陸生提出「臺灣化」的概念，值得大家深思。深切盼望臺灣的執政者可以放開胸襟，跨越限招名額的格局，讓市場機制發揮作用，讓更多優秀陸生來臺灣就學，這才是我們所樂見的。（2012/10/1）

臺灣招收大陸學生模式的猶豫

臺灣在 2011 年正式開放招收大陸學位生以來成效不彰，但是「非學位生」的部分成長速度宛若騰空，仔細去看有幾個例子。

國立雲林科技大學與福建工程學院簽署「三加一」方案，凡是福建工程學院所屬的民辦「海峽工學院」本科學生，入學時就已經預知大三要去臺灣就學一年，費用是到臺灣之後才繳交，大約是每人每年學雜費臺幣 10 萬元，相當於臺灣私立大學學費。

今年（2012）9 月，首批來自福建工程學院大三學生已經到達雲林科技大學工學院就學，一共有五班 250 人。如果再加上與其他的大陸學校合作，該校大陸學生合計本學期達到 310 人，但是其中學位生不到 5 人。

第二個例子是福建閩江學院所屬海峽學院與臺灣的實踐大學、中國文化大學與中華大學簽署的「三加一」本科學習，與雲林科技大學一樣，大三的時候到臺灣一年，不同的專業到不同大學就讀，例如中華大學負責「交通學院」，今年大約有 100 多位陸生。這項計畫其實比雲林科技大學更早啟動，因為去年（2011）就已經有第一批大三學生來臺灣，今年來的是第二批。按此往前推算，早在馬總統當選之後，兩岸幾所大學就已經簽署此項合約，2009 年入學的本科生才能夠在大三的時候準時到臺灣來就學。

兩岸高等教育交流，如今才兩年而已，就有此一嚴重反差現象。「學位生」嚴格限 41 校以及教育部核定名額，年年成績單都不及格；反觀藉「研習生」名義建構的「三加一」與「二加一」（專科生），甚至於

「二加二」(加上外國大學)，如雨後春筍般增加。此模式沒有「沿海六省市」、「高考二本分數線」其他特別限制，教育部也沒有核定名額或是限制，數量大幅成長。

以 2011 學年來說，臺灣的國際與外籍生源，不分學位生與交換生，單一來源地區最多的就是中國大陸。筆者認為此一反差的發展，臺灣的教育部不是不知情，甚至於是默許與鼓勵，因為「八仙過海、各顯神通」，教育部沒有偏袒任何一所大學，完全尊重市場機制。

臺灣這一類學校有幾個特色：首先都是比較低調的大學（不必然是低知名度)；其次是以中南部居多，例如明道大學、朝陽科技大學、環球科技大學等等，北部很少；再其次是來自福建最多，例如福建師範大學、福州大學、福建工程學院、閩江學院等等。正當大陸大學生源競爭白熱化之際，二本以下大學如果招生時可以承諾大三到臺灣學習一年，也沒有外語或是成績門檻，在大陸招生肯定是有幫助的。

至於臺灣方面，基本上因為不授予學位，只提供一年的教學，責任不大；臺灣的教育部採「睜一隻眼閉一隻眼」的做法；部分大學不願配合大陸方面的「徵詢」，卻也羡慕他校「生源」年年不絕。「取捨」之間其實是教育部的政策不明確。

上個月聽到馬總統公開宣布臺灣要開放大陸專科畢業生到臺灣來就讀「二技」，幾天後又聽到教育部長公開說「正在努力中」。筆者看到政府在開放兩岸高等教育交流政策上的「為與不為」，百感交集。

首先是看到各大學為了生存所展開的各種交流模式，簡直是「教育商品化」的經典案例，但卻又不忍苛責；政府沒有給他們方向，「日頭赤炎炎，隨人顧性命」(臺灣諺語）是最能呼應心理學家馬斯洛（A. H. Maslow）的「動機階層論」最底層需求－「要活下去」。

令人擔心的是臺灣的大學會不會淪為大陸後段大學招生的「門神」？大陸各地的大學素質參差不齊，大陸的家長與學生會不會上當受騙？有一些在臺灣已經快倒閉的大學，看到此一商機，主動與大陸仲介合作，簽署合同，到了臺灣之後才發現是一所不合期待的大學，反而傷害兩岸情感。

總之，中共十八大之後，兩岸高等教育交流絲毫沒有令人振奮的期待，臺灣的許多私立大學必須準備熄燈，太多大學已經耗去臺灣太多資源，「猶豫」造成今天這種結果，臺灣還有選擇嗎？（2012/12/10）

靠陸生補生源　還需要北市大學？

馬總統再次宣布，擴大開放陸生來臺的範圍，除了將原先只採認「九八五工程」為主的 41 校之外，現在擴大到「二一一工程」總共有 100 多所大學；此外也將開放招收大陸專科畢業生申請到臺灣就讀二技，完成學士學位，藉以幫助臺灣生源匱乏的科技大學。教育部宣稱：最快將會從今年 8 月起實施。

在此同時，據悉臺北市將從 2 月 1 日起成立「市立大學籌備處」，準備將原有的市立教育大學、市立體育學院合併，派任新的籌備主任，儼然又多出一所氣象全新的大學，這兩件看似無關的高等教育政策，其實正是當前臺灣高等教育陷入的泥淖。

臺灣很小，只有 3 萬多平方公里，也只有臺北市擁有大學（高雄是空中大學），這是歷史上留下來的，但是歷史並沒有給它加分，根據最近報導的教育類評鑑結果，同樣屬於「教育大學聯合系統」的四所教育大學之一，臺北市立教育大學不但沒有全數系所通過，竟然還有一個系所被評鑑為「不通過」，顯然歷史與地點的優勢依然無法掩蓋這所「大學」的沒落。

如果從整體臺灣目前的高等教育資源過剩的事實考量，實在找不出任何支持通過「臺北市立大學」籌設案的道理，教育部都早已經想要整併與裁撤大學，更應該在政策上停止受理大學升格與籌設的申請。

作為臺北市長，當然會反駁只是兩所既有學校的合併；長期以來，這兩所學校的學術聲望有如江河日下，不斷改制到今天，這兩所大學與臺北市民已經沒有實際關係，完成階段性的任務，而且被時代拋在跑道之後。最好的出路是：與國立臺北教育大學整併，轉型成為「北北基中小學教師進修大學」，即刻起退出大學聯招，內部整合系所，打破本位思想，也打破學期與學年制度，幫助北北基中小學教師在職進修，一舉兩得。

臺北市民擁有的公私立大學資源雄厚，不需要單獨設一所市立大學來提供在臺北設籍市民高等教育，也不公平。既然如此，想像中的這一所籌設的學校還有什麼願景？把錢省下來，提供給其他臺北地區的大學來實現臺北市民的需求，又可以協助中小學教師進修，減少高教資源浪費，好處很多。

總之，馬總統的開放陸生來臺政策宣布，無非就是為了要解開「生源」嚴重緊缺的技職院校。十幾年來大學嚴重過剩，馬總統就任以來已經增加了幾所國私立大學，包括升格與整併等等，「依法辦理」無限上綱，完全無視於臺灣整體高教環境的惡化；各大學「本位主義」與教育部「與人為善」的完美結合，一再複製高教的惡化條件。臺灣要存續，這時候請不要再增設大學了。（2013/1/15 修改）（本文刊登在《聯合報》2013/1/17 A21 版）

開放大陸專科學生來臺的思考

馬總統在今年（2013）元月 14 日「大學校長會議」就已經公開宣布要開放大陸專科畢業生到臺灣修讀「二技」，以完成學士學位，其主要目的就是要挽救面臨倒閉的許多私立的科技大學。真可謂用心良苦，但教育部也配合修法，預計最快今年 8 月就可以實現。此一政策的形成與過去開放陸生「從優、從嚴、從長」的基調完全跳脫，恐怕會自亂陣腳。

自從 2011 年首度招收大陸學生以來，只限 41 校大學畢業可以報考研究生就是「從優」，2012 年招收本科生限制高考必須達到「二本分數線」就是「從嚴」，所有以上都是「學位生」就是「從長」；此一基調雖然才實施兩年，而且是兩岸各有堅持，不是沒有生源，而是大陸想來就讀的學校過度集中，臺灣真正迫切需要生源的大學「乏人問津」，無濟於事。

馬總統此一宣示充分證明臺灣技職教育遭逢嚴重倒閉的危機不是傳聞而已，同時也打破當初馬總統開放陸生的初衷，明說就是要救快倒閉的私立大學，什麼國際化、刺激臺灣學生讀書、加強兩岸青年的交流等等，都只是裝飾品而已。但是此一政策也同時宣告過去臺灣的技職教育政策是失敗的，我們不去補救改正技職教育的問題，卻要更多陸生來填補空缺避免大學倒閉，恐怕到頭來一場空。

技職教育本身就是封閉式的「終結教育」，是為就業做準備的。過去臺灣崇尚學歷，專科升格為學院，再升格為科技大學，學校「虛胖」，不但增設許多不必要的系所，也要求學生增加許多不必要的課程。最明顯的就是：餐飲科學生就是不想讀書，只想學得一技之長，如今要求他們修讀許多大學課程，像是微積分、會計學、統計學等等。

這種錯誤政策造成技職教育提升到大學學歷，普遍只有中學程度；其次是擁有大學學歷之後，就業期望就會改變，造成產學落差，失業率提高；其三是少子化使技職教育永遠是「後段班」的天下，雪上加霜，就算有技職大學博士學位，恐怕也會被要求「學歷查三代」（從大學部查起），就業歧視非常明顯。

中國大陸教育現況技職教育基本上是二線城市居多，學生也相對弱勢，私立民辦大學也多；追求更高學歷是中華文化根深蒂固，但是技職學生不斷升學的後果就是臺灣現況－缺乏中級技術人才，大陸不是沒有能力提供更多「專升本」的名額，而是制度設計上如此，才能夠「人盡其才」，畢竟大陸「高考」被稱作「獨木橋」，就是要篩選普通教育與技職教育的管道。

大陸願不願意隨臺灣「起舞」？就算臺灣全部「二技」動到大陸學生腦筋身上，不過才一年 2 萬人，大陸有 2 千多所大專院校，其中一千多所本科院校，每年每校多招收兩個新生就全部吃掉了，何勞臺灣費心？換句話說，大陸要同意臺灣開放招收專科生與否，取決於他們對此一問題的認知。

如果臺灣讓他們相信：到臺灣可以學到大陸沒有的技職教育，回到大陸可以貢獻所長，那就也許會從寬考量。今天的大陸嚴重城鄉差距，缺工的二三線城市，以及想要入籍北京、上海等一線城市人口的反差很大。如果大陸再開放讓專科生到臺灣修本科，無異是助長技職教育「學術化」，只要他有錢，可以在臺灣一路讀到博士，不但破壞大陸技職教育體系與產業的既有關係，也會重新建構大陸技職教育的思維，步臺灣的後塵，中技產業人才將會消失，人人大學畢業起跳，失業將會更加嚴重。如何發展？拭目以待。（2013/2/28）（本文刊登於新加坡《聯合早報》2013/3/8 19 版）

鬆綁陸生政策路坎坷

馬總統在今年元月全國大學校長會議上公開宣布，將要擴大採認大陸學歷，從原來的「限 41 校」擴大到「二一一工程」一百多校。此外，也要開放大陸專科畢業生來臺「專升本」，就讀二技，教育部說最快今年 8 月就可以開始實施。其實包括「三限六不」的鬆綁、陸生加入健保等等支票，要兌現似乎路途坎坷。

去年剛就任的海基會董事長林中森首次前往大陸，就接獲大陸臺商的反應，由於政府不採認「二一一工程」，以致於他們的小孩無法辦理兵役緩徵問題，總統親自宣布擴大採認大陸大學校數，充分顯現誠意；大陸「二一一工程」畢業學生也期待，今年可以申請來臺灣讀研究生。但是一直到今天為止，沒有確實訊息將會真正在今年實施。

本來陸生聯招會招收研究生的簡章早該公布，至今無法定案，筆者推論應該就是與對岸的回應有關。很早就有傳聞，只要臺灣擴大採認校數，大陸就會同意增加沿海六省市以外的地區到臺灣就學這種「條件交換」的說法。反之，如果大陸沒有善意的回應，馬總統的宣布無疑是喪失籌碼，換來的是一場夢。更令人好奇的是開放專科畢業生來臺就讀二技，如果沒有大陸各地方政府的同意，恐怕一廂情願的宣布，會使總統的威信盡失。

今年大陸的碩士生入學考試結束，考生多達 180 萬人；學生要留在大陸還是出國留學，臺灣遲未公布簡章招收陸生的機會越來越小。此外，大陸各地本專科招生困難早已經是眾所皆知，去年山東省專科生招生計畫就出現五萬多缺額，其中甚至於有 96 所學校連續三次投檔都沒有一個人報考。自身難保已經是大陸各省市大專學校最迫切的問題；看在大陸眼裡，臺灣的生源危機並不是他們的責任。

另外一個障礙就是過去兩年來陸生就學的經驗，也會影響大陸。同樣在臺灣的僑生與外籍生，陸生的各種待遇顯然矮了一截；如果這是臺灣的政治考量，那麼大陸更有理由用政治來考量教育問題。當馬總統拋出這麼多籌碼之後，如果「真心換絕情」，得不到大陸對等的善意，教育部要如何自處？恐怕時間對臺灣是不利的。

總之，開放陸生對兩岸關係的改善應該是很明顯的，但是看來馬總統擴大開放採認的學校與招收陸專科生，都無法換得大陸的具體承諾回報，長期穿梭兩岸的政府官員應該知道問題出在哪裡。如果此一宣布不落實，臺灣人民可能無感，但馬總統會失去大陸學生的信任，恐怕就不是兩岸所樂見的。（2013/3/10）（本文刊登於《聯合報》2013/3/12 A17版）

兩岸高等教育交流的困境

一、前言

兩岸正式開放高等教育雙向交流，始於 2011 年，臺灣正式招收大陸的學位生開始算起，至今已經進入第三年。照理說應該越來越順暢，問題越來越少才對，沒想到剛好相反；不但招生的步調不順暢，矛盾似乎也越來越多，如果不重視，對於兩岸高等教育交流與兩岸關係的改善是不利的。

舉例來說，2012 年開放招收大陸研究生的簡章公布很早，接受網路報名從 2012 年 1 月 19 日到 2012 年 3 月 14 日為止。可是 2013（今年）年的簡章遲至 3 月 12 日都不見蹤影，筆者忍不住發表在《聯合報》「開放陸生要快　別真心換絕情」，呼籲政府要加快腳步，給大陸學生有機會準備；沒想到當天晚上八點就看到新聞發布，政府同意擴大開放大陸學生「二一一工程」畢業都可以報考。筆者一則以喜，一則以憂。喜的是政府從善如流，憂的是政府的決策過程如此有彈性？

本文擬就一個臺灣學者針對兩岸開放正式高等教育交流以來，所親眼觀察到的困境，提出五項重要關鍵供相關單位與研究人員參考。本文不討論大陸方面的角度，也不溯及 2011 年以前就已經開放的大陸來臺交換生，或者是陸委會補助短期來臺的研究生。

二、兩岸高等教育交流的重要困境分析

雖然兩岸高等教育交流的困境很多，而且從不同的角度有不同的看

法，例如：大學校長或私立大學董事長、臺灣的大學教授、大學受教育者、一般民眾、政治人物等等。本文僅就從事兩岸教育的專業研究角度，提出幾件比較明顯而重要的困境，向大家請教。

（一）決策機制混亂，分工但不合作

目前教育部看似招收陸生與開放大陸學歷採認的主管部門，實則不然；首先是跨部會的協調，包括勞委會、衛生署、移民署等等，其實更重要的是總統府、陸委會與海基會都會有意見。到底誰說了算？目前有關陸生問題，恐怕沒有明確的答案。教育部完全無法掌控與陸生有關的部會支持，甚至於被唱反調，互不妥協。

再就教育部內部而言，也是「有苦說不出」；高教司主管學位採認與陸生來臺（學位生），技職司主管開放大陸專科畢業生來臺攻讀二技的規劃，國際與兩岸司主管大陸來臺的短期研修生。按理說分工清楚，合作可以無間。其實是互不干涉，各行其是。目前短期研修生人數急速攀升，2012 年已經高居境外生單一國家來源第一名，但是很不規範，各種形式都有；時間有半年、一年；形式上有交換生、研修生；實質上有單一學校一次性來自大陸單一學校兩百多人，幾乎等同於整個臺灣一年所招收的碩士研究生；中南部的技職大學最多，開設陸生專班上課，上課一年，收費比照私立大學。

這種近似「兩極化」：學位生資格從嚴（限 41 校、沿海六省市）、人數從嚴（淡江大學為例，研究生碩博士只有 12 人，本科生只有 45 人）、全臺灣聯招分發（沒有自主性）；反觀研修生恰好完全對立：資格從寬（只要是大陸在校生，任何有簽約的學校都可以申請）、人數不限（單一學校來源一次 200 人以上很多）、自主性強（包括 2+1， 3+1 等兩岸合作辦學案例都是很個別的）。

學位生開放滿兩年，總計招收不到 2 千人，經常是被檢視的目標；反觀研修生一年總計已經超過 1 萬人，而且還在增加之中。雖然很多私

立大學仍然在猶豫與觀望，但是生存的壓力迫在眉睫，許多仲介也不會放棄這一塊市場大餅。教育部都知道，但是似乎仍然存著「各行其是、順其自然」的鴕鳥心態，出了事情再說。典型就是大陸「摸著石頭過河」的經典體現。

（二）兩岸高教交流，缺乏形式上的共識或協議

馬總統上臺至今，大力推動 ECFA，也進行了八次的「江陳會」，簽署了十八項兩岸協議，但是沒有教育交流協議。開放兩岸高等教育雙向交流是馬總統的政見，當選之後卻不見落實在具體的兩岸協議之上，又沒有兩岸的交流共識，招收陸生接觸的層級與談話的內容都不便公開，這種政策如何落實？只見雙方政府官員在媒體上互相喊話。臺灣由教育部官員出面，大陸則是由國臺辦代表，沒有任何具體的承諾，彼此也不信任。

反對與大陸簽署教育協議者可以舉出很多理由，但是卻無法告訴我們如何推動兩岸教育交流往前走。舉例而言，筆者一再強調兩岸高等教育的合作充滿無限想像，包括開放大陸大專教師到臺灣進修碩博士、兩岸合作學術專題研究、開放兩岸聘請論文答辯、審查教授等等，這一些都是國際上普遍高等教育合作的例子。如果沒有綱領性的條文，公務員消極保守的心態成為兩岸高等教育交流的最大阻力，就連鬆綁聯招，開放讓大學自主單招都顧忌很多，政府太辛苦了。

（三）作繭自縛的「三限六不」與「陸生納保」案

從馬總統就任至今不過幾年光景，教育部長也才前後三人，就發生「自己否定自己政策」的窘境，包括「三限六不」與「陸生納保」案，都是執政黨作繭自縛，怨不得別人。其中理由就在於外籍生與僑生相比較，陸生的待遇顯然矮了一截，以致於陸生被「歧視」之說便更具有說服力。

馬總統面對此類案件，之所以無法脫離泥淖，就是因為缺乏中心論述，「頭痛醫頭，腳痛醫腳」的官僚心態表露無遺。政府應該要檢視的是：為什麼要開放兩岸高等教育交流？對臺灣有什麼好處？可能對臺灣社會帶來什麼衝擊？政府都應該很誠實的告訴臺灣人民，取得人民的支持。在這種論述之下，政府所作的政治決定，就會更有說服力。否則，兩年之前提出「三限六不」與「陸生不可納保」；兩年之後同一批人告訴人民「三限六不」要鬆綁與「陸生納保」案，請問政府的威信何在？再過兩年，又要如何修改？

（四）對大陸教育現況完全不理解

俗話說：「知己知彼，百戰百勝」；臺灣政府官員對大陸教育的不了解，或者說低估了大陸教育的複雜程度，高估了自己的主導能力等等，都使臺灣陷入了兩岸高等教育交流的困境。

筆者最近以「增進兩岸理解工程要從高考命題作起」，以近四年公務員高考二級「兩岸教育比較」考試科目考題為例，分析很多考題的不當，不但無法有助於甄試出對大陸教育理解的程度，反而加深了對大陸教育的誤解與方向的錯誤。例如：「兩岸技職教育比較」、「兩岸高等教育比較」、「兩岸中小學教育比較」等等大而不當的考題，幾乎都可以當論文來寫，考生如何回答？比較點在哪裡？恐怕連命題者都一知半解。因為大陸實在幅員太大、各類教育問題太複雜了。

大陸有一位學者演講的時候提到，「臺灣研究」近年來在大陸成為顯學，有一些學者以為只要看看報紙，不出半年就可以充分理解臺灣。反觀臺灣，很多官員以為只要去大陸幾趟，換換名片、吃吃飯，多認識一些高官就可以搞定大陸。這兩件事其實都存在。

政府官員不理解大陸教育的事實，就怕政府官員自己也不承認；政府所屬的「國家教育研究院」應該承擔的「智庫」責任，據說現在已經成為「發包中心」，把教育問題轉發給各大學教授承攬研究，誘之以利，問題是往往「所託非人」，研究成果通常束之高閣，存查結案，錢是花　了，官員還是原地踏步。

（五）大學資源嚴重過剩，成為行銷包袱

臺灣的少子化與高教資源過剩，並非一朝一夕，想要藉由陸生解套，借用陸生的話：「販賣文憑」，與臺灣喜歡調侃大陸產品是「黑心商品」沒有兩樣。

筆者真的相信後段班也有很多優良的教授，有一位教授就曾經很不滿對筆者說，她告訴那一群不用功的學生：「你們不要以為我在這所學校教書，就表示我的程度跟你們一樣。」她的一番話，道盡臺灣今天高等教育界的悲哀。就算再努力，招不到學生的後段班大學也會被貼上標籤，在網路極為發達的今天，想要換個包裝向大陸行銷，恐怕也是「夜長夢多」，到頭來還是一場空。

三、結語

兩岸高等教育交流對於兩岸關係的改善無疑是正面的，借用李英明教授最近的話：「兩岸要的首先應該是軟和平。這種軟和平既不應是以權力拼搏為基礎的和平，也不是強權強制下的和平，而是以民為本，建立兩岸道德規範及倫理秩序的和平。」筆者非常認同此一觀點，也深信兩岸將來只有在文化與教育的交流上，才能夠深化和平的基礎，找尋共同的未來。如何突破兩岸高教交流的困境，就仰賴睿智的兩岸各級領導了。

招收陸生忌誤判情勢

最近大陸「兩會」正式結束，推舉新任國家主席與新任國務院總理，開啟未來十年中國大陸的新時代；記得曾經有一位好朋友告訴筆者，美國的大學名校千萬不能在「兩會」期間召開「家長會」、「校友會」或是畢業典禮，因為那就會有許多「兩會」代表無法出席。這不是一則玩笑話，而是當今中國大陸留學教育的具體寫照。

在過去三年裡，中國大陸出國留學人數成長驚人，從 2010 年的 28.5 萬人、2011 年 33.9 萬人到 2012 年的 46 萬人，其背後的隱藏意義值得重視。今天的大陸實施「一胎化」已經超過三十年，子女的教育成就已經成為彰顯父母身分與地位的重要指標。應該說：子女出國留學不只是圖未來有更好的發展機會，而是大陸的父母財力與地位的重要體現。

根據研究，美國長期以來一直是大陸學生出國留學的首選。大陸名人許多子女都是留學美國。換句話說，留學國家的區別也如同社會階層化一般，反映出大陸家長的競爭心態。越是競爭激烈、外語要求標準高、收費昂貴、錄取名額少的權貴名校，便成為「父母以子貴」的具體證據。

筆者長期研究兩岸高等教育交流動向，也一再強調臺灣的優勢，經過近兩年的實際觀察，臺灣即使努力要改善「三限六不」、「沒有健保」等不友善的招生環境，也沒有條件與先進國家競爭大陸一流生源；尤其是馬總統宣布要開放招收大陸專科畢業生來臺灣就讀本科，更是筆者感到非常困惑的政策決定。因為「留學國家階層化」的現象非常明顯，大陸存有「具備什麼樣條件的學生，到什麼地區留學」的思維，如果臺灣刻意為拉高招生名額，降低入學門檻，恐怕會得不償失。臺灣的競爭對手，除了歐、美、紐、澳先進國家之外，亞洲的日、韓、新加坡、香港等等都是觀察的指標。就像體育賽事或者是金融評等一樣，一旦定調就很難翻身。

總之，源自大陸內部的出國留學「推力」勁道很強，許多內地省分學生深感「走出去才有未來」，比較的只是要去世界的哪個角落留學比較有利。馬總統宣示擴大開放大陸學歷採認校數，希望吸引更多優秀大陸學生來臺，看來並不樂觀。臺灣內部「大學階層化」的事實，如果與大陸學生「留學國家階層化」的思維相結合，產生的「加乘效果」非常明顯。臺灣宜務實以對，思考開放大陸學生來臺的初衷，是要吸引優秀生源，還是要挽救將要倒閉的大學？建構核心思想將會決定未來兩岸高等教育互動的前景。(2013/3/21)

兩岸高教交流中解不開的疑惑

臺灣自 2011 年正式開始開放大陸招收學位生以來，始終有一些解不開的疑惑，影響兩岸高教的正常交流。例如在陸生聯招會檢討招生績效不佳的主要原因裡，有「大陸學生對臺灣高校資訊不夠了解」此一理由，對應之策當然就是要多加宣傳。以 2012 年招收本科生為例，臺灣共有 91 所大學開出招生名額，但是陸生填寫的志願（每人可以填寫 5 個志願）明顯集中在前 15 所大學，換句話說，有 76 所大學是乏人問津的。

到底原因在哪裡？

2013 年臺灣招收陸生計畫，研究生部分擴大開放採認的大陸大學，從「限 41 校」增加到 111 所大學；此外，生源戶籍地也從原來六省市增加湖北與遼寧兩省，總共八省市。如此看來，2013 年預期可以招收大陸學生的成績應該會比過去兩年好，真的是如此嗎？尤其是馬總統在 2013 年元月全國大學校長會議上公開宣布，要從今年 8 月起，開放招生大陸專科畢業生到臺灣就讀二技，「專升本」取得學士學位。此一政策利基何在？前景如何？相信國人有許多疑惑。

首先是臺灣始終沒有官方認證的大學排行榜。不少大陸學者一再向筆者詢問，如何分出臺灣各大學的高下？筆者無言以對。過去聯招時代，統一考試成績最低錄取分數是一個重要指標，而且全臺灣所有大學無一單招，當然易於解說。不過那已經是近二十年以前的事了。

有一些陸生人在臺灣，很想解開此一「疑惑」，提供給有意到臺灣求學的後進參考，但是卻常常誤解臺灣的大學入學制度。就算是以錄取成績高低來看，現在不論是推甄最低錄取成績，或者是指考各學系最低錄取成績，都不能拿來直接比較；甚至於同一所大學也不可以，因為每一個學系採計的成績比例與學科不相同，當然就不宜直接以成績高低定高下。

當年創下「7 分可以上大學」的歷史紀錄，是採計五個指考科目總計，因此可以充分反映臺灣的高等教育供過於求的嚴重程度。據說有人將大學入學考卷拿給幼稚園小朋友填寫，隨便他填，統計結果幼稚園小朋友都可以錄取就讀大學。此說不必懷疑，筆者完全相信。

臺灣的教育部並不像大陸教育部公布「九八五工程」、「二一一工程」等重點大學名單，至少讓家長知道努力的方向。筆者年年購買坊間出版的「大學入學指南」相關的書籍，發現到「商業氣息」瀰漫，雖然不便武斷「多數都是謊言」，但是「多數沒有說出真相」。舉例而言，臺灣大學就不必宣傳，也看不到類似其他各校滿滿的廣告。

說到底臺灣是無法提出白紙黑字的大學排行榜。大陸的家長可能好奇：如此一來，臺灣的考生如何填寫志願？多達一百多所大學，每一所大學都有好幾個學院、幾十個系所，如何判定其好壞？道理很簡單，每一個人心中自有一把尺，俗話也說「公道自在人心」，要靠宣傳與廣告招徠學生的大學，基本上就已經輸在起跑點了。

這並不表示臺灣的考生對於臺灣的大學排行榜都有共識，因為有不少家長也是「誤入歧途」，往往停留在過去的迷思裡，現在已經漸漸走出來了。這些迷思主要有幾項：「國立大學一定比私立大學好」、「念師範大學可以當老師，有保障」、「博士學位就好，不論是哪一所大學」等等。顛覆上述迷思是臺灣多少青年人付出代價換來的，因為政府不說，學者沒有根據提出預警給學生，否則後患無窮。

說了這麼多，還是無法滿足大陸學者與家長想知道的答案：到底臺灣的大學如何判定其好壞？所有臺灣的學者都戒慎恐懼，深怕自己的想法觸怒各大學，損人也不利己。可是筆者也認為，如果沒有依循的參考指標，致使大陸學生有「受騙上當」的感覺，反而壞了臺灣招收陸生的美意；甚至過去有陸生回到大陸以親身經歷細數臺灣一些大學的「學店」作風，只會越來越多。就算臺灣不去宣傳，藉由網際網路的發達之賜，大陸學生就會口耳相傳，不出幾年，大陸就會有人排序出來「解惑」。

這裡還有第二個解不開的疑惑，大陸學生就會很想知道：臺灣的大學排名，哪一些大學的程度對應大陸各省市的高考「二本分數線」，哪一些對應大陸的「專科生」程度？這一些問題，都是大陸家長與學生普遍存在的，可是就是找不到答案。

與前述第一個「解不開的疑惑」一樣，包括官方與民間，沒有人可以精準回答此一問題；也沒有人敢說實話。最多就是以「前段班大學」、「後段般大學」稱呼之，至於哪一些大學是「後段班」？大家都心照不宣。令人感到遺憾的是，臺灣的官方對於高等教育過剩的因應策略是引進陸生，而不是嚴格要求品質不好的大學退場（不少公立大學後段班，比私立大學前段班差很遠）。

如果了解大陸高等教育制度的學者可能知道，在大陸初中畢業開始分流，高中與高職（大陸叫職高）各半數；高中畢業再參加高考，基本上成績再濫，也至少是該年齡層百分等級中等程度，才能夠接受高等教育。更不必說限定「二本分數線」才能到臺灣就學，如果按百分等級相對應來看，臺灣可以招收大陸本科生的大學可能剩下三分之一不到。2011、2012 年首兩批來臺的陸生，有人進入「後段班大學」而感到「失望」（有很多複雜的形容詞可以用在不同陸生身上）。也許他們喜歡臺灣，但是他們不喜歡被錄取那一所大學。到底有多少學生如此？沒有人知道。

2013 年 3 月 25 日在淡江大學由未來學研究所主辦的一場「跨文化對話：亞太社會發展的未來」研討會上，廈門大學臺灣研究院張寶蓉副所長發表中，就提到他們的一項大規模研究，調查訪談約 600 位來臺就學的陸生，有效樣本 540 份，主題是陸生在臺灣的學習滿意度，學位生與交換生各半，各有 250 位以上。令人驚訝的是，高達八成三的受訪者表示，對於臺灣的高等教育不滿意。張教授當場表示他們對於此一結果很意外。

這是筆者「聽到」（沒有書面論文）第一個有關陸生在臺灣學習滿意度的調查研究結果。筆者擔任評論者，由於不知道該研究的具體抽樣與訪談方法，因此對於結論不便妄下定論。但是至少此一研究結論給予臺灣的教育工作者警訊：不要低估陸生對於高等教育品質的要求，也不要高估臺灣所提供的高等教育內容。

說穿了就是要「對應」—「學生要選擇適合的學校」比較好適應。後段班大學招收二本分數線的本科生，恐怕無法愉快學習。臺灣的許多生源緊缺的大學，很不巧的多數是後段班大學。這種「反差現象」，就會使開放招收陸生的政策成效大打折扣。因為臺灣的後段班學生基本上在年齡層（不是考生而已）的百分等級都是不到五十；教授再好，也必須遷就多數學生的學習態度與進度，除非開設「陸生專班」。

從此而言，馬總統宣布要招收大陸專科畢業生來讀二技，除了大陸專升本的機會有限之外，臺灣最大的優勢就是不必具備外語要求，固然有其生源，但是令人擔心的是來臺灣之後的可能困擾。包括生活輔導、教學制度、轉學機制等等配套措施，恐怕會迫切需要預先準備。

總之，在兩岸高等教育的交流之中，有不少「解不開的疑惑」，在兩岸都一樣。雖然已經有了前兩年的經驗，看起來招收大陸學生的瓶頸似乎已經出現，既然臺灣提不出大學排行榜，大陸學生口耳相傳，兩年以來也漸漸形塑出大陸學生心中的臺灣高等教育排行榜，一旦成型就很難顛覆。臺灣誤以為增加錄取名額，再強迫分配給後段班大學，就可以「趕鴨子上架」。殊不知這一招在 2012 年招收本科生已經用過了，毫無效果。當時報名人數二本分數線比第一年多一倍以上，錄取人數反而少於第一年。強迫分配名額不得流用的教訓應該要記取，不要重蹈覆轍。

2013 年招收大陸研究生的報名作業將會在 4 月 9 日截止，馬總統宣布擴大採認大陸校數到 111 所大學，大陸也同意增加到八省市戶籍的生源，報名人數顯然增加，但是他們所填報的志願與將來的錄取結果如何，大家都很關注。緊接著要上場的是 2013 年本科生的招生工作，以及馬總統指示首次要辦理的招收大陸專科畢業生的二技部，如果這一些「解不開的疑惑」繼續圍繞，可以預期的是兩岸高等教育交流將會掉進泥淖裡，原地打轉。請兩岸高層務必務實以對。（2013/4/5）

爲何要防止陸生轉學？

最近有幾所大學陸續公布招收陸生轉學申請的簡章，對於在臺灣為數不多的大學部大一陸生而言，幾乎很少人重視。也因此而造成一些希望轉換學習環境的陸生，進退兩難，無所適從。

目前已知道有淡江、世新、銘傳、實踐、文化等幾所大學將開放招收大陸學生大一升大二轉學名額，可是其中有一項規定很有問題，就是報名的時候就必須檢附轉出學校的同意書，這裡面出現兩個嚴重的問題。

其一，此一規定只針對陸生，臺灣學生轉學沒有此一規定。相關單位的用心良苦，防阻陸生轉學的企圖昭然若揭。試想：有意轉學的陸生希望被知道嗎？尤其是還不確定是否被錄取，一旦提出要求「轉學同意書」，校方當然馬上列為關切與輔導對象，試圖理解對校方有何不滿意？如此一來，不少陸生便打消念頭，可是內心極為不滿。

其二，如果陸生堅持提出申請「轉學同意書」，萬一到時候要轉入的學校沒有錄取，繼續留在原學校就讀的尷尬心情可以理解，但是想要回大陸已經不可能了。進退兩難，無所適從，是一些（具體數字不知道）陸生實際的遭遇。教育部此一「極不人道」的規定，與促進兩岸教育交流、輔導學生適應學習的表面說詞，完全背道而馳。

筆者過去長期關注從大陸就學返臺的臺生，爭取大陸學歷採認十幾年總算開放甄試，可是受到的委屈非當事人無法理解；由中興大學主辦的大陸學歷採認甄試，前兩年通過初試與複試合計總數只有 20 幾個人，多數從大陸回來的臺生已經死心了。

現在看到陸生面對類似轉學這種令人傻眼的規定，令筆者想到兩岸之間的教育交流始終不順暢，不是沒有道理。陸生可以向誰反映？在臺灣恐怕不會有人重視。藍綠民代重視選民服務；各大學唯恐招不到陸生，豈有不先輔導就同意陸生轉學的道理？教育部更是幕後推手，陸委會與海基會更是「局外人」，試問轉學有這麼嚴格嗎？不能等到被錄取了，再提出申請轉學同意書的要求嗎？更何況臺生都不需要，此一要求公平嗎？

兩岸自從馬總統就任以來，「江陳會」八次共簽署十八項兩岸協議，可是卻沒有一項與教育交流有關；看到大陸積極促進兩岸政治談判，筆者深感人數這麼少的陸生，何時可以得到兩岸政府的關懷，就是兩岸關係成長的一大步。（2013/6/14）（本文刊登於《聯合報》2013/6/17A15版）

陸生三年的啓示——資訊透明才能促進理解

臺灣史上開放招收大陸學生來臺求學第三年，從 3 月中開始研究生報名，其中首次試辦開放大陸專科畢業生來臺就讀二技，以及高中畢業生來臺就讀本科四年，已經全部結束。這三年的經驗給我們很多啟示。

首先是很多官員與大學不願意接受的事實，那就是臺灣至少有八成以上的大學對陸生是沒有吸引力的。如果歸咎於宣傳不夠，那就低估了現代網路的影響力，也無法解釋為何總有大學一樣不作宣傳，可是招生絲毫沒有障礙？

其次是聯招的做法是落伍的制度，既然三年來有八成以上的大學都是陪榜的，何不開放由各校單招，不必中央集權式的集合在一起開會，三年到頭來都是夢一場。尤其是教育部與聯招會「一年一變」的招生制度，令考生無所適從。就算招生人數增加到 1 萬人，考生集中在兩成以內大學的結果是不會改變的。

對於聯招會統計本科生源最多的浙江、福建、廣東三省，主要原因是各省市大學資源非常不均衡。以臺灣今年開放採認以「二一一工程」為主的 111 所大學看，今年考生與大學數分別是：浙江 31 萬考生只有 1 所；福建 26 萬多考生只有 2 所；廣東高達 72 萬考生也只有 4 所；反之，北京 7 萬考生有 26 所；上海 4 萬多考生也有 9 所。考試成績達「二本分數線」的陸生，沿海省市到臺灣就學可能遠比到外省市還要近，當然就成為兩岸大學間的競爭。

今年生源又增加的湖北與遼寧兩省，當地今年考生分別是 43 萬與 25 萬人，但是「二一一工程」只有 7 所與 4 所。不論開放多少省市的生源，在兩岸選擇大學理路已經越來越清晰。部分誤以為「擠牙膏」式招收陸生，以核定名額與擴大開放省市雙管齊下，可以使陸生就範到後段班大學就讀，三年以來證明成效有限。許多「前車之鑒」會告訴陸生的學弟妹，進退兩難的故事已經累計不少。

由於教育部與陸生聯招會的特殊考量，辦聯招卻不公布榜單也是值得檢討。今年試辦招收專科生，公布預計招收 900 多人，結果招收到 93 人，詳細榜單完全鎖住；學士班放榜方式只公布學號，也沒有姓名。自一千四百多年前有科舉以來，「金榜題名」唯恐天下不知，豈有難以啟齒之理？

兩岸關係的未來充滿想像，服務貿易協議的簽訂，雖然在立法院受阻，但是一旦通過，陸生將會直接受惠。臺灣廣設大學被嚴長壽說是「大家互相欺騙」，大陸學生三年來也知道不少。三年以來招收陸生的經驗與教訓，政府應該虛心徹底檢討才是。（2013/7/7）

兩岸教育交流到底卡在哪裡？

一位陸生在臉書上透露下年度預定招收大陸學位研究生的名額在周三已經核定，緊接著由各校按系所去分配，該陸生提到「名額比去年多很多」。這使筆者產生許多聯想。

首先這是第四年招收大陸研究生，四年以來我們的招生制度基本上沒有改變，除了名額的跳動之外，大陸方面擴大到八省市生源，臺灣也擴大到「二一一工程」，其他方面包括聯招的做法等等，當年開放招收大陸學生的初衷在哪裡？政府應該檢視馬總統的談話。

筆者認為過去三年開放大陸學生的經驗，政府並沒有總結與檢討；現在臺灣的境外生來自中國大陸人數已經是穩居世界第一了（包括學位生、交換生、學制合作辦學生）等等；展望未來，臺灣可以擴展生源的地方也只有中國大陸而已，任何其他國家都極其有限。

筆者認為過去幾年的經驗說明，教育部並沒有準備好為何以及如何招收大陸學生？取消聯招會招收大陸碩博士生的做法，開放給各大學自主招生。真正要對兩岸關係有利的教育交流，不在於臺灣方面「頭痛醫頭，腳痛醫腳」；這種「缺錢找錢、缺學生找學生」的做法是短視的。

臺灣的做法應該是易地而處。大陸教育的困境在哪裡？他們需要臺灣提供什麼合作？因為中國大陸目前生源短少嚴重，許多二本院校以下很需要增加競爭生源的利基，例如提升師資的碩博士學歷，這正是臺灣可以提供的。

再比方說中國大陸許多技職院校很需要與臺灣合作，不一定是與臺灣的科技大學為限，如果一般大學也許可幫助大陸的技職院校，臺灣的許多好的科技大學生源壓力頓減。

再比如說兩岸院校與系所的合作辦學，都應該放寬限制。論文答辯以外，如果本所每一學期固定與廈門大學合作，由臺灣研究院在本所開授一門「大陸政治與經濟現況」；由教育研究院在本所開授「大陸社會與教育變遷」，允許兩校自行安排師資與細節，這一些兩岸合作都有助於兩岸高等教育發展與生源素質的提升。

目前各地與大陸簽訂的許多「二加一」、「三加一」等方案都應該納入規範，兩岸不宜在資訊不對等的情況下簽署，賺錢不是政府部門的首項考量。

總之，兩岸教育交流的空間很大，但是四年以來進步空間是零。我們期待開創性的做法，而且也要讓對岸知道：我們有考慮到你們的需要，才能互惠雙贏。（2013/12/20）

讓快倒閉的學校招陸生是詐騙集團

中評社臺北 1 月 14 日電（記者　王宗銘專訪）臺灣淡江大學中國大陸研究所副教授楊景堯接受中評社記者專訪時表示，馬英九政府雖然宣示招收大陸學生的名額增加，可是其他的三限六不、健保不開放沒什麼改變；與其去談各大學陸生名額增加的分配，不如把陸生聯招取消，讓各大學自主招生，現在教育部長不敢做決定，所以未來這一年，他看不出來有什麼未來。

楊景堯是高雄市人，1957 年生，臺灣師大教育系學士、臺灣師大教育研究所碩士、高雄師大教育學博士，現在並擔任兩岸文教研究學會榮譽理事長、臺生會榮譽顧問，研究專長包括國際教科書的兩岸問題認識、兩岸高等教育交流。

楊景堯說，臺灣自己沒有把步調計劃好，以致於現在很亂，如果兩岸要簽署教育合作交流協議，協議的前提應該是臺灣內部要有共識，為何要招收陸生？圖什麼？不可以是要倒閉的學校去招陸生，那是詐騙集團，本身辦得亂七八糟，還騙陸生來。

馬英九日前在全臺大專校院校長議會上宣示擴大開放陸生來臺，臺灣招收陸生的「三限六不」有必要做通盤檢討。民進黨「2014 對中政策檢討紀要」也提到「營造一個讓陸配、陸生與陸客，尊嚴生活、健康學習及平安旅遊的友善環境，使其成為支持民主臺灣的最佳夥伴」。

楊景堯表示，臺灣現在說要善待陸生，講那個什麼話？那不就是承認以前沒有善待陸生；他長期以來，覺得臺灣沒有政策，對招收大陸學生沒有核心思想，如果說是為了像跟韓國、日本一樣，讓二、三流大學用陸生填補空缺，那你就講白的，你又為什麼要對這些人搞三限六不？

楊景堯也說，民進黨不是執政黨，沒有提出什麼好的政策，民進黨個別政治人物談將陸生納入健保，談這些問題肯定不是從教育的角度，而是從政治角度，對他有利，可以做好人，不過，講再多，執政黨不做也沒用。

楊景堯說，他認為，政府到現在沒有一個 leader，沒有一個核心思想說為什麼要開放陸生，它的目的在哪裡？兩岸六十幾年來不往來，現在爭取要開放大陸學生，你過去沒有也好好的，圖什麼？不誠實。

對於增加陸生名額的說法，楊景堯說，他在全臺大學校長會議前沒聽過，名額已經是愈來愈沒有影響力了，因為陸生想進的是臺大、清華、交通這些一流大學，其他的大學名額如果不能留用，每一年都招不滿，那都是中看不中用，那些都是技術上的問題。

楊景堯說，比如他一直主張，大陸的高職、三本院校的師資沒有博士學位，希望來臺灣進修，希望這一塊開放，十年以前就有大陸的民辦高校校長跟他說，希望把老師送來臺灣進修，他說這是好事，這些老師回去大陸後馬上有工作，而且幫助大陸把高等教育素質提升，可是臺灣的政府聽不進去，上面講一動，下面做一動。

楊景堯說，對臺灣各大學來說，陸生名額增加應該只是各自內部的事情，教育部不會管，哪些系所比較受歡迎，會去做一些調整；但與其各大學在名額的分配上做文章，不如把聯招取消，聯招是沒道理的；因為每個大學的博士班有自己的特色，要的人才不一樣，不能按照分數來排，不可以這樣子做。

楊景堯說，整個來講，臺灣的執政黨面對大陸學生的態度，到底圖什麼？三年來檢討，這三年來有沒有達到想像的期望，如果沒有，原因在哪裡？去年開放專升本，要錄取 900 多人，結果真正只錄取 92 人，來報到的只有 70 人，怎麼差那麼多？就是因為對大陸不了解，對大陸的民情不了解，太高估自己了，現在講什麼善待陸生、檢討三限六不這些話，都只是笑笑、說說而已，不太有人相信，很令人反感，這些事情你要做你就做，不用到處敲鑼打鼓去宣傳。

楊景堯說，現在教育部長不敢做決定，所以也不敢廢掉聯招會，讓各大學自主招生，所以未來這一年，他看不出來有什麼未來；但他比較不悲觀，因為他不會期待執政黨，而是對在臺灣未來畢業的陸生有期待，他對一般的陸生有正向的評價，很有禮貌，很認真，很守本分，像是二本的來唸淡江都是委屈了，來淡江唸大都是第一名，也是很好啦，有成就感。（2014/1/14）

註：本文是《中國評論》採訪稿。

就一個公平　多少陸生多少怨

有關政府的招收陸生政策，最近提出一連串改善與鬆綁的計畫，但是依然得不到掌聲，主要的原因是政府沒有抓到重點。筆者認為關鍵就在一個公平的道理。

先就開放健保而言，第一年開放陸生就已經沒有考慮提供健保，政府應該為自己的政策辯護，而不應該推給在野黨的杯葛導致。全世界國情不同，過去我們去美國念書哪裡奢望美國給我們留學生健保？臺灣面對陸生健保問題不是「有」與「沒有」的差別，而是對待陸生與外籍生、僑生的雙重標準。如今到了第三年才表示要「善待陸生」，陸生已經非常反彈了。甚至於有不少陸生表示「不要參加健保」。試問到時候不繳健保費的陸生該如何處理？

其次是「三限六不」當中的部分條文放鬆，包括允許校內打工、可以在校內實習等等。筆者還是提醒政府官員：問題不是「有」與「沒有」的差別，而是對待陸生與外籍生、僑生的雙重標準。尤其是部分系所很強調實作，限制不可以擔任研究助理等等其實已經影響到教育專業的整體性。可見這一些規定都是很本位主義，見樹不見林。

再來是開放國立大學可以招收本科生，各大學 5 名。試問當初為何不開放國立大學招收本科生？才三年過去就改變政策，過去這三年的陸生豈不受到委屈？還有開放降級轉系等等，多少陸生就在政府官員的一念之間影響一生？曾經一對家長帶著兒子來找我，因為他到了南部一所大學就讀才發現落差很大，可是完全沒有機會改變。我還是要回到「公平」這個道理。看到那兩位家長與孩子落寞的神情，臺灣高教不應該是如此不人道。

就開放大陸學歷採認院校增加藝術類科到一百三十所，試問有沒有對臺生溯及既往？當陸委會主委向大陸國臺辦主任爭取目前 8 千多位臺生都必須要有全國醫療保險時，筆者在想這其中的內涵是什麼？8 千多位臺生都就讀於臺灣採認的一百三十所大學嗎？對等與公平是兩岸一再宣示的原則，所有被陸生檢驗的都是「歧視性」規定，而不是「特權」。政府官員似乎沒有意識到陸生的不滿之處。

這一些規定有沒有在招生時預先公布在簡章？許多陸生爭取到臺灣的機會，等到真正到達了才發現什麼是「三限六不」、「沒有健保」等等。更不要說輔仁大學以比本地生高 1 萬多的學費向陸生收費，當他們在大陸報名的時候知道嗎？說到底還是「公平」一個道理。

其實政府開放兩岸高等教育交流是正確的，但是三年多來在處理的都是政府自己設置的障礙。未來發展不會更好，因為視見太短淺了。（2014/2/24）（本文刊登於《聯合報》2014/2/25 A17 版）

陸生四年還是原地踏步

今天上午筆者特地去購買各大報紙，希望看看陸生四年報名的結果所引起的回響。但是令人失望的竟然沒有一報一刊提到 4 月 1 日才結束的大陸學生報名結果，以及他們的評論，可見這一件事情極少有人重視。

今年招收大陸研究生以及大專生的工作，從 2 月中旬開始報名到 4 月 1 日結束，不但報名時間延長，錄取名額也大增，可以看出今年教育部的企圖心，希望招收陸生可以開出紅盤。下列這一段是陸生聯招會昨天晚上公布的：

2014 年 4 月 1 日下午 5 點碩博截止報名，根據陸生聯招會資料，今年博士班招生名額 304 人、報名 301 人；碩士班招生名額 1408 人、報名人數 999 人。陸生最愛學校首選仍是臺大，共 629 人報名，2 到 10 名依序是政大、清大、成大、交大、輔大、臺師大、臺科大、中央和東吳；陸生最愛科系是電機工程，共 480 人次填選，2 到 10 名依序是財務金 融、一般法律、企管、中國語文、經濟、一般大眾傳播、社會學、心理學和會計。陸生來自省市以廣東、江蘇、福建最多，都超過 200 人；以下依序是北京、浙江、湖北、遼寧，上海最少僅 76 人。

簡單說都是報名人數比錄取名額少。如果根據第一年以來的經驗，幾乎報名人數都集中在少數名校，有八成以上學校可能招不到大陸研究生。雖然今年教育部刻意增加採認大陸大學校數達到一百三十所，顯然沒有顯著差異。更慘的是二技招收陸生到臺灣讀學士，報名人數與去年近似只有錄取名額十分之一。如何解讀，值得關心兩岸教育交流學者注意。

基本上陸生來臺求學分兩階段；第一階段在大陸期間的考慮，這時候可以選擇的留學地很多，很少人注意到各個國家與地區的待遇與健保問題。形象確實是影響留學的重要因素。柴靜說：「離開之前總有一些以為」，決定前往留學一定是要去更文明、更好的地方。臺灣可以自己反　省：是不是每一年都更好呢？陸生四年當然資訊來源比前三年豐富，對臺灣的理解也更務實。有人會將報名人數少歸因於青年學運，筆者認為前面學長的教訓更有影響力。

陸生來臺求學第二階段是錄取之後在臺灣的學習與生活，例如「三限六不」、沒有健保等問題。筆者長期以為此一階段的影響深遠，因為陸生相對於僑生與外籍生是受到歧視的，這樣的事實一定會傳回有意來臺唸書的陸生，甚至於動搖。筆者曾經調查過大量樣本「大學生對鄰近國家印象」，日本贏得臺灣學生的好感六成以上。可是如果仔細看日本的留學生，臺灣去的很少。筆者想說的是，未來陸生對臺灣的好奇，可能類似日本只前往體驗，未必一定要去讀學位。

總之，陸生四年不算短，教育部似乎原地踏步，走不出去。如何改善兩岸高教交流的重要性應該不亞於經濟與貿易數字，請政府重視。（2014/4/3）

陸生使臺灣內容更加精彩

過去兩個多月的暑假用「多災多難」來形容臺灣毫不為過；陸生卻多數因為暑假回大陸去了，沒有親自見證各種臺灣問題：治安（鄭捷捷運殺人），高雄三多路氣爆死傷慘重、新北市也發生氣爆，十二年國教的磨難摧殘了多少家庭，長達三個月還沒有搞定。現在食用油又出問題，陸生不在時少了許多話題。

臺灣開放招收陸生今年已經是第四年了，本科生第一屆畢業生也將在明年產生；自從陸生到臺灣接受高等教育開始就有許多新的題材被討論。有一些是教育部原來可以預料的到的，例如不採認醫學學歷、不提供健保以及「三限六不」等等。有一些問題是到達臺灣就學之後才發生的問題，例如轉學規定、退學規定等都是遇到了才思考。

更好玩的是從第一屆到現在，招收陸生的幅度有逐漸擴大，例如採認範圍從「九八五工程」到「二一一工程」；採認層級從研究生、本科生到大專生也開放到臺灣升「二技」；當年說不開放國立大學招收本科生，如今也開放了。整體來看，似乎招收陸生的範圍有稍微進步，但是開放兩岸高等教育交流的論述：「為什麼要開放？」與教育部的作為依然沒有關聯性。

即便是開放「三限六不」的承諾也出爾反爾。第一年嚴格限制，到了第二年鬆動並且納入政策修改，但是今天進入第四年了，成效極為有限。反倒是因為臺灣出現了陸生，許多過去習以為常的法令遇到了挑戰。最明顯的就是陸生與僑生、外籍生各種待遇的比較；其次是陸生在臺灣的方方面面表現亮眼，出現在社會運動不說，單單在臺灣就學心得出版的書就遠超過臺灣學生在大陸十年以上的數量。

許多兩岸問題與國際問題過去沒有爭議，如今活生生等政府解決。包括陸生參選學生會長，也有許多聲音。這一些都是陸生給臺灣內容更精彩的實例，因為政府必須面對轉動中的兩岸關係。

快開學了，今年的陸生總數將會創下紀錄，但是政府的思維與作為沒有跟上腳步。我只要問一個問題請教育部回答就好：「三限六不」是只限陸生？還是臺生也受到規範？請大家想一想再回答這一個從一開始就混淆不清的議題。例如採認校數增加到一百三十所，早期臺生是否也可以跟著被追溯？「不可以打工」、「不給獎學金」對臺生在大陸有何意義？問題實在很多，四年以來沒有進展。政府請加油！（2014/9/7）

參考書目

王丹（2011）。與中國的未來打交道。「自由時報」，2011 年 1 月 28 日。

王彩鸝（2010）。5%陸生想來臺　21%臺生想登陸。「聯合晚報」，2010 年 1 月 26 日，A7 版。

王彩鸝（2011）。研究所首招陸生，六成二等無人。「聯合晚報」，2011 年 6 月 8 日，A5 版。

李英明（2013），習李體制　兩岸進階軟和平？「聯合報」，2013 年 3 月 14 日，A17 版。

吳家恆、方祖芳（譯）（2006）。Joseph. S. Nye, Jr.著。「柔性權力」（*Soft power-the means to success in world politics*）。臺北：遠流。

京港學術交流中心（2011）。京港學術交流中心 2010 年年報。

林志成（2010）。公立只能招碩博士，私大不設限。「中國時報」，2010 年 8 月 20 日，A3 版。

邱燕玲（2010）。中國學生來臺三法「三限六不」立法情形及影響。「自由時報」，2010 年 8 月 20 日，A2 版。

郭方等譯（1999），華勒斯坦著（Wallerstein, Immanuel）。「近代世界體系第三卷」（*The Modern World System III*）。臺北：桂冠。

陳思豪（2011）。高喊言論自由　陸生：大不了去臺灣。「聯合報」，2011 年 8 月 29 日，A12 版。

陳智華（2009）。出國留學人數漸回溫。「聯合報」，2009 年 11 月 6 日，A14 版。

陳智華（2011）。第一年招生，陸生來臺　限沿海六省市。「聯合報」，2011 年 3 月 4 日，AA8 版。

陳智華（2011）。陸生博碩士報名，商管最熱門。「聯合報」，2011 年 5 月 7 日，AA4 版。

陳智華、薛荷玉（2010）。41 校學歷，9 月起採認。「聯合報」，2010 年 8 月 20 日，A2 版。
焦新（2011）。我出國留學和留學回國人數雙增長。「中國教育報」，2011 年 3 月 3 日，第一、二版。
黃光國（2007）。「社會科學的理路」。臺北：心理。
黃裕美（譯）（2006）。Samuel P. Huntington 著。「文明衝突與世界秩序的重建」（*The clash of civilizations and the remaking of world order*）。臺北：聯經。
楊景堯（2003）。「中國大陸高等教育之研究」。臺北：高等教育。
楊景堯（2003）。開放大陸學生來臺就學對臺灣私立大學生存之助益，「展望與探索」，第 2 卷第 9 期，頁 111-114。
楊景堯（2004）。開放大陸學生來臺就學的效應，「聯合報」，2004 年 7 月 30 日，A19 版。
楊景堯（2006）。中國大陸高等教育及兩岸交流，「中共研究月刊」，總第 471 期；第 40 卷第 3 期，頁 106-126。
楊景堯（2008）。兩岸和平從教育交流開始。「淡江時報」，2008 年 10 月 27 日，第二版。
楊景堯（2008）。兩岸教育交流未來發展的觀察——以大陸學歷採認與大陸學生來臺為例。「展望與探索」，第 6 卷第 9 期，頁 12-16。
楊景堯（2008）。兩岸高等教育交流大勢所趨，「聯合報」，2008 年 1 月 28 日，A15 版。
楊景堯（2008）。陸生來臺救大學…有救嗎？「聯合報」，2008 年 4 月 21 日，A11 版。
楊景堯（2008）。開放大陸學生問題多多，「蘋果日報」，2008 年 5 月 24 日，A26 版。
楊景堯（2010）。「全球化的理解與學習：國際教科書檢視與專題分析」。臺北：國立編譯館。

楊景堯（2010）。「域見與異見——兩岸文教觀察與思考」。高雄：麗文文化。

楊景堯（2010）。中國大陸輸出高等教育的重要途徑。「大陸情勢雙周刊」，第 1581 期，11-13 頁。

楊景堯（2010）。兩岸高等教育開放與亞洲高等教育人口遷移。2010 年兩岸文教研究學術研討會。臺北：淡江大學中國大陸研究所主辦。2010 年 4 月 20 日。

楊景堯（2010）。兩岸高等教育開放與亞洲高等教育人口遷移分析。2010 年兩岸文教研究學術研討會——大陸學歷、陸生來臺、兩岸合作辦學。淡江大學主辦。2010 年 4 月 20 日。

楊景堯（2010）。臺灣對開放陸生來臺就學相關議題的商榷。「展望與探索」，第 8 卷第 9 期，第 6-8 頁。

楊景堯（2011）。大陸高教體制與招生制度。淡江大學 100 學年度教學與行政革新研討會。臺北：淡水校區。淡江大學品保處主辦。2011 年 10 月 14 日。

楊景堯（2011）。大學過剩 影響國家未來。「新新聞」，第 1267 期，頁 52-55。

楊景堯（2011）。陸生門檻 保護官富二代？「聯合報」，2011 年 4 月 12 日，A15 版。

楊景堯（2011）。招收陸生制度設計的問題，「旺報」，2011 年 4 月 27 日，B9 版。

楊景堯（2011）。招收陸生 避免香港模式，「蘋果日報」，2011 年 5 月 11 日，A15 版。

楊景堯（2011）。招頂尖陸生 先從政策對等做起，「旺報」，2011 年 5 月 11 日，B4 版。

楊景堯（2011）。期待陸生來 大學春夢該醒，「聯合報」，2011 年 5 月 17 日，A17 版。

楊景堯（2011）。找不到感動陸生的力量？「聯合報」，2011 年 6 月 11

日，A19 版。
楊景堯（2011）。讓世界走進來 別捨近求遠，「聯合報」，2011 年 6 月 2 日，A15 版。
楊景堯（2011）。陸生來臺：給了面子，帶上面具？「聯合報」，2011 年 6 月 22 日，A15 版。
楊景堯（2011）。大學部招陸生放榜的啟示，「旺報」，2011 年 7 月 6 日，B4 版。
楊景堯（2011）。臺灣吸引力 陸生「不見外」，「聯合報」，2011 年 9 月 19 日，A15 版。
楊景堯（2012）。「兩岸文教交流與思考」。高雄：麗文文化。
楊景堯（2012）。十二年國教與高等教育關係的迷思。載於臺北論壇，2012 年 10 月 3 日，網址 http://www.taipeiforum.org.tw/。
楊景堯（2012）。中國大陸高教前景的五大徵兆。「大陸情勢雙週報」，第 1625 期，頁 12-15。
楊景堯（2012）。建立共同價值 先從臺灣做起。載於臺北論壇，2012 年 8 月 1 日，網址 http://www.taipeiforum.org.tw/。
楊景堯（2012）。痛陸生來臺政策成效的退步。載於臺北論壇，2012 年 7 月 13 日，網址 http://www.taipeiforum.org.tw/。
楊景堯（2012）。ECFA 應該增加高等教育協議，「蘋果日報」，2012 年 2 月 28 日，A16。
楊景堯（2012）。文明：決定兩岸未來教育協議，「聯合報」，2012 年 3 月 15 日 A15 版。
楊景堯（2012）。大學國際生來源備受威脅，「蘋果日報」，2012 年 3 月 22 日，A19。
楊景堯（2012）。高教國際定位，別自我感覺良好，「聯合報」，2012 年 3 月 7 日，A15 版。
楊景堯（2012）。臺灣技職「陸生夢」碎，「聯合報」，2012 年 4 月 3

日，A15 版。
楊景堯（2012）。陸生眼中 兩岸一樣官僚，「聯合報」，2012 年 4 月 30 日，A15 版。
楊景堯（2012）。指望學歷採認？考臺博士吧，「聯合報」，2012 年 5 月 16 日，A19 版。
楊景堯（2012）。招收陸生不順利 世事難料？「聯合報」，2012 年 6 月 27 日，A15 版。
楊景堯（2012）。大陸學生留學夢，臺灣招不到，「聯合報」，2012 年 7 月 10 日，A15 版。
楊景堯（2012）。痛陸生來臺政策成效的退步。臺北論壇，2012 年 7 月 13 日，網址 http://www.taipeiforum.org.tw/。
楊景堯（2012）。循馬國模式，讓國際承認臺灣學歷，「聯合報」，2012 年 7 月 30 日，A15 版。
楊景堯（2013），開放陸生要快 別真心換絕情，「聯合報」，2013 年 3 月 12 日，A17 版。
楊景堯（2013）。增進兩岸理解工程要從高考命題開始做起。臺北論壇，2013 年 3 月 13 日，網址 http://www.taipeiforum.org.tw/。
楊景堯主編（2012）。「大陸學生臺灣夢」。臺北：中華文化基金會。
楊景堯著（2012）。「兩岸文教交流與思考」。高雄：麗文文化。
葉芷妘（2011）。大陸高教學歷 61 人報名。「中國時報」，2011 年 8 月 13 日。
潘慧玲（2004）。「教育論文格式」。臺北：雙葉書廊。
薛荷玉（2011）。陸生擠爆大學，科大卻缺七成。「聯合報」，2011 年 7 月 5 日，A11 版。

專題三

教育與國際歷史專題

新的百年，新的中華民國

雖然《聯合報》元旦社論內容明顯屬於某一部分人的集體記憶，我們應該尊重，但是不能否定他人（藍綠紅）對中華民國的詮釋；孫中山是中華民國百年以來某一時期的代表人物；孫中山對中華民國的成立當然有付出心力，他是一位傑出的人物，但是沒有人敢說：沒有孫中山，中華民國就不會成立。

更何況 KMT1949 年來臺之後將孫中山神格化，試圖藉由歷史教育凝聚類似今天北韓的隨時備戰以反攻大陸；如今解嚴之後，由於沒有重視民主與多元，將會使原來「黨國不分」的中國現代史遭遇前所未有的挑戰，教育部藍綠執政完全沒有作為，使年輕人不相信教科書所說的，對歷史與國家認同產生疏離感，是吾憂也。

從 2012 年今天開始，中華民國已經進入第四階段。首先是 1912 年到 1928 年（民國 17 年北伐成功）以前第一階段，孫中山不能代表這個階段；民國 17 年到 1949 年應該算是蔣介石階段；第三階段從國民黨到臺灣的統治算起，到戒嚴結束；第四階段從總統直選開始到今天。每一個階段的「中華民國」都有不同的元素與改變，只是有人不願意承認罷了。

今天的中華民國與百年以前已經完全不一樣了。國民族群結構也不一樣，擁有的集體記憶也不一樣，大家應該相互理解與包容，尊重與體諒，才能團結走向未來。

懷念內心所屬的中華民國，乃人之常情；但是企圖建構「新中華民國」論述的努力，也應該受到尊重；民主國家的特色就是容忍與多元，你可以反對，但是不能剝奪他人的論述嘗試或是對未來所建構的夢。

我們沒有共同的過去，但是我們有相同的未來；我們一定要認識團結的意義，那就是不放棄自我的記憶，也尊重他人的言論：只有團結才能夠使中華民國在世界上站起來，走出去、走出未來。天佑臺灣。（2012/1/1）

日本高等教育沒有神話

據報導臺灣女留學生在日本遇害，其中還有一位是淡江大學畢業校友，更是令筆者關注。但是拜讀「戳破日本低犯罪率神話」一文，深深覺得內容多處有疑；由於筆者常年研究兩岸與亞洲主要國家學生遷移，該文之中提到「日本政府為了搶救這些後段班大學，便推出 1 千萬名留學生計畫，鼓勵各個地方大學招收海外的留學生」，更是首次聽到的神話；本學期筆者邀請日本廣島大學教育學院教授，也是日本比較教育學會會長大塚豐教授，正在淡江大學訪問研究兩個月，因此在校內與大塚教授充分交換意見，將該文之中可能誤導之處澄清。

首先該文在第二段提到日本高度的「社會約束力」，指出「犯過罪的人很難立足，連家人都會遭遇到無情的排擠」，大塚教授反問筆者「臺灣不會如此嗎？」一時令筆者無言以對。

接著，該文論述這種「社會約束力」建構在兩個基礎之上。其一就是經濟高度發展，文中「明示」經濟衰退會造成犯罪增加，大塚教授顯然不同意。或許真正到達「沒飯吃」的境界就不敢說，但是經濟衰退並不會造成日本道德責任感下降。中國大陸近幾年發展經濟「向錢看」，反而犯罪增加，道德與責任感下降就是例證。日本的經濟並沒有糟糕到使道德責任感下降的地步。

其次日本島國的不利地理條件，雖然與外國交流受到限制，但是其他方面的交流遠超過亞洲其他國家，資訊非常公開，國際留學生入超也是亞洲唯一，排外之說更是沒有全面代表性。2010 年日本的四年制大學有 780 所，私立大學佔 599 所，在校生規模達到 289 萬多人；國際留學生達 14 萬多人，來自中國大陸最多，高達六成。

日本人口少子化，從 1992 年的大學學齡層（18 歲）205 萬多人開始逐年下降，2009 年減少到 121 萬多人。但是該文所提到的一些招收留學生障礙，大塚教授認為學習日語的困難才是真正的原因，因為日語是小語種，世界上很少國家學習；儘管如此，2008 年日本文部省公布「30 萬留學生計畫」，期望在 2020 年可以完成目標，尤其是不再堅持使用日語教學，開放各大學可以使用英語授課，就是要降低語言的障礙，爭取更多國際留學生。

日本的少子化在 2004 年已經進入「生不如死」（出生人數比死亡人數少），但是該文說「在 2000 年之後，在少子化的衝擊下，許多私立大學招不到學生，而面臨即將倒閉的命運。」近十年來日本的私立大學經營不善破產的有 3 所，2009 年有 5 所私立大學暫停招生，但是還沒有倒閉。近幾年生源穩定，問題並沒有那麼嚴重。

總之，日本是臺灣最重要的友邦之一，各種調查都顯示臺灣與日本的親善關係，因此對於日本的正確認識非常重要。很遺憾聽到臺灣學生在日本遇害的消息，但是日本全國高等教育規模只有不到 3 百萬，日本政府絕不可能提出「招收 1 千萬留學生計畫」，也是顯而易見的事實。（2012/1/6）

「臺灣共識」就是要進臺大

大選期間在野黨提出「臺灣共識」要取代執政黨的「九二共識」，但是面對質疑始終說不出「臺灣共識」的真正內涵是什麼。大選結束之後立刻舉辦大學學測，緊接著開始的是民進黨的敗選檢討與今年的考季雙軌並行。沒有太多人再去追問當時蔡英文提出的「臺灣共識」內容是什麼，但是肯定的是今年有考生的家庭開始忙碌了，學測成績拿到之後更是沒有人滿意（滿級分除外）。筆者這才發現到「遍尋天下無覓處，得來全不費工夫」，無論藍綠，原來「臺灣共識」就是要進臺大。

首先發難的是臺大醫學院長楊泮池教授。他認為大學甄試制度不公平，對弱勢家庭不利，如果他參加一定考不取臺大醫學系。這說明了兩件事，其一是他數十年以來依舊衷情於臺大醫學系，這始終是超越藍綠的「臺灣共識」；其二是他的推論是社會的迷思，雖然筆者同意推甄制度確實有問題，但是不能夠以他來考就考不取來推論此制度的不合理；賈伯斯、林書豪如果生在臺灣，長在臺灣就不會有今天，這才是真正的「臺灣共識」。

其次是此一「臺灣共識」背後充滿解讀的意涵，例如自從有大選以來，所有總統當選人都是臺大畢業的；大企業家若不是臺大畢業，就一定要捐錢給臺大，幫助臺大作育英才，那些嗷嗷待哺的窮鄉僻壤的學校，真正缺錢的學校，只能自求多福，因為企業家不是社會福利單位，沒有救急與救窮的使命。換句話說，臺大不但「壟斷」全國的精英，也壟斷了很多可以幫助青年成為精英的資源。當然進入臺大就學毫無爭議更是「臺灣共識」。

進入臺大在兩岸也很容易取代「九二共識」，因為大陸學生來臺灣就學的首選就是進入臺大，如何把臺大辦成國際性大學，不但是「臺灣共識」，而且是「兩岸共識」，一定要借助於陸生質量的優勢－臺大必須堅持：既要大量陸生來臺，也只能收一流學生就學，就能夠很快的在亞洲甚至於世界上發光發熱。

華勒斯坦在世界體系理論中提到，世界上的資本家多是因為同時壟斷產業資本、商業資本與金融資本；一旦競爭力量加入，壟斷市場不再，就必須退出或是另闢途徑。臺灣的高等教育入學率三十多年以前幾乎約有三成，以筆者就讀的臺灣師大更是擁有許多全國唯一，完全壟斷教育界的市場。但是自從 84 學年「師範教育法》被「師資培育法》取代之後，臺灣師大的壟斷優勢不再，教育系所處處都有，結果是華勒斯坦早就預言的。

在生源急遽減少，大學反而不斷增加的「穩定亂象」之下，「臺灣共識」早已經從「讀到博士」轉成「進入臺大」，未來就業可能「學歷查三代」（從大學部查起），更提早宣告「學歷無用論」的到來。原來真正的「臺灣共識」就是要進臺大而已。（2012/2/24）

尋找高教在國際上的定位

據報載，去年來臺的學位生已經首次破萬人；比五年前多出一倍。看起來好像不少，其實必須先找尋臺灣高教在國際上的定位，才不會迷失在「自我感覺良好」的世界裡。

根據 OECD 最新教育統計（2011）指出：2009 年，全世界有 370 萬留學生在本國以外國家註冊就學。比前一年多出 6%。最大生源國是：中國、印度、韓國；亞洲國家留學生佔了 52%。77%的留學生是前往 OECD 國家求學。過去三十年來，1975 年全世界只有 80 萬留學生，到 2009 已經有 370 萬，高達四倍多，尤其是在 1990 年代之後增加快速。

2009 年有六個國家佔了全世界留學生一半以上。美國顯然是最受喜愛的國家，佔了 18%（2009）；但是美國從 2000 年的 23%下降到 18%，也是非常明顯的。2009 年留學目的國依序是：美國（18%）、英國（10%）、澳洲（7%）、德國（7%）、法國（7%）、加拿大（5%）。如果從成長地區來看，澳洲、紐西蘭與俄羅斯三國都有 2%的國際學生成長。

如果以洲別來看，到歐洲留學在過去五年約下降 2%，但是仍然佔全球留學生總數的 38%，其次是北美洲的 23%。然而成長最快的地區是：亞洲、大洋洲、拉丁美洲與加勒比海。

語言顯然是影響留學的必要條件。英語國家佔大多數留學生，非英語國家也嘗試開設英語課程來吸引留學生。比較例外的是日本，非英語國家，但是留學生佔 4%，排名國際留學生人數全球第 8 名。日本也是亞洲唯一留學生「入超」的國家。國際留學生以商、法等社會科學佔半數以上。

如果再縮小到亞洲來看，中國大陸在 2011 年高中以上出國留學人數約 34 萬人，同時「出口」到世界各地，比前一年多出近兩成；是十年前的四倍；是五年前的兩倍以上。中國大陸出國學生增長的速度，遠超過世界的平均速度。臺灣 2011 年首度開放招收陸生只招收到 933 個學位生，佔千分之三。這個數字連大陸出國學生總數的零頭都沒有，真正的問題要等到今年研究所報名結束與放榜之後，就可以確定大家的診斷正確與否。

國際留學生是世界和平的大使，不但帶來商機，也輸送彼此的價值觀念與文化；吸引國際留學生也是國力展現的重要指標。從過去十年的成長數量與方向來看，就可以約略看出世界發展的重心與移動的方向。留學生移動就是反映經濟與社會的全球化脈絡。與全球或中國相比較，臺灣高教國際化顯然是要有「自知之明」與「先見之明」；既不可好高騖遠，也要「脫胎換骨」。且讓我們拭目以待。（2012/3/5 修正）（本文刊登於《聯合報》2012/3/7 A15 版）

韓國高教對臺灣的啓示

韓國有 5 千萬人口，高等教育規模有公立大學 40 所，私立大學 400 所，本科生與研究生合計高達 380 萬人，與臺灣相比有過之而無不及；然而今天韓國的大學出現的問題與臺灣幾乎如出一轍，包括規模過大、競爭力不足與付出與回報不成比例等問題嚴重，值得臺灣借鏡。

早在上一個世紀六〇年代，韓國是世界上最貧窮的國家之一，1977 年的時候大學毛入學率還不到百分之五；這個數字與中國大陸在 1999 年大學擴招時很接近。然而今天的韓國是世界上大學入學率最高的國家，高達 82%的高中畢業生繼續升學，在此同時韓國也是世界上出生率最少的國家之一。

過去十年以來，韓國高等教育已經減少招生 8 萬 8 千人，卻還是不夠；韓國的教育開發研究院預估，到了 2040 年將會有 100 所大學被迫倒閉。事實上早就有後段班大學誇大招生人數，掩蓋財務問題，支付教授的費用甚至於低於小學教師，明信大學、成和大學被勒令關閉只是冰山一角而已。

與馬總統不同思維的韓國總統李明博，面對高等教育嚴重過剩的態度是告訴家長：「不計後果上大學，正在給家庭與整個國家帶來嚴重的後果」。從 2012 年 1 月起，首爾國立大學正式開始轉制為法人化（incorporated），這是試圖給大學有更多自主權，將市場力量引進高等教育，減少過多法令的束縛所造成的不良影響。這個計畫從 2008 年 10 月成立籌備會至今正式完成。換句話說，首爾國立大學既不要政府的保護，也不要受到各種法令的限制。

與兩岸一樣，韓國是一個重視學歷的社會。但是高達 400 多所的大學，排名進世界前兩百大的只有 3 所，根據 OECD 最新統計，韓國在 2009 年出國人數是世界第 3 名，僅次於中國與印度。換句話說，韓國的大學規模大，但是沒有競爭力，始終排在先進國家的中下游。

學費問題、失業問題與大學日漸階層化的問題，臺灣幾乎是韓國的翻版。以首都為核心的高等教育發展非常嚴重，離首爾越遠，大學就越邊緣化。臺灣的南北差距與臺北都會區的發展，與韓國經驗完全一致。華勒斯坦說過，沒有企業願意生產賣不出去的商品。如果大學像企業，那麼包括韓國在內的許多亞洲國家，都面臨相同的問題，那就是高等教育大眾化之後，學歷優勢不再，許多人會思考「你們想浪費大筆金錢與四年的人生嗎？」

包括臺灣與中國大陸在內，與韓國一樣都面臨生源嚴重短缺的窘境。山東省去年竟然出現高等職業學校多達 4 萬的缺額，這是史上之最；但是同一時間，中國大陸出國人數又創新高，多達 33.9 萬人，比前一年多 19%。這一些事實都說明了中國、韓國、臺灣的高等教育面臨的問題很類似，我們可以從韓國的高教改革學到什麼？（2012/3/8 修正）

臺灣高教國際生源備受威脅

據教育部統計，2011 年臺灣的外國留學生中，越南最多有 2099 人，佔 20.87%；馬來西亞次之有 1889 人，佔 18.78%；第三名印尼只有 913 人，佔 9%而已。換句話說，除去港澳、大陸之外，臺灣的主要外國留學生是來自越南與馬來西亞。主要原因有文化的因素以及政治的因素。如今兩國的政治因素改變，可預見未來對於臺灣的生源將會有影響。

越南是共產國家，但是在東南亞國家裡受到中華文化的影響很深，從宋朝起就學習中國實施科舉選官，至今首都河內還保有完整的孔廟；南越胡志明市的華人聚集之處更是每年共度春節。自從 1979 年中國與越南因為邊界而翻臉之後，兩國關係就很緊張。此一情況持續相當久，國際留學生與兩國關係密切，兩國關係改善從留學生增加的人數就可以知道。

現在從越南去中國留學學生人數排名第三多。據 2011 年統計，越南出國留學人數超過 10 萬人，九成是自費，人數是十年前的十倍。越南學生前往人數最多的國家是澳大利亞，有 2.5 萬人；其次分別是：美國、中國、新加坡、英國、法國、俄羅斯、日本等。出國讀大學者佔七成二，研究生佔一成五。如果以來臺灣就學的 2 千人相比較，只佔該國當年出國人數的百分之二，微不足道。

如果再看馬來西亞與中國的國際關係進展，就更令人擔心臺灣高教的國際生源。根據最新一期《亞洲週刊》報導，兩國經過近半世紀的等待與兩國教育官員一年多的討論與研究，馬來西亞最近宣布承認中國

146 所大學的學位，大馬也向中國提出國內 54 所大學供中國承認，不論結果如何，兩國的高教交流勢必更上一層。

採認學歷通常是宣示性的意義比較大，不一定會對就業產生立即的影響。以香港為例，2004 年就已經與北京簽署互認學位備忘錄，但是事實上，香港學術評審局個案審理非常嚴格。馬來西亞承認中國學歷也是一樣，因為華人要進入公務部門工作的很少，不過公布採認的中國大學名單，既有政治關係的意涵，也有引導就學方向的作用；尤其是馬來西亞面對大選，爭取華裔選民的企圖明顯，未來與中國改善關係是必然的。

如此看來，臺灣高教的國際生源必須要「開源節流」，雙管齊下。問題是「開源」－首次開放招收陸生績效不彰；「節流」－避免外國生源流失，恐怕並不樂觀。總之，全球化的時代到來，世界體系有其一定的運作法則；馬總統提出「大學國際化，世界走進來」，已經第一任四年過去，期待馬政府在第二任能夠提出有效的方案落實他的政見。（2012/3/21）

謙卑——將「臺灣故事」轉成正面教材

新加坡副總理以「臺灣故事」作為警告該國避免「人才流失」的負面教材，引起不少關注。事實上，在皮爾斯的《人口大震盪》書中對新加坡的評語是，「如果說，中國是一個由共產主義統治的資本主義國家，那麼新加坡就是一個資本主義統治的社會主義國家。」新加坡既要維持華人統治又要維持菁英教育，所採取的吸引人才政策確實不是臺灣所可以理解與比擬的。有些事在新加坡做得到，臺灣是不可能的。

就以吸引大陸留學生為例，早在 1980 年代初期，香港還沒有正式回歸之前就開始招收大陸的研究生，每年大約 200 名左右，並沒有引起太多反彈，因為研究生不佔學額，本地學生不受影響；再者，香港學生大學畢業之後急於就業，不大願意進實驗室研究，許多大陸來的優秀研究生默默的學習。受限於當時香港嚴格的移民與就業條件，取得博士學位的大陸學生無法留在香港工作，幾乎都被新加坡接收，到新加坡工作。

香港招收大陸學生是先從研究生開始，在 1997 年回歸之前，使用港簽入境，每年只能回內地一次，回歸之後才改成使用「通行證」。1998 年才開始由香港「賽馬會」出資，委請大陸一流高校「代招」香港大學的本科生，其目的希望利用獎學金吸引大陸一流學生，進而將香港的大學辦成世界一流大學。當時香港的排斥性很明顯，因為本科生名額有限，開放移民與就業更不可能，新加坡在這一段期間確實獲得了不少「可乘之機」。

雖然說新加坡在吸引陸生讀書與就業這兩方面一直非常努力，而且收穫豐碩，但是香港也從中學到許多啟發。在回歸之前，中國大陸就承認海外學成的大陸人才到香港工作視同在中國工作，因此從 1990 年起到香港工作的許多大陸人才，如今都位居要津；此外，北京與香港在 2004 年簽署相互承認學歷，以及後來放寬移民條件等措施，使香港的大學不再只是「人才的培養轉運站」，可以把一流的人才留下來。根據 2012 年《泰晤士報》的國際聲望調查，香港共有三所大學進入百大，臺灣只有一所。從以上都可以看到新加坡與香港的故事。

臺灣招收陸生的故事去年才剛開始，第二年的研究生下週將放榜。去年媒體的報導是「陸生來臺就讀研究所放榜，結果令各校大失所望，一半以上的大學連一名陸生都沒招到。」(《聯合報》，2011/6/9）今年是第二年招研究生，雖然報名人數比去年略增，但是由於選填志願集中於少數學校，從有關單位將原定招收人數在上週調降 200 名來看，放榜結果大家必須要有心理準備；如果比去年更糟糕，也不令人意外。

「臺灣故事」不是一兩天造成的，但是高教亂象與官僚系統也是超穩定的結構；如何使全世界引用「臺灣故事」當作正面教材，其實只在於執政者的謙卑而已。轉念與否只在一念之間。(2012/4/11）

假如教育部長開放民選

眼看著 4 月 25 日就要公布十二年國教各考區的入學方式，然而不但是明星高中與都會區的反彈聲音越來越大，就連花蓮、高雄六龜等偏遠地區也都傳出聲音。筆者雖非政治學背景出身，但卻深感無力，因為教育部長的重要性遠遠超過臺北市長，可是百姓對於教育部長的表現卻毫無影響力。

假如教育部長開放直選，現有的許多問題就不會發生。首先是要擔任部長的人，他預先有準備，而且推介他的教育理念，爭取選民的認同。在競選過程之中，不同候選人必須面對挑戰與質疑，修正他的政策與方向，一旦當選立刻就可以實施。因為人民如果反對，可以藉由辯論來修正，甚至於使他落選。如果「教育部長」一職是「天上掉下來的禮物」，許多部長更是沒有準備，從幼稚園開始學習，那就不可能領導教育部，出現好的教育績效。

其次是要擔任教育部長的人，必須博覽群書，學識淵博；他不必有博士學位，但是要有創意、不流於八股的論述能力，建構自己的教育理想來感動人民，爭取選民的支持。具有博士學位不代表具有學識，缺乏讀書是官場通病，「官大學問大」的封建思維，使許多優秀人才進入公務體系就漸漸被形塑成「官僚模式」，這當然不適合擔任教育部長。

再其次，假如教育部長「權力的來源」是人民，他要在意的是人民的感受，不必擔心總統的壓力。人民的怒吼他必須虛心傾聽，不懼怕得罪權貴以整頓教育亂象，因為人民是他的後盾。反之，如果「權源」來自總統，「來去隨命」，當然就要隨時自保，「與人為善」、「預留後路」

是人之常情；寧可得罪人民，也不可以得罪權貴，才能夠退而依舊擁有富貴。

教育部長如果是具有專業能力、博覽群書、具有論述能力可以感動人民，領導國家的教育大政方針，匡正教育弊病，提出有效策略作為政見，爭取選民認同，我國的教育就不會始終受人詬病，包括：高等教育、技職教育、師範教育、國民教育、社會教育、體育教育等等重點方向，「有競爭才會有進步」。如果都是「皇恩浩蕩」之下擔任，恐怕不是臺灣之福。

前教育部長郭為藩一再為教育部長的「短命」叫屈，但卻從沒有人為人民教育受苦叫屈，也從沒有任何一位擔任過教育部長為錯誤教育政策向人民道歉。大家都對教育不滿意，但是似乎沒有任何一位教育部長需要負責，甚至於好幾位高官卸任後還大放厥詞。近日耳聞一位知名學者質問卸任者：「當年你在任時為什麼不做？」，令人敬佩。

筆者知道「教育部長直選」只是一場夢，但是筆者希望藉此凸顯長期以來「教育部長」缺少什麼條件，提醒人民思考。（2012/4/21）

大陸學生眼中的臺灣

有人說「民主是兩岸最大的公約數」，此一說法如果不是兩岸「民主」的定義不同，就是指對於未來兩岸關係的期許，絕對不是現況。因為臺灣常常自詡比大陸民主，而且也不諱言大陸的專制政權統治。如果倒退到三十年解除戒嚴以前，針對兩岸未來統一的可能性，標準答案一定是：等到大陸真正民主之後才有可能性。

最近由於大陸學生到臺灣來就學，近距離觀察臺灣之後，許多大陸學生的思考給筆者很大的震撼。這種體會並不是一種意識型態的爭議，而是我們長期「自我感覺良好」的優越感所不願意承認的事實。

有位大陸學生告訴我他的觀察：「兩岸一樣官僚」。當時令筆者呆住了，既無法否認，也沒有聽過「臺灣比大陸不官僚」的優勢與說詞。來臺灣一年的大陸學生以旁觀者的立場來看臺灣，確實與我們不盡相同。筆者無意探究該生在暗示什麼，但是對於臺灣的政府與大學都確實值得省思。

其次是這位陸生告訴我臺灣並不是他的首選，他其實是想要去香港，但是沒有錄取，只好來臺灣。香港的費用是臺灣的五倍，香港的高等教育在上一個世紀末才嶄露頭角，但是香港的入學難度成為「含金量」的代名詞。大陸學生在香港可以打工，優秀的可以領獎學金，很容易找到家教（教普通話待遇很高），畢業後更可以有留下來就業的機會。當然這一些現況都是經過一段磨合期發展而成。問題是臺灣還有多少優勢？

臺灣的同年齡的大學生確實很幸運，因為在大陸學生的眼裡，有很多表現的機會，臺灣的學生根本不在意。這裡面還包括長期以來臺灣教育內容與大陸的不相同，使得該生以「幸運」來形容，而不是「幸福」。他認為臺灣教育內容有很多沒有教到，以致於學生並不知道真相。這是一個很有意思的「臺灣認識」。不過大陸學生對於臺灣認識的程度，來臺灣後也需要協助。

最後是這個大陸學生告訴筆者他對「家」的感覺，他並不確定哪裡才是他的家。來臺灣是因為他沒有被香港的大學錄取（從錄取率最低到最高的都有報名），而且他的父母又希望他走出中國大陸接受高等教育。這種答案似乎不是臺灣的高等教育機構願意接受或是承認的事實。

這段對話並不能代表其他大陸學生，因為每一個學生的故事都不同；目前只開放沿海六省市，如果全中國都開放，可以想像未來的複雜度會有多高，從這裡可以發現「領導中國有多麼不容易了」，這個陸生幫我做了結語。這一段談話真的給了筆者很多啟發。（2012/4/27）

落點分析看不見的影響因素

自從 7 月 18 日指考成績揭曉之後，緊接著近 6 萬考生符合最低門檻總分 49 分的同學，開始要做「落點分析」，這是非常科學，伴隨著聯考、各系依不同考科錄取的制度發明的「臺灣奇蹟」。所有考生無不期待「不要浪費分數」，期盼用最低的分數能夠錄取到最好的志願。固然每一家的落點分析不盡相同，但是根據「實證主義」、「科學數據」以及「相對位置」等等基本精神相去不遠，所以數萬名考生無不希望「落點分析」可以開出亮麗一點的「錄取機會」，至少放榜之前可以告慰家中父老。

其實今年 8 月 6 日的放榜結果可以預期的，包括：缺額創新高，「棄學」人數增加；符合門檻，但是不繳交志願卡；還有重考生會增加，考生因此可以錄取遠比自己預期的志願要好的大學機會等等。主要原因其實是設計落點分析程式無法量化的因素潛藏其中。

首先是高等教育的成本效益日益低落，國內的經濟壓力與貧富差距顯而易見，「讀大學不一定有幫助，但是一定立刻加重家庭經濟壓力」。因此，高等教育的需求與供給的平衡點已經日漸移動，考生的「買方市場」優勢非常明顯，大學的「磁吸效應」與「含金量」呈正相關，「強者越強、弱者越弱」的態勢非常殘酷，沒有「同情」（mercy）這個「概念」。

追求「含金量」的大學不僅只是表現在成績不好的考生，也同時會表現在成績很好的考生，基於「非醫科不唸」、「非臺大不唸」等等預設立場，補習班對於這一類的考生非常重視與優惠，因為通常這些考生都是未來的「招生看板人物」，這種情況隨著臺灣就業市場惡化，以及高等教育嚴重過剩表露無遺。「唸一個沒有未來的大學與沒有唸大學有什麼差別？」

其次是南北差距與城鄉發展嚴重失衡，也將會是落點分析無法量化的臺灣現實因素。高雄義守大學董事長林義守公開表示「南北差距三百年也趕不上」，此一說法表現在房地產是最常被引用的。「三十年前同時在臺北與高雄置產，投資相同的金額，如今的差距無法想像。」高鐵的通車雖然縮短時間，但是卻擴大城鄉差距。其實此一事實在韓國首爾與日本東京也一樣，以首都為核心向外擴散的高等教育影響力，似乎沒有太多例外。

更嚴重的其實是剛受到監察院糾正的「技職教育學術化」，將會對於已經非常脆弱的技職院校招生產生負面影響，雖然他們的生源主要是高職與專科生，不需要落點分析，但是整個臺灣的高等教育已經「退無可退」，大家都早在十幾年前就已經知道，但是「眼看著樓快要塌了」，沒有期待與沒有未來是大家的唯一共識，歷史將會記錄下來。（2012/7/21）

藉由「馬來西亞模式」走向世界

根據中央社報導，教育部今天表示，馬來西亞擴大承認臺灣 157 所大學院校學歷，有利於臺灣吸引更多的僑、外籍生來臺。事實上早在今年 3 月《亞洲週刊》就已經報導與評論馬來西亞正式宣布承認中國大陸的 146 所大學學歷，雖然此一結果與中國政府原先所希望的一次就承認大陸八百所大學有相當大的差距，但是對於馬來西亞同時開啟與兩岸政府的高等教育交流，其實是兩岸關係和平穩定的後續性發展，值得政府重視與善加運用。

兩岸關係的和平穩定一直是世界矚目，而高等教育的交流更是必須以兩岸關係的和平確保為前提。臺灣的外交處境困難，也連帶影響到招收外籍學生的學歷採認問題。馬來西亞在過去六十年以來，一直有其獨特的華文教育體系，與兩岸的華文教育體系不盡相同。早期馬來西亞華文獨立中學的師資幾乎都是筆者的母校臺灣師大畢業的校友，因此臺灣與馬來西亞華文教育學校的關係很密切。

在 2011 年到臺灣留學的學位生當中，越南佔兩成居首位，有 2099 人；其次就是馬來西亞，有一成七八，1889 人。馬來西亞政府在今年先後與兩岸政府達成協議，承認兩岸的大學學歷，表面上看來當然對臺灣是好事，實際上是兩岸正式搶學生的開始。臺灣因為得利於過去同樣是反共政治立場的歷史發展，有利於招收馬來西亞的華人學生；如今情勢改變，馬來西亞同時也承認大陸學歷，嚴格來說，對於臺灣招收馬國學生是否有利，有待觀察。

其次是馬來西亞同時承認兩岸各一百多所的大學學歷，象徵性的政治意義大於實質性的意義，《亞洲週刊》分析主要因為馬國華裔公務員只有百分之五，他們不願意進入公務部門的最大因素是：因為他們認為無法獲得公平的對待，升遷機會不大，這個情況至今沒有改變；期望因此而招收更多的馬來西亞華僑學生恐怕是不太實際。

筆者認為馬來西亞同時承認兩岸大學學歷的政策，除了是馬國執政者爭取華裔選民的政治動作之外，對臺灣最大的啟示應該是：「馬來西亞模式」是臺灣爭取國際高等教育交流空間的最佳典範。也許臺灣不見得從馬國的政策獲得更多該國留學生，但是對於東南亞與國際社會卻是非常經典的示範。基於國際學生流動基本特性：「不均衡」與「不對等」，臺灣的生源地除了中國大陸之外，東南亞最有地利之便，蒙古、西南亞與中、東歐都有可能。爭取國際承認臺灣的大學學歷，是進一步爭取國際留學生源的前提。

綜觀 2011 年到臺灣的留學生統計來看，前三名都是東南亞國家，第三名是印尼，只有百分之九，不到 1 千人。期盼未來能夠藉由「馬來西亞模式」，使馬總統「讓臺灣走出去、讓世界走進來」的願景實現。（2012/7/29）（本文刊登於《聯合報》2012/7/30 A15 版）

香港——一個日落西山的城市

香港民間團體 2 月 1 日在香港報紙刊登一則廣告，要求港府限制大陸孕婦赴港生子，主題是：「香港人，忍夠了」。據統計，2001 年大陸婦女在港生產的「雙非兒童」（父母都不是永久居民）只有 6 百人，到了 2010 年高達 3 萬 2 千人，增加五十倍。（連雋偉，2012/2/2）

去年 12 月底，香港大學民意研究計畫公佈民調，顯示市民對「香港人」身分認同升高到十年新高，對「中國人」身分認同只有百分之十六點六，跌至新低。（張鐵志，2012/2/8）

更惡劣的是，一首把大陸人形容成蝗蟲的歌曲，在短短兩個月內點擊量達到 30 多萬。投機炒房，惡化香港原本就嚴重的貧富不均。還有一件大事影響港人：臺灣總統大選，香港只有 1200 位特首選委。他們呼籲臺灣要捍衛自己擁有的一切，堅持自己的文化，不要成為「香港第二」。（張鐵志，2012/2/8）

臺灣海外聯招會李信：2010 年有 1200 人報名，600 人入學；2011 年有 600 人報名，3、400 人入學；2012 年有 7000 人報名，預估有 3000 人入學。（李春，2012/2/21）

港大最新民調顯示，港人最喜歡臺灣人，好感度五成八，超越對港人自己的五成一；對「內地人」有好感的只有二成八，港人對「中國人」認同度創新低，自稱「香港人」則是回歸以來創新高。香港回歸十五年，讓利收買人心，結果出現「愛臺惡中」的民調。（莊佩璋，2012/6/28）其中尤其以 30 歲以下的年輕人，過去半年急瀉，需要正視。（李春，2012/6/27）

上屆港政府決定中小學推行「德育與國民教育科」，目的是令「沒有國家觀念」的人，增進對祖國中國的認識。但是所編寫出來的教材《中國模式國情專題教育手冊》，被認為問題多多，內容偏頗，有洗腦之嫌。主辦單位說，至少有 9 萬人參加遊行。（李春，2012/7/30）

樂見民進黨提出大陸學生政策論述

自從民進黨立委吳秉叡提出「讓陸生加入健保」的提議之後，一時之間讓全臺灣陷入迷霧之中，「這是真的嗎？」筆者還特地將相關報導寄給陸生看，真的是令人難以置信。

民進黨主席蘇貞昌提出設立「中國事務處」的主張，要務實面對兩岸問題，這是令人高興的進步。有關陸生來臺求學的相關政策，民進黨並沒有進行全面的研究與檢討，更沒有看到完整的論述與對政府的建議，因此「讓陸生加入健保」的結果是：吳秉叡立委四度公開道歉收場，民進黨沒有改變立場。但是這件事情看到了臺灣內部對於陸生來臺求學發展的影響。

首先是朝野兩黨都對陸生來臺議題不夠重視。執政黨看到民進黨一個立委的主張，似乎有點「見獵心喜」的表現，真的是令人錯愕。以執政黨過半席次而言，如果是該做的事情，何必等在野黨提案？反之，如果是執政黨與教育部長期不支持的政策，利用在野黨的立委一個人的想法來大作文章，教育部甚至一度表示可以從今年 9 月開始實施，原來都只是「政治秀」而已。

長期以來有關陸生來臺求學政策，筆者深信「有權力就該負責」的邏輯，所以不曾對在野黨提出任何建言，只有評論執政黨的缺失，期待兩岸關係會更好。如今看到在野黨正視陸生來臺求學的相關問題，筆者樂見其成，因為這正是給執政黨壓力與警惕，提供一面鏡子給人民知道，原來問題可以有很多角度。

國民黨正式開放招收陸生已經完成第二年招生，朝野兩黨都沒有提出檢討報告與改進建議，但是筆者深信這兩年的經驗與成效是令人失望的，我們應該可以做得更好才是；政府部門的輕忽或者是自信，使得兩岸原本就複雜的關係，在開放高等教育交流制度設計上，以及兩岸互信基礎上都「雪上加霜」，以致於執行起來「難上加難」，招收陸生工作才會如此不順利。

在野黨的監督與參與，加上執政黨立委與官員警覺到民進黨已經開始重視中國大陸學生來臺求學相關政策，對於臺灣未來以及兩岸關係的發展，都應該是正面的方向。不但為臺灣人民監督政府的施政，如今更進一步將陸生與中國大陸的概念務實區隔，這都是筆者樂見的。未來甚至於在野黨可能為陸生爭取權益，提案包括招生名額、招生辦法、開放單招、開放六省市以外省市、開放 41 校限制、開放「三限六不」等等，建立兩岸高等教育溝通平臺，讓兩岸高等教育交流正常化。等到那個時候，執政黨才發現原來是自己為在野黨搭的舞臺，恐怕已經來不及了。（2012/8/17）

臺港唇齒相依，心照不宣

最近香港因為反對「國民教育科」的實施，鬧得沸沸揚揚，在人口遠比臺灣還要少很多的香港，卻會因為「國民教育科」的實施大規模抗爭，而且還在持續當中，這裡面的故事並不單純。但是臺灣的媒體報導雖多，不見官方出面表態，也沒有臺灣學者深入分析，其中的道理說明了臺港奧妙的關係。

早期在港英殖民時期，臺灣的高等教育是不承認香港政府的學歷的。自從 1997 香港回歸中國之後，中國一心一意要幫助建設香港成為「一國兩制」的典範，那種決心使筆者聯想到臺灣過去這幾年經濟部對電子科技產業的投入，也令筆者聯想到今天教育部長提到「十二年國教一定會成功」的牽強。香港的高等教育成就體現在世界各種排名之上，給了中國大陸許多增強。

十五年過去了，「五十年不變」的承諾逐年在倒數，內地與香港之間的密切互動，所產生的正面與負面效應，同時都在增加之中。從各種跡象顯示，內地與香港的關係已經日漸從穩定的一端向緊張的一端移動，不論是「國民教育科」的抗議、香港特首的直選、內地孕婦的增加、內地資金的炒房等等議題，都只不過是一面鏡子，折射出香港人內心的不安。

臺港關係的改善可以從首次在臺設立香港的官方代表機構，以及從今年 9 月 1 日開始臺灣人民到香港可以免費上網申請簽證得到證實。但是微妙的臺港關係具體的表現是：香港學生到臺灣求學創下六十年新高，今年報名將近 4 千人；反之，臺灣去香港的學生增加有限。城市大學校長說今年招到 30 多個，應該是該校有史以來最多的。

中國大陸期待用香港作示範，讓臺灣成為下一個香港，這是眾所皆知的。然而真實的情況是：香港人民希望香港成為下一個臺灣，在某些方面，臺灣是他們嚮往的典範；例如讓他們直選自己的領導人。香港大學在 2011 年公布的民調顯示，香港人對臺灣人好感度最高，超過 58%；香港人自己的認同上，認為是中國人的比例是 1999 年該調查實施以來最低。臺灣對於香港的這一些反應不會不知道。但是顯然官方沒有任何回應。

總之，香港在回歸中國這十五年以來的每一步，全世界都在看，臺灣也不例外。大陸對高等教育的助益與香港移民規定的鬆綁，經常被提及；CEPA 在臺灣政府推動 ECFA 的時候也經常被引用，但是顯然在香港所發生的事情，沒有被引用的部分，遠比被引用的部分還要多；香港與內地關係的緊張，讓局外人充滿想像空間。今天接力絕食抗議「國民教育科」實施的香港人還在持續進行之中。臺灣官方沒有任何表態，不論是贊成或是反對都為難，筆者深信香港民眾應該可以理解臺灣政府的處境，以及臺灣人民內心的想法。（2012/9/5）

香港人心目中的「中國」

香港在今年 9 月上旬所發生的「反國民教育科」的事件至今似乎已經平息，筆者認為可以讓全世界更冷靜理解香港與中國的關係，也對臺灣很有啟發。未來兩岸關係的發展，臺灣可以從這一個事件學習到很多，不論是從中國、香港與臺灣藍、綠的角度，臺灣應該思考要如何理解香港的「反國民教育科」行動。

香港經歷過英國殖民一百五十年之久，從 1997 回歸中國至今已經滿十五年，似乎矛盾一直在增加之中。固然香港不是簡單的「一個」概念，就像臺灣一樣，香港內部也有多元的聲音。但是這一次「反國民教育科」的事件就特別有教育意義，也讓全世界見識到了：可能不是香港人心中沒有中國，或是全部都反對中國，而是有他們心中屬意與期待的「中國」。

首先，他們心中的中國肯定不是「共產黨」永遠一黨執政的中國，因此他們無法接受將「國民教育」與「愛國教育」、「稱頌共產黨」畫上等號。平心而論，一個國家實施「國民教育」與「愛國教育」乃是理所當然，因為「國民教育」由政府出錢，本質上就有「政治教育」的主要成分，也是愛國教育的基礎。這一次香港人反對的是該「國民教育科」課程的教材，高度讚揚共產黨政權的優越性，把一黨制度形容為「進步、無私、團結」，並且批評「多黨民主制不利於民主」，因為那會造成：政黨惡鬥，人民受害。但是這種論述無法被香港人接受。

其次是香港人心目中的「中國」，是一個願意誠實面對歷史的中國，包括 1989 年「六四天安門」鎮壓事件、文化大革命，以及無數在政治鬥爭喪命的數百萬人的歷史。一味的稱讚共產政權，卻不提政府歷史上的過錯，是香港人民無法容忍的教材。應該說香港人民覺醒了，因為過去是英國的殖民地「沒話可說」；現在他們認為「人民要當家作主」，因為脫離「殖民」的角色，當然對於自己的「祖國」有所期待。

第三是香港人心目之中的「中國」，是一個「民主」中國，是由人民直接選舉香港領導人，支持成立香港政府的「中國」。換句話說，他們羨慕臺灣的直接選舉，但是內心可能存在一個「理想中國」。請原諒筆者妄言，香港人深受英國影響，極可能期待西方式民主可以在香港落實。如何將「回歸中國」與「落實香港民主」的期待相互結合，似乎從來就不是北京政府的選項，這個事實更激發香港人的不滿，甚至於會質疑「回歸中國」是否真的對香港比較好。

上述三點可以是這一次香港「反國民教育科」事件過去之後幾個可能的解讀面向，但也許不足。其實比較嚴重的問題是北京與香港的「相互理解」或「互信」，北京方面與大陸學者似乎很難理解，為什麼十五年以來對香港付出那麼多，卻是無法得到香港人的心？反觀香港人其實也很委屈，他們只是希望擁有多元聲音與熟悉的西方式民主與自由。他們心中可能是屬於一個歷史上曾經擁有香港的「理想中國」。筆者完全無權也無意代表香港人發言，只是嘗試思考這起事件對兩岸可以有的啟示。（2012/9/14；2012/10/4 修正）

韓國高麗大學講學與訪問心得報告

此次前往韓國訪問，主要有三個目的：拜訪高麗大學高等教育政策研究所卞基溶所長，請教有關中日韓「亞洲校園計畫」（CAMPUS Asia），因為他是實際參與的韓國官方代表，並且也在高麗大學實際參與此一計畫。其次是向高麗大學韓龍震教授請教亞洲地區高等教育學生流動情形，以及認識韓國的高等教育制度。第三就是到高麗大學演講，介紹臺灣當前的高等教育與挑戰。

首先，高麗大學（Korea University, KU）是私立大學，是李明博總統的母校，也是韓國最好的大學之一。主要校區校園入口設計非常美，整體校園很有歷史感，很可惜的是過去與淡江大學似乎很少有機會交流。

韓國與臺灣自從二十年前斷交之後，彼此似乎不太重視。2011 年韓國到臺灣的留學生只有 480 人，臺灣設有韓文系的大學只有政大與文化大學兩所，少數例如高雄大學有韓語組，淡江大學每年也會開授韓語班，但是都不足以顯示兩國的相互重視。

韓龍震教授推薦的住宿飯店「世宗飯店」位在首爾市區最熱鬧的明洞，原來十五世紀在位的世宗皇帝就是韓國史上創造韓國文字語言的人，被譽為韓國最偉大的皇帝。韓幣最普遍流通的一萬元，上面就是他的肖像。

有關南北韓的問題，我比較好奇，因為總統選舉看來已經很明顯了，在野黨不團結，執政黨的女候選人顯然已經勝券在握，可是北韓的軍事威脅卻是高等教育招收國際留學生的阻力。沒有想到韓龍震教授表示，他們一點都不擔心，不會有事的。那一些爭議，主要因為南北韓是兄弟的緣故。他的回答令我印象深刻。

與日本的恩怨情仇也是另一個與臺灣類似的地方。韓教授告訴我，對日本有兩種看法，有一派親日，肯定日本對韓國殖民時期的建設與貢獻；另外有一派是反對的，他們認為沒有日本的殖民統治，韓國照樣可以走向現代化。這兩派觀點，值得臺灣思考。

總之，這是一次非常成功，且是收穫豐碩的訪問講學。所有基本目的都有完成，而且也增進彼此面對面的理解與未來可能交流的機會。我認為韓國是一個值得尊敬的國家，因為他們都以身為韓國人為榮。這是所有國家領導人必須努力的方向。（2012/11/16）

公立大學不退　教育公平只是夢

據報導，有私校在教育部舉辦的「人才培育公聽會」上建議，辦不好的國立大學應退場。此一標題與筆者四年以來對高等教育的建言不謀而合，但是看到官方的反應依舊不變，民間也有許多反彈的聲浪，使筆者感觸良多，原來教育公平只是一場夢。

建議辦不好的國立大學退場，並非要保障私立大學；政府甚至於可以用相同比例強迫私立大學退場，以減少內耗。官方代表的反應之一是「國立大學教職員是廣義公務員，如果退場安置會有問題」；其二是「教育部認為，整併也等於退場」。前者可以用「臺灣省虛級化」的政策來質疑，當年那麼多公務員到哪裡去了？後者可以兩所案例嘉義大學與東華大學檢討：合併之後師生系所有減少嗎？軟硬體新增多少預算？前者經過十年了，競爭力是否有提升？這一些答案必須先回答，才具備面對高教改革的條件。

當前國內氛圍對立非常明顯，教育部希望藉由「公聽會」找尋解答，必須小心不要造成公私立大學的對立。目前的實況是：南部的私立大學「水淹到一樓了」，公立大學仗著「廣義公務員」保護傘，「相對剝奪感」正在延燒，這已經是眾人皆知的國安機密了。萬一私立大學日漸倒閉，剩下公立大學學生人數逆轉超過七成，國家的負擔可以想見。當前南歐諸國許多大學教授領不到薪水，學生紛紛出走到其他國家就讀，這些眼前的事實天天都在上演，可惜高官與大老們一直以來就是高教現況的「推手」，不大可能有創造性改革思維。

前清華大學校長徐遐生曾經撰文指出，高等教育是不可以要求公平的。筆者不知道政府官員與諸位高等教育橫跨藍綠的大老們，在舉辦公聽會之前有沒有共識？支持自由主義還是保護主義？支持保護「廣義公務員」優先，還是以臺灣的未來生存優先？輕重緩急，在官僚體制之下歷經十多年，早就有多少媒體做過專題報導，預告臺灣高等教育的災難，卻絲毫不見改善；只見到各種評鑑，累倒一堆私立大學教授，「哀」（SSCI）鴻遍野，似乎也難逃厄運。

總之，要感動人民其實很簡單，在上位者能夠將心比心，今年北京師大新任校長董奇就職時提出「四不」承諾：任職期間，不申報課題、不招新研究生、不申報任何教學科研獎、不申報院士，引起許多讚賞。請各位大官、大老們「以身作則」，學習北京師大董校長有創意的承諾，才能夠走出臺灣高等教育的泥淖。（2012/11/18）（本文刊登於《聯合報》2012/11/19 A17 版）

教育部長的定位與臺灣的高教發展

早在二十年以前，筆者撰寫中國大陸高等教育文革結束以後的發展，分析當年中國大陸的教授可以分成三大類：真教授、「爭教授」與「贈教授」。真正有學問的教授是令人尊敬的；但是有更多的教授是爭取來的，手段不同，目標一致；最後一種是上級獎賞的黨職人員，授予教授職稱，也好在大學安插一官半職。這一些描述指的是當年的中國大陸，與今天不可同日而語。

臺灣的高等教育災難在近二十年來日益嚴重，與中國大陸的高等教育發展形成極為強烈的反差。中國大陸的高等教育成為「中國崛起」的另外一項「世界奇蹟」，每年招收博士生人數已經成為世界第一，距離中國正式實施學位制度 1981 年僅有短短三十年。美國與德國的大學歷史都已經數百年之久，但是培養博士的規模沒有巨大的改變。

反觀臺灣高等教育規模多達 163 所大學，每年可以招生人數超過 30 萬人，如今新生兒每年約 18 萬人，而且還在下降。每一年招收博士人數超過 5 千人，在亞洲國家當中都超過日韓港等國家與地區，如今卻不知道如何退場，茫然與盲目成為臺灣高等教育的經典心聲：前途茫然的師生與盲目的增設系所。教育部的「無能」令人生氣；主張「市場決定論」的口號卻又保障公立大學，稱之為「廣義公務員」，更是保護主義的體現。孰令致之？筆者深感到臺灣的教育部門必須負最大的責任。

早在 1979 年筆者在臺灣師大教育系有一位學長張文益發表一篇「教育部長考」，整理了中華民國建國之後歷任教育部長的生平與教育功績，當年獲得教育部頒發「青年研究著作獎大專組佳作」，筆者很清楚記得他的作品最後一位教育部長是朱匯森。這是三十二年以前的事了。然而這三十多年以來，臺灣走向直接民主、解除戒嚴，甚至於改變兩岸關係、加入 WTO 與 APEC 等國際組織，也與大陸簽署 ECFA，積極迎向未來。

很遺憾的是臺灣高等教育的成就卻反向而行，越來越沒有競爭力。嚴重過剩的大學招生名額，造成「七分可以上大學」的搶學生世界紀錄；「大學學歷、國中程度」已經不是新聞，到處都是。博士過剩，教育性失業（educated unemployment）的事實，浪費多少教育資源。有人歸咎於當年推動教改的李遠哲院長，筆者認為臺灣近二十年以來擔任教育部長職務的人，都有必然責任。

過去二十年以來，有多少媒體針對臺灣高等教育可預見的過剩與災難提出警訊，每一任教育部長都無法提出有效因應對策，不分藍綠執政卻也都安然下臺，聽憑高教危機自由發生。官僚體制告訴臺灣人民：政府是無能為力的，他們提出「高教評鑑」作為退場機制，累死一堆教授，完全做紙上工夫，無助於改變現狀，「偽善」的社會氛圍下，臺灣更沒有知識份子願意出來講真話。

在中華文化長期的影響之下，「既得利益」的共生結構始終都是與官僚體系掛勾在一起，反正臺灣社會的未來不是單一個人的責任。這種知識份子的自私應該是中華文化負面的一部分；很多教育部長在乎的不是歷史的定位，而是下臺之後的升遷，或者有多少職缺？用數量來凸顯其擔任教育部長受到歡迎的程度；其實是臺灣人民對教育感受的改善程度，在決定教育部長的真正歷史定位。

許多臺灣卸任的教育部長繼續縱橫政壇或是大學校園，令人難過。他們絲毫沒有因為任職教育部長期間，無助於改善臺灣的高等教育而感到歉疚，卻經常以前教育部長姿態與職稱，繼續享有各種頭銜與尊榮，使筆者回想到三十二年以前張文益學長的著作「教育部長考」，至盼有兩岸教育研究後學可以將近二十年臺灣歷任教育部長對高等教育的作為，撰寫論文，為臺灣今日高等教育的災難留下歷史的見證。（2012/11/24）

除了學歷之外，臺灣還剩下什麼？

據報載，馬總統宣稱將要開放大陸專科學生來臺灣進修，原因是大陸的專科學生升學管道不如臺灣暢通，此說恐怕過於簡化，因為大陸近幾年來深受「少子化」生源不足所苦，各種可以幫助大陸的大學生存下去的可能方式都在放寬，例如：民辦大學已經有 5 校可以成立碩士點，部分省市異地學生可以就地參加高考，升學模式多元化等等，在在都可以看出來中國大陸高等教育的嚴重困境，以及他們的努力。

在此同時，全球化與國際化的腳步也使中國大陸的高等教育面對威脅。據統計，中國出國留學的人數 2010 年有 28.5 萬人，2011 年有 33.9 萬人，2012 年估計有 46 萬人；換句話說，近三年就超過 100 萬人出國留學，此一增長的速度遠超過想像，中國大陸的高等教育面對「內外夾擊」，今天大陸專科學生所面臨的問題已經不純然是學歷追求管道不夠暢通，顯然臺灣還停留在過去的思維裏。

從事兩岸教育研究多年有感，臺灣的執政者在想什麼，似乎大陸都很清楚；以開放專科學生來臺就學一例，就是要幫助臺灣生源嚴重不足的技職院校避免倒閉，這一點大陸豈有不知道的道理；但是大陸在想什麼？臺灣的執政者很可能並不知道。就這一個政策而言，臺灣除了可以提供「學歷」之外，還有什麼誘因？

「開放專科學歷」到臺灣進修「二技」，就算只開放「前一百名大陸專科學校」，也會衝擊到「三限六不」當中「限校數」的規定；「從嚴」的「41 所學校」防線勢必崩潰。至於大陸方面，當前地方大學的生源威脅，使各省市頭痛，外加國外留學風氣盛行，以當前大陸限制沿海六省市戶籍才可來臺就學來看，將來地方會不會願意讓專科畢業生到臺灣來升學，臺灣恐怕無法樂觀。

上海的民辦大學現在的招生計畫平均最多只能完成七成，未來只會下降，不會上升。雖然各省市情況不一，但是基本上要完成本科文憑已經不是單純「升學管道」問題。有錢又有本事的大專生，不能升學就出國，沒有困難；沒錢又沒有本事的大專生，升學更需要考慮。臺灣的政府官員用心良苦，但是可預見的成效恐怕無法樂觀。

筆者長期以來支持兩岸教育交流，但是這兩年看到招收學位生「從嚴」卻績效不彰，反之「非學位生」來臺「從寬」處理，前者年不滿千人，後者年超過萬人，究竟政府招收陸生的初衷與原則何在？目前的做法是否符合馬總統的承諾與期待？未來如何開放需要政府重新全盤考量。（2012/11/26）

國中社會教科書「同心不同圓」

早在扁政府時期，當時的教育部長杜正勝提出「同心圓」的歷史教育課程主張，以臺灣為第一個圓，以中國為第二個圓，以世界為第三個圓，於是就成為今天國民中學社會科課程分年結構：國一認識臺灣，國二認識中國，國三認識世界，歷史與地理都一樣。

扁政府執政八年，馬政府執政第五年，此一教科書所建構的理論基礎似乎從不見有人質疑；前行政院長郝柏村曾經撰文針對教材內容質疑，但是整體而言，所謂「同心圓」的國中社會科課程建構似乎沒有遇到挑戰，這是筆者長期以來感到好奇的。

首先是「同圓不同心」的事實大家似乎視而不見，藍綠相互尊重，國一由綠色主導，國二則尊重藍營原來的論述。筆者曾經兩次在大學部（每班 70 人）進行當面調查，回憶自己當年國中教育有關日本殖民統治臺灣時期的記憶，幾乎一面倒都認為教科書偏向日本對於臺灣的貢獻居大多數，有關日本的侵略與對臺灣的負面與高壓統治，沒有對青年人留下深刻印象。

至於國二下有關中國現代史的部分，等於是原來國民黨史的縮小版，讀起來仍然是無法放大格局，也不敢改變既有的史觀；例如挑戰「北伐」論述的正當性，或是共產黨在中國現代史的角色等等史實。換句話說，仔細思考會發現原來國一與國二的歷史教育是「不同心」的兩個圓。當初教科書大綱與教材的編寫者都相互尊重，藍綠都不挑剔，受害的只是學生而已。

其次是上述的三個圓「比例」如何拿捏，也是一大難題。不但中國崛起，整個亞洲有許多國家，似乎與我們的生活息息相關。東北亞先後完成大選的日本與韓國的重要性無庸置疑，東南亞的外勞與外傭就在臺灣的許多角落與我們朝夕相處，但是我們的教科書並沒正視此一現實。

有位馬來西亞僑生描述到臺灣的失望說，「在面對臺灣學生，我時常會面對許多稀奇古怪的問題。如他們會非常驚訝你怎麼懂得他們的語言？問你是不是住在樹上，出門是不是都騎馬？有的還會認為馬來西亞是一座島國，所以馬來西亞人都會游泳和出門都必須靠船隻。或覺得東南亞就是一體的，問我懂不懂越南語等等。」馬總統一再強調「國際化」與「國際觀」的重要，馬來西亞是臺灣 2011 年國際學位生數量排名第二位的來源國，該生如此強烈的感覺並沒有人發現。

總之，與其強調十二年國教，不如好好檢視國中歷史與地理教育問題，「把圓心找回來」，調整比率，從認識臺灣出發，到中國大陸，再到亞洲，最後才是認識全世界。重視教育才會贏得民心，乃是千古不變的道理。（2012/12/23）（本文刊登於《聯合報》2012/12/25 A17 版）

教育部官員英語能力也很重要

最新由政大發行的《大學報》1538 期內容指出，教育部次長林聰明今年出席亞太教育年會之後指出，臺灣的高等教育必須提升學術及職場英語，否則將失去競爭力。此一呼籲似乎不是新聞，各大學也都早有對策。

大學為了保障學生的英語能力，都訂最低畢業門檻，例如淡江大學是全民英檢中級初試及格才可以畢業，臺大則是中高級初試及格才可以畢業，至於英語系、所的要求那就更不在話下。中國大陸一流大學堅持四、六級英語能力及格才可以畢業。外語能力不是國際化的保證，卻是邁向國際化的基本條件。除了學生要加強英語能力之外，教育部官員的英語能力也必須重視。

近日看到許多教育部官員在新年度高升，但是有人會質疑：他們的英語能力如何嗎？除了檢視學歷的專業代表性之外，其實英語能力是不能逃避的底線。當我們要求臺大畢業必須符合中高級全民英檢及格的門檻，試問要擔任教育部高官者，至少必須具備何種程度的英語能力才算是合理？

政府有許多規定都是對付一般老百姓，殊不知政府的高官卻完全不受影響。例如教育部長期進行大學評鑑，成效不彰，真正的問題是應該先評鑑教育部，幫助教育部解決問題。先評鑑教育部各個署、處、次長等專業能力，應該就如同大學各系所師資評鑑一樣，讓我們來面談、親自了解他們的專長與未來的願景。當然評鑑也分為「通過」、「有條件通過」、「待改進」三種，作為官員考核的依據。

教育部官員具有英語能力不是「特殊要求」，而是以身作則，更是業務上的需要，包括落實馬總統「國際化」的教育政策，以及「大學走出去」的國家政策，更是養成平時閱讀國際資訊能力、與國際來賓對話的基本要求。以 2017 年將要舉辦「世大運」為例，如果教育部相關主管無法以英語溝通與對話，如何說服世界我國具有舉辦國際賽事的能力？

建議教育部高官必須具備有英語能力，其實也是「獨厚」教育部，因為教育工作的特殊性，「要求自己才能要求別人」。許多次筆者很想建議國中基測拿給教育部長與中教司官員考看看，同時筆者也建議將高中畢業的大學指考提供給高中職不同科別教師考看看。一方面是理解命題內容，二方面是警惕自己要不斷學習。允許筆者妄言，絕對沒有政府官員願意嘗試去推動。

官僚文化久為人所詬病，教育部的官僚文化也不遑多讓，看到「搶位子」的遊戲，令人感慨。筆者真心呼籲，為了國家的教育大政，英語能力只是擔任高官基本門檻，決不是政績的保證。如果連這一項堅持都做不到，新的教育部也無法令人期待。（2013/1/2 修改）

高考命題應謹慎——才有利兩岸理解

考試院在四年多前開始增設高考碩士二級資格科目「兩岸教育制度及政策之比較（著重高等教育）」，目的就是要招收未來處理兩岸高等教育交流各部會所需要的人才。最近有畢業學生將四年以來收集的考題寄給我，仔細閱讀令人擔心，因為這一些命題內容將會引導每一年考生準備考試閱讀的方向；如果內容不當恐怕未蒙其利，先受其害。

首先是：部分題目與本考科無關。例如 99 年的第一題「試從全球化與在地化角度，闡述及評估近年來臺灣高等教育之主要發展政策」，第三題「今（99）年 8 月底我國召開第八次全國教育會議，試問該會之大會願景、主軸，以及高等教育在面對五大環境變遷中，有何重要之結 論？」再有就是 101 年的第一題「近年來我國大學學雜費調整一直是爭議的問題，……，試論述如何改善我國這種公私立二倍差距之高等教育學費政策結構性問題？」

第二類是考題似是而非，這種題形出現最多，從 100 年題目最具代表性。第一題「中國大陸近年來在辦學體制改革方面有那些做法可供參考？」；第二題「錢非萬能但是辦學沒錢萬萬不能，中國大陸近年來高等教育大量擴充，在保障經費投入的政策上有那些做法？」；第三題「近年來兩岸高等教育治理都進行某種程度的改革，請說明目前兩岸高等教育治理方面存在的差異為何？」；命題教授完全「從臺灣看大陸」，不但用詞沒有轉換，範圍沒有界定，更完全忽略大陸普通高校多達兩千四百所，以及辦學體制的複雜度。考生與命題者一樣，都是不了解。

第三類是就連大陸教育學者也回答不出來的艱澀問題。100 年第四題「兩岸高等教育國際化的發展如果以指標來評量，目前仍存在那些問題？有何解決之道？」又如 101 年第二題「試比較說明兩岸技職教育制度之特徵及其主要差異。」；第三題「試從中小學和高等教育二方面，闡述兩岸在教育發展上面臨的主要問題。」大陸共有三十一省市，高等教育共有至少五種等級的學校，技職教育從高中階段就開始，小學則是鄉鎮辦學為主，兩岸如何進行比較？只用臺大與北大比較國際化？用貴州與花蓮比較中小學教育？命題者期待的答案是什麼？

總之，報考公務員是當今青年人最熱門的努力方向，任何考試科目他們都會重視考古題。很遺憾的是考試院只提供考題，沒有告訴我們命題委員的標準答案。許多似是而非的題目根本就有問題，到頭來就又成為命題教授照顧本校學生的途徑，「孤行獨市」、「別無分號」、「名牌教授」。如此一來想要招收兩岸的高等教育交流行政人才目標只會越來越遠。（2013/1/29 在高雄）

內心裡的一段往事——兩岸高教交流的註腳

記得在馬總統積極推動「開放大陸學歷採認與陸生來臺政策」之時，筆者是抱持著充分支持的態度參與，每次教育部舉辦公聽會幾乎都會邀請我去參加。記得有一次在高雄師範大學舉辦，由當時的教育部次長陳益興主持，出席的有高師大副校長蔡培村、教育部高教司科長等人，筆者記得有一件事情至今無法忘懷。幾年過去了，我想要寫下來，也為兩岸關係歷史的發展做見證。

在幾場各地的公聽會當中，有不少支持與反對採認大陸醫科學歷的不同立場者參加，激烈的爭論在所難免。但是在高師大那一場，有一位媽媽泣訴他的兒子在大陸認真學習的醫科學歷，卻沒有任何被採認的機會，她譏諷教育部官員是「尸位素餐」，筆者當場聽到之後非常激動，因為自從馬總統就任之後，教育部高教司的官員為了貫徹此一政策幾乎投入全部心力，被說成如此不堪，筆者當場請這位家長把話收回去，因為我所認識的教育部基層官員都是非常賣力與認真的。

這一件事情經過幾年以來，我始終沒有忘記。

那位媽媽的失望筆者完全可以理解，開放採認大陸醫科學歷需要時間，無法一步到位也是筆者的認知，但是一直到今天我依然為了該不該為教育部辯稱他們並沒有「尸位素餐」而感到困惑，甚至於後悔。我想要說的是，我應該向那一位媽媽致歉，當時我所知道的太有限了，教育部的決策過程我完全沒有參與，包括「三限六不」、「限 41 校」等等如何產生的？我都被排除在外。我只是一廂情願幫教育部說話，希望此一政策早日落實而已。

這幾年以來，我必須坦承日漸同意那一位媽媽對於教育部高官，以及政府高層政務與事務官員「尸位素餐」的指控，既沒有解決問題的能力，又製造更多的問題；既戀棧官位，又不敢得罪人，還想要升官。老百姓都看在眼裡，我當時為什麼會要求那一位媽媽收回這一句話？是我當時的無知（知道的真的有限，只有滿腔熱誠），以及對兩岸高等教育交流正常化的殷切期待。

幾年過去了，當年把希望寄託在馬總統身上的許多從臺灣去大陸的留學生也都夢醒了。沒有當選之前總有許多「以為」，等到真正當選了才知道，所有殷切的期待與協助，換來的是權力的傲慢與既得利益者的考量，「與人為善」與「先求有再求好」成為原地踏步的卸責之詞。政務官沒有聲音，事務官卻越俎代庖，專權壟斷。人民的失望不是沒有道理的。

我希望向當年那一位家長致歉，您罵得有道理，您的先見之明並沒有錯，是我的錯，錯在太天真，誤以為政府官員真的會以臺灣的高等教育發展與兩岸和平為主要考量，原來我錯了。他們的考量是能不能升官，有沒有得罪高層，是不是那一些既得利益者所支持。原來我們的熱情卻被他們所利用。

如今我願意寫下這一段懺悔的過往，作為兩岸高教交流的發展註腳之一。期盼當年這一位媽媽知道之後可以原諒我。（2013/2/11）

比念臺大更重要的選項

今天大學學測公布成績的同時，也看到另一則新聞報導，有一位臺大女學生因為「在臺北不快樂」，雖然已經推甄錄取臺大碩士班，依然毫不珍惜在校內跳樓自殺。筆者認為這絕對不是單一個案，而是現在臺灣青年學生同樣遭遇到的問題。

早上是本學期第一週上課，面對大學部通識課程 70 位來自各系的選修生，本來想要印製問卷提出三個簡單問題：你們快樂嗎？你們覺得未來有希望嗎？你們曾經出現過想要自殺的想法嗎？由於時間太趕而作罷，但是我告訴學生此一想法，如果讀大學不快樂、越讀越沒有希望，甚至於出現想自殺的念頭，這一些資訊就應該讓教育部與學校知道。

高三家長今天得知考生的學測成績之後，一定會有大多數不滿意，認為自己的孩子考得不夠好，應該把握下一個大學指考的機會，此乃人之常情。但是如果將孩子送上臺大之後，有一天出現今天報紙報導的結果，再回頭問家長：你願意重新選擇嗎？筆者相信此刻才會發現原來還有超越臺大的選項，那就是希望孩子健康、快樂的活著。

我們的教育嚴重偏差，奇美實業許文龍老先生在受訪時提到，學校教育有許多與生活無關，他以三角函數為例，提到學校教育不但打擊學生學習興趣，與生活也沒有關係。許董事長的真心話「語重心長」，深得我心。最近網路傳閱一篇《紐約時報》中文版的大陸高教報導，「圓了大學夢，碎了翻身夢」，作者很精簡的將大陸從 1999 年擴大高教招生以來，許多人「圓了大學夢」，如今因為嚴重供過於求，「因學致貧」，失業嚴重以致「碎了翻身夢」，簡直就像在敘述臺灣的現況。

兩岸文化近似，對高等教育存有錯誤的期待，加上臺灣的執政者錯誤的教育政策，以致於教育病症越來越嚴重。馬總統就任五年以來的教育政策績效如何？全民有目共睹。不論是從大學、教授、學生、產業等任何一個角度來思考，都會很失望：「進了臺大又如何？」、「讀到博士又如何？」、「不讀大學可能更快樂嗎？」等等許多教育的根本問題積弊已深。

在新春與新內閣就任之際，大學學測成績公布又加上臺大學生跳樓事件，每一個事件都息息相關。教育政策必須幫助學生從中受惠而不是受害，大學必須幫助學生找到生命的希望與意義，而不是成為學生生命的終點站。沒有人樂見，卻無法避免，大家忽略了學測成績原來還有比錄取臺大更重要的選項。（2013/2/20）（本文刊登於《聯合報》2013/2/21 A19 版）

臺灣憑什麼角力國際協議

拜讀臺北《聯合報》劉大年教授大作「當我們爭論服貿，中韓正加速 FTA」(2013/7/6)，知悉中韓正在釜山舉行第六回合自由貿易談判，明顯故意將日本排除在外，使筆者忍不住回去找 3 月底才舉辦的「中日韓自由貿易談判」相關報紙。先是談判前夕一則頭條標題是「陸：中日韓關係穩定，自貿談判基礎」(《聯合報》，2013/3/20)；過了一週另外一則是「中日韓　啟動三邊 FTA 談判」(《聯合報》，2013/3/27)，怎麼幾個月之後就推翻了過去十年的努力？尤其是看到今年 3 月 15 日報載「馬拋臺、陸、日、韓東北亞 FTA」(《旺報》，2013/3/15)，馬總統是否思考過臺灣憑什麼條件在國際協議上找到著力點？

中日韓三國自由貿易談判從 2003 年開始談，到今年正好滿十年，還是沒有結果；但是三國的國家領導人幾乎先後於 2012 年底開始全部換人。三國的新領導人就任以來，在國際上各領風騷，出盡鋒頭；不論是中國大陸習近平希望兩岸共圓的「中國夢」；還是韓國總統朴槿惠最近訪問中國時，聲稱「韓、日歷史問題決不退讓」，盼「韓國夢」與「中國夢」同行的感性談話；或者是日本首相安倍晉三在朴槿惠 5 月初訪問美國總統歐巴馬之後發表的強硬談話：「二戰立場，日本無意改變」。綜觀上述三國領袖的談話，背後的憑藉是什麼？

根據臺灣的媒體報導，日本首相安倍晉三就任以來遠赴東協、歐洲、美國與俄羅斯、蒙古等世界各地訪問，而且答應美國邀請加入 TPP，近在咫尺的中、韓兩國，宛若遠在天邊，遙不可及。各國領導人在國際協議角力的憑藉何在？筆者認為就是他們獲得權力的來源。以日、韓民主國家而言，當然就是要以民意為依歸，不敢違逆民心向背；至於非直接民選的中國大陸，也不可能不務實地面對東北亞的情勢變化。筆者認為實力加上民意支持，才能夠在國際協議角力上無往不利。

以中日韓三國「亞洲校園」（CAMPUS Asia）計畫為例，從 2008 年就開始談，2011 年 5 月三國領袖在韓國濟州島會面，正式提出十個試點方案，從 2012 年開始試辦。此一構想仿效歐盟伊拉斯謨計畫，但是至今的成效乏善可陳，問題與挑戰很多無法克服，甚至於可能成為歷史上的一場夢。筆者深感任何國際協議就是實力與民意的角力，如果無法持續，浪費人力與資源，簽署再多也沒有用。臺灣執政者一廂情願要加入 TPP 與東北亞 FTA 的想法，必須面對國際現實，實力與民意支持都在考驗馬總統的所有承諾。

近日臺灣為了沒有知會立法部門以及完成產業影響評估就與大陸簽署「兩岸服務貿易協議」爭論不休，立法院臨時會決議要逐條討論與表決，決不願意作行政部門的橡皮圖章，使馬政府落入「父子騎驢」的窘境。立法部門的堅持有其道理，尤其是區域立委每四年要面對選民的壓力，選票才是「硬道理」。但是臺灣海基會新任董事長林中森就任以來第一次與對岸簽署的「服務貿易協議」，只要有任何一條被修改，恐怕連帶影響到臺灣的國際信譽，而不只是前面兩岸簽署的十八項協議會受到衝擊而已。

筆者深感國際協議角力的現實，也不樂見臺灣內部紛擾不安。但是如果缺乏實力與民意支持，恐怕「心有餘而力不足」；如果臺灣執政黨只有能夠在立法院表決之際可以掌握黨籍立委為政策護航，卻沒有辦法提高民意支持，恐怕下一次選舉 2014 年底到來，民意的反噬會使政權喪失，要想維持國際與兩岸協議的信譽，恐怕早晚還是必須面對民意考驗的現實。（2013/7/6）（本文刊登於新加坡《聯合早報》2013/7/11 14 版）

重視教科書的國際知識走向世界

由於長期關注兩岸中學文史教科書的比較，從十年前接受日本交流協會資助到名古屋大學擔任訪問學者，開啟了研究國際教科書對兩岸的介紹，先後研讀了日本、加拿大、印度、美國等主要國家幾個版本的中學歷史教科書對臺灣的介紹此刻筆者再度接受日本資助到日本廣島大學展開新的主題「臺灣教科書所不知道的廣島」，有感於十年來歷經政黨輪替，兩黨各有五年執政，但是教科書內容對於國際知識的介紹，卻沒有得到重視。

對於教科書的國際知識該有的重視，筆者認為可以有兩個途徑來檢驗。

首先是我國駐外使領館有沒有經常性的將收集各國教科書對於兩岸的介紹列為重要的工作項目之一，而且閱讀本國教科書對於各駐在國家的介紹是否有失真，或者是更新的必要，主動向政府提供最新的資訊，以利教育部隨時補充或修改教科書之重要根據。

如果我國的教科書沒有介紹或者是對於國際局勢的掌握不夠精準，甚至於失真，那麼極有可能耽誤的不僅是外交關係，而是會造成中學教育記憶斷代的嚴重影響。不久之前發生的菲律賓槍擊我國漁船的國際糾紛，筆者仔細閱讀國中社會科教科書二年級對於東南亞的國際地理知識，內容貧乏令人咋舌。如果再聯想到引進的外籍勞工，與我們朝夕相處十年以上了，我們的教科書對於各主要外勞來源國的介紹是否足夠？應該有官員關心才是。

第二個檢驗的途徑是國際社會對於該國在我國中學教科書內容的呈

現，是否重視？可以看出各國對於與臺灣的關係重視的程度。舉例而言，早在上一個世紀末國立編譯館出版的《認識臺灣》歷史篇、地理篇與社會篇，指定各國中一年級必讀，日本就非常重視，而且有書商將其中的「歷史篇」翻譯成日文在日本出版，世界上還找不到第二個例子。

反之，如果世界各國根本不在意臺灣的中學教科書，是如何去描述他們的國家，內容夠不夠？正確與否？根本不在乎，那就非常值得政府警惕。要做到這一點不難，難在有心與否，外交部與教育部必須合作。舉例而言，近在咫尺的韓國，出現在中學教科書的內容很少，根本無法真正呈現韓國今天在國際社會的影響力。但是顯然臺灣不在意教科書的內容，韓國政府也無所謂，以至於臺韓關係大不如前，令人惋惜。

總之，政府應重視教科書的國際知識，與國際關係與世界局勢緊密結合，既可收到教育效果，亦可以改善外交關係，何難之有？（2013/7/13於日本）

對兩岸都很沉重的日本廣島

對於臺灣與中國大陸的歷史教科書，日本廣島是一個絕對不能不提的城市，因為這裡是二次大戰結束的關鍵城市，1945 年 8 月 6 日被全世界第一次使用原子彈轟炸的城市，兩天之後的長崎再度被原子彈轟炸，日本宣布無條件投降，真正結束第二次世界大戰。因此廣島與日本的投降成為歷史上重要的關鍵因素，要談史實就不能不提到廣島。

有趣的是在兩岸歷史教科書中，也都不太願意深入去談到廣島，只停留在上述的純粹描述，沒有任何解釋。「為什麼是廣島被轟炸？」，「廣島一再向世界宣示和平的重要，臺灣與中國大陸為何沒有積極的回應？」筆者自從 2009 年以前首次到廣島參觀「核爆紀念資料館」所引起的震撼，到今天依然記憶深刻。只是四年之後再次造訪廣島的同一地點，想到的是更多的疑惑。

首先是日本與廣島能不能畫上等號？作為二戰終戰「受害者」的廣島，似乎無法超越作為二戰「加害者」的日本，向全世界推銷和平，角色上有一點錯亂。這可能是日本人始終覺得不解的地方，因為二戰結束以來，世界上有多國的領袖造訪廣島，宣示維護世界和平，但是美國總統沒有來過，臺灣與中國大陸的領袖也從來沒有參加。這其中絕對不是巧合，而是有一定的道理。

當筆者在該紀念館內購買各種資料與書籍的時候，特別詢問卻驚訝沒有中文的譯本；這當然不是日本沒有能力做到，而是有其他考量。筆者推論臺灣與中國大陸的教科書內容簡單、不深入的重要原因，其實背後更是兩岸不願意正視廣島被原子彈轟炸之後的嚴重慘狀。因為自從上一個世紀末以來，日本所扮演的腳色，就是一再入侵別人的領土，發動戰爭，甚至於以「出征」自居，包括韓國、臺灣、中國大陸、東南亞等無一倖免，豈是一個「慘」字了得？

遠的日清甲午戰爭不說，單以「南京大屠殺」所引起的震撼，1937 年 12 月中國大陸首都南京被攻陷，日本軍隊士氣大振，廣島更是大肆慶祝、點燈大遊行的歷史照片，歷歷在目，看在兩岸受過歷史教育的人民眼裡，真的是情何以堪？許多大陸的教授告訴我，國仇家恨無法忘懷。想到這裡，筆者站在廣島感到十分沉重。歷史不能重來，廣島與南京的人民沒有互相仇視的理由，但如今都背上歷史的烙印。

2011 年由臺灣導演魏德聖拍攝的電影「賽德克巴萊」描述日本在臺灣殖民期間，統治原住民的方式；當面對「霧社事件」原住民「出草」殺死南投霧社很多日本人時，日本軍隊出動使用「化學炸彈」—「生化武器」轟炸霧社，導致原住民中毒死亡，而這一些化學武器就是由廣島「毒氣實驗研究所」當年研發出來的，試想臺灣人民理解此一事實之後，又會如何看待廣島當年被原子彈轟炸的悲慘事件？那種複雜的內心世界，非常難以形容。

二戰結束近七十年以來，包括南京與廣島人所受到的苦難，外人無從體會。這兩個城市也不會因此交好，相互慰勉為世界和平一起努力。廣島所倡議的減少核子武器擴散，促進世界和平固然無可反駁，但是缺少中國、韓國、臺灣等人民的理解與原諒，恐怕走不出廣島。美國哈佛大學哲學系教授桑德爾（M. Sandel）在其《正義》一書中便討論到「我們應該為上一代人犯的錯誤道歉嗎？」值得各國政府深思。

現在筆者正站在廣島，腦中記憶都是中國近現代史，耳朵卻常出現日本將要在 7 月 21 日進行參議院改選投票的競選宣傳，此一結果可能使日本修改憲法，許多有關日本強硬態度的傳聞，使筆者好奇今年 8 月 6 日廣島的和平紀念日要如何舉行。因為全世界都在看。（2013/7/15）（本文刊登於新加坡「聯合早報》2013/7/19 15 版）

開放陸配學歷採認務必審慎

據報載，有鑑於首次試辦招收大陸專科畢業生來臺就讀二技成效不彰，原本計畫招收 955 名，結果只收到 93 位，教育部與聯招會決定要改為開放給陸配「專科升本科」就讀二技的機會，對於在臺灣已經多達數十萬的陸配，這確實是好事一件。

但是仔細檢視教育部近三年開放大陸學歷採認政策與做法，開放陸配報考二技務必審慎，切勿衍生更多問題。

請問兩岸高教交流的核心思想是什麼？政府應該有一貫的思維，不可以因為不同部會、不同司處各有不同思維，才不致相互扞格、彼此矛盾。舉例來說，到臺灣就學研究生現在雖然已經開放 111 所以「二一一工程」為主的大學，但是畢竟是占大陸兩千多所大專院校的極少數；招收本科生也要求至少要達到「高考」的「二本分數線」以上才可以申請。陸配要報考也必須依照相同的標準。

技職司主導的首次試辦開放招收大陸專科畢業生到臺灣就讀二技，限制報考的條件苛刻，不但必須是應屆畢業才可以，而且要當年度報考大陸「專升本」考試有成績證明者為限，而且是大陸前一百多所示範性專科畢業才可以。廣東與福建兩省戶籍地為限，使得許多有意來臺就學的大陸專科畢業生錯失機會。如今政府反其道而行，「進口」改為「內銷」，只開放給陸配，前述的條件將會完全消失，只要是陸配，專科畢業就可以，後遺症令人擔心。

為了達到克服技專院校招生不足難題的目的，將生源轉移到陸配，可以猜測所有門檻都會消失：應屆畢業、參加專升本考試成績證明、前一百多所示範專科畢業、限制戶籍地、財力證明等等。此舉無異等於承認大陸所有大專的學歷，對於過去嚴格的大陸學歷採認規定，凸顯過去的堅持根本是誤會一場。陸配將來繼續在臺灣讀到博士毫無困難。

此外，臺生是否比照辦理？醫科大專學歷是否承認？更嚴重的是，此一政策暗示性很強，過去政府所強調的種種限制，如今只要成為陸配就完全解禁。許多沿海八省市以外的陸生希望來臺灣就學，完全不得其門而入。教育部如果以陸配作為入學條件，救了技專院校卻可能失去教育政策本意。陸生希望來臺灣，「明規則」如果行不通，改走「潛規則」完全不意外。

筆者長期主張兩岸交流務必審慎規劃。幫助陸配進修絕對好事，但是不要忽略可能衍生的後續效應，臺灣才不會流於內耗。（2013/7/22 於日本）

請讓歷史教科書活起來

日前有關「日據」與「日治」之爭，其實反映出現存臺灣內部不同族群的集體記憶與意識形態，此一由來已久的歷史共業藉由中學教科書再次浮上檯面，其實都只是冰山上面的浪花而已。

長期以來臺灣的歷史教科書最大的問題是「沒有生命」，套用一句學生的玩笑話「都是讀一些死人的東西」，要不是為了考試，不會使人有興趣。關鍵就在這裡，當教科書成為「史實」與「史觀」的陳述之爭，但都沒有使歷史教科書活起來，乃是歷史教育成敗的關鍵。藍綠對於一字喪邦之說，言過其實。

以現行國中二下翰林版為例：「武昌起義成功後，各省紛紛響應，宣布獨立。民國元年…成立中華民國臨時政府，由孫中山擔任臨時大總統，」（107 頁）試問：「各省」指的是誰？孫中山又如何，被誰推選為臨時大總統？教科書隻字未提，沒有生命的歷史教育此之謂也。

另例「1945 年 8 月，美國先後對日本的廣島、長崎投下原子彈，日本宣布無條件投降，中國艱苦的八年抗戰終於獲得勝利。」（123 頁）學生既不知道為什麼是廣島被轟炸？也沒有從聯合國認定為世界遺產之一、人類首次廣島核爆所產生的危害學到絲毫歷史教訓。

有關中國大陸被共產黨佔領，過去戒嚴時期學習的是「中共竊據大陸」，看到今日教科書改為「國軍在戰場上一再失利，中共於民國 38 年底前幾乎控制了整個中國大陸，中華民國政府則遷往臺灣，從此形成兩岸分治的局面。」（125 頁），過去一句話改成兩行多的鋪陳，仍然沒有坦誠說明為什麼會失利？不能說的史實，使歷史教育失去生命，是學生長期疏離的原因，不是在野黨的功勞。

筆者過去很喜歡測試大學部通識課程學生兩個問題「中華民國成立時的國旗是什麼？」,「青天白日滿地紅國旗何時啟用的？」幾乎極少有學生知道。進一步喜歡問的是「孫中山擔任臨時大總統有多長時間？」。看到國民黨喜歡用「北伐成功」來炫耀黨史，那種感覺很像至今在廣島核爆紀念館看到當年從廣島出發陸軍第五師的部隊使用「出征」一樣矛盾。

記得大陸教科書提到南京大屠殺的單元有一個習題，要學生課後寫一封信給日本的小朋友，告訴他們當年在南京所發生的歷史。日本廣島的核爆紀念 8 月 6 日到來前夕，許多紀念活動與展覽排滿要讓歷史再現。國內有關「日據」與「日治」之爭，建議改成教科書內主題討論，應該有助於讓歷史教育活起來。（2013/7/27 於日本）

廣島核爆紀念最平凡的啓示

本來今天打算要再去廣島核爆紀念館參觀，因為上次去只看主展覽，今年配合 8 月 6 日紀念日到來有一場新的展覽，那一張海報非常吸引我，主要內容是一位婦人憂愁的表情，主題只有日文與英文，英文是“If not for the bomb.”，我試著翻譯成「要不是那一場核爆」或者是「如果不是因為那一場核爆」，不知道對不對；但是我很有自信推論那是在追憶這一場核爆對她們人生造成的改變。不，應該說是她們對於因為核爆所失去親人的想念。

我反覆思索這核爆紀念館給世人的啟示，說是世界和平實在太高調，與人民太疏遠了，因為那是各國國家領導人的事。但是這一場廣島核爆發生在人類史上第一次，不論是前因還是後果都應該納入世界遺產與教科書裡，因為沒有人希望再付出同樣的代價來學到相同的教訓。日本的中學歷史教科書（日本文教版）只有針對核爆之後的災難以整頁來敘述，並沒有提到原因；至於臺灣的教科書更簡單，「1945 年 8 月，美國先後對日本的廣島、長崎投下原子彈，日本宣布無條件投降，中國艱苦的八年抗戰終於獲得勝利。」（翰林版二下 123 頁）。中國大陸也是類似。

這一場世紀浩劫的代價太大了，時間太快了，快到幾乎令人無法相信這是事實。但是我們對於廣島理解太少了，完全不知道這一個城市是日本 1894 年中日甲午戰爭發生時，日本指揮大本營所在地。從此之後，包括陸軍與海軍都是經由廣島「出征」（日本核爆紀念資料館內的用詞），包括義和團事件（1900 年）、日俄戰爭（1904 年）、東北九一八事件（1931 年）、七七蘆溝橋事件（1937 年）、南京大屠殺（1937 年 12 月）等等。

除了陸軍第五師團位於廣島之外，海軍造船事業更是廣島引以為傲的傳統工業，一直到今天日本海上自衛隊軍事學校仍然位於廣島江田島小用，日本的海軍護衛艦與潛水艇經常性停靠在廣島吳港，吳市的「大和博物館」（Yamato museum）大方公開展示二戰攻擊美軍的聯合艦隊模型，包括航空母艦與戰鬥機、潛水艇等，令人對於廣島過去二戰期間的軍事用途印象極為深刻。

根據核爆紀念館資料記載，1945 年 4 月 27 日由美國與英國首次秘密會議決定 17 個城市為目標，5 月 11 日會議縮減為四個目標：京都、廣島、橫濱、小倉。到了 8 月 2 日下達命令優先順序是：廣島、小倉、長崎。最後 8 月 6 日上午由於天候良好，美軍 B-29 轟炸機於上午 8:15 投彈，43 秒之後在 600 公尺高空爆炸，廣島的命運就此決定。

上述都在說明「歷史沒有偶然」的前因，藉以補充幾乎只有到廣島來才會讀到的許多史料與軍事設施。但是「廣島核爆」的後果才正要開始，並不是藉由二戰結束而告一段落。深信包括軍事學家、醫療學家、物理與化學研究者等等，對於廣島核爆之後所產生的後遺症，都是最直接、也最具有說服力的證明。這一些殘酷的史實，是包括日本在內的二戰參與國家犧牲多少生命所造成的結果。

一直到今天，六十八年過去了，繁榮的廣島八丁崛與本通商業區幾乎讓人無法想像當年曾經被炸為平地，因為二戰期間這一些地方本來就很繁榮。年輕一代也缺乏史學關懷，二十幾歲的青年人無法體會二戰時的可怕。但是自從上次去核爆紀念資料館看到哪一張海報“If not for the bomb.”，讓我縈懷不去，原來廣島核爆從來有關世界和平的高調，都只是給國際宣傳與政治人物使用的。真正最平凡的啟示就只是對親人的想念而已。（2013/7/28 於日本）

廣島與霧社，一樣歷史悲劇

8月6日是廣島核爆六十八周年紀念日，自從筆者榮獲日本交流協會獎學金，獲聘廣島大學客座研究員，研究主題就是臺灣與日本教科書比較—有關廣島史實的再驗證，當然預先就想好要參加此一盛會。除此之外，由於臺灣電影「賽德克巴萊」內容中有一段日本使用化學武器轟炸霧社的畫面，筆者查過資料，那是來自廣島製造，因此筆者也計畫要前往參觀。卻沒有想到這兩個計畫前後連在一起，使筆者產生錯亂。

8 月 5 日按照計畫前往參觀位於廣島東側靠忠海地區一個小島，有一個單位稱為「毒瓦斯島歷史研究所」提供接待，並且安排搭船前往當年生產毒氣的小島參觀該島在地方政府支持之下於 1988 年才成立的「毒瓦斯資料館」，並且在事務局資深人員山內正之先生解說之下，才確定當年霧社事件的毒氣就是這裡製造的。

此一小島現名是大久野島，二戰期間消失在日本地圖之中。據說當年在這裡工作的人都不可以對外洩密，當然也無法回頭。自從 1929 年成立之後，生產各種化學武器，在 1930 年首次對臺灣霧社試驗使用，成功後便大量生產，隔年起對中國的各次戰爭，幾乎沒有不用的。生產數量從首年兩噸到二戰末期年產超過四百噸，主要用在中國大陸戰場。

化學武器與原子彈相似之處其實不過五十步笑百步，都是破壞環境、大量殺人、不分對象、後遺症大等等特徵。而且不論陸軍迫擊砲、海軍與空軍的砲彈都可以裝填化學武器，使得日本對中國的戰爭速度加快，回想起來真是令人髮指。臺灣霧社竟然是亞洲第一個化學武器的受害者，教科書隻字未提。

參觀完「毒瓦斯島歷史研究所」隔天就是廣島核爆紀念日，各種慎重的安排與世界和平的呼籲，頓時使筆者覺得很錯亂。一方面指控使用原子彈很不人道，另一方面卻毫不譴責自己在臺灣與中國使用大量化學武器，很難令人接受。尤其是「賽德克巴萊」電影演出之後，歷史真相更清楚，卻不見藍綠任何政黨要求日本政府向霧社原住民道歉或賠償，整件事情似乎與他們無關，電影看過就算了。

如果真的重視世界和平，應該坦然面對歷史。今天緊張的中日關係與日韓關係正是二戰以來的延續。臺灣的政黨對於日本殖民時期「日據」或「日治」一字之爭傳到日本見報，卻不指控日本使用化學武器對付臺灣霧社這種極不人道的行為，藍綠的都不在乎令人難過。日本積極利用廣島核爆在世界發聲，臺灣應該出面為當年的霧社講話，而且就從教科書開始。（2013/8/6 於日本）

全世界教科書都不知道的廣島

今年應邀前來日本廣島大學擔任客座研究員，主要的研究主題是：臺灣與日本教科書比較—有關廣島史實再驗證。尤其是有關廣島核爆的主題，更是不能錯過。8 月 6 日是廣島核爆六十八周年紀念，看到安倍首相親臨致詞，也看到來自世界各地愛好和平的支持者，更看到許多受難的家屬代表，莊嚴隆重，令人印象深刻。但是筆者比較希望全世界注意到，除了廣島核爆之外，其實還有全世界教科書都不知道的廣島，更是世界和平的鑰匙。

如果看過由知名導演史蒂芬史匹柏拍攝第一次大戰（1914-1918）電影《戰馬》（War Horse），其中有一段是男主角飾演的英國士兵到歐陸與德國對抗，結果攻入壕溝時，突然爆炸致使他的眼睛失明，更有許多士兵死亡，那就是最早使用化學武器的德國。無獨有偶，臺灣導演魏德聖拍攝的「賽德克巴萊」，講的是 1930 年日本殖民臺灣時代發生的「霧社事件」，日本軍隊動用了飛機丟擲化學炸彈，使原住民死傷慘重，才結束了當時的抗日活動。

如果說廣島是人類第一個原子彈爆炸受害者，那麼臺灣霧社就是亞洲第一個化學武器受害者。今年廣島市長松井一實主持核爆紀念日時，一如過去強調使用原子彈是「非人道」的行為，筆者完全同意，也支持世界和平。但是與原子彈相類似的化學武器卻沒有受到譴責，臺灣對於霧社 1930 年首次受到日本化學武器攻擊完全沒有戰後的反應，也沒有類似日本廣島的追思，向世界發聲，只有默默承受，令筆者感到不可思議。

化學武器與原子彈相類似的地方是：破壞環境、大量殺人、沒有鑑別對象、嚴重後遺症等等。當年日本正式設立生產化學武器就是在廣島的瀨戶內海一處小島，從 1929 年設立開始，沒有外人知道，連地圖上也找不到這個島。生產之後第一次試驗就是用在對付臺灣霧社的原住民（漢人應該也死亡不少），此一結果使日本更有信心。整個投入化學武器的製造與戰爭的分工是：東京本部負責研發，廣島的「毒氣島」負責製造，北九州的曾根負責裝填到炸彈，千葉的陸軍習志野學校負責化學兵訓練。

由於 1930 年在臺灣使用的成功經驗，使日本軍隊大量生產，用於從 1931 年東北瀋陽事件開始的所有對中國的戰爭。根據史料，廣島生產的化學武器從第一年的兩噸，到二戰末期每一年四百多噸可以想見。如果一一念出來，會使人非常難過。原來日本當年入侵中國還大量使用化學武器，一直到二戰結束投降撤退，他們並沒有善後才離開，以至於到底在中國還埋藏有多少化學武器沒有人知道。2003 年在中國東北齊齊哈爾市，有一個建商開挖準備蓋公寓，卻挖到化學武器，結果有 44 人受害，其中有 5 個是小孩。

當然位於廣島的「毒氣島」戰後雖然被盟軍發現，但是並沒有被列入東京審判當中，只是將化學武器丟進海底。當年約 6700 多個製造毒氣的員工，被告誡不可以說出去；戰爭期間會被日本憲兵抓走，而且還連累家人；投降之後被恐嚇由於違反國際公約，如果承認會被盟軍判刑等等，以致於這一些日本的員工等於是變相受害者。更嚴重的是，由於長期曝露在毒藥環境之中，儘管有保護措施，卻仍然無法百分之百逃避毒害。

筆者親自參訪此一位於廣島境內「毒氣島資料館」，聽取講解與請教，才知道原來當年臺灣是亞洲第一個化學武器受害者，炸彈內容物應該是「芥子彈」（Ibelido）與「青酸」兩種混搭。兩部電影分別記錄歐洲與亞洲首次使用化學武器的國家，正當我們同意譴責使用核子彈是「非人道」的行為，不應該忘記化學武器也是「非人道」的行為。（2013/8/6 於日本核爆紀念日）

空襲警報的歷史教育

在日本廣島停留的時間，8 月 6 日與 8 月 9 日分別是廣島與長崎 1945 年核爆發生的日子，但是時間不一樣。每一年日本政府在核爆紀念日的時候，除了盛大舉辦紀念相關活動，提高國際能見度與教育本國國民之外，今年筆者兩天都在日本廣島親身經歷到空襲警報的在歷史教育上應用。

8 月 6 日是上午 8:15 廣島核爆，時間一到，整個日本各地同時響起空襲警報一分鐘。由於筆者住所在東廣島市西条，是當年空襲廣島的美國轟炸機飛越的城市，距離廣島市搭電車要三十五分鐘，8 月 6 日上午沒有預警的響起空襲警報，但是街上行人若無其事，不像臺灣要人車淨空，久久玩一次。8 月 9 日上午則是 11:05 長崎發生核爆，也是時間一到就響起空襲警報一分鐘，這種空襲警報聲音與臺灣一樣。原來那是一種紀念也是哀悼，更是歷史教育：不要忘記這一個時刻。

在日本與來自中國大陸的研究生聚會時談到這一件事，他們也提到每一年的 9 月 18 日上午 10 點也會響起警報聲音，藉以紀念東北「九一八事件」國恥日。筆者才知道原來警報聲音與歷史教育也可以有效連結，因為他們可能忘記歷史課本寫什麼，但是不會忘記那「吵死人」的警報聲音。大陸名人李開復給女兒的信中就說：當你忘記學校所教的一切，還剩下來的東西，那就是教育。

從小在高雄見到許多日本殖民時期留下來的防空洞，尤其是在愛河旁邊印象深刻，但是因為年久失修沒有使用，早已經雜草叢生，不過空襲警報演習倒是常有之事。聽家母生前回憶兒時經常躲空襲，美國的飛機常常空襲高雄。她的經驗是：只要你看到炸彈在你的頭上，那就一定沒有事，因為炸彈還會飛很遠。這件事對筆者而言也是歷史教育。

好幾年前《亞洲週刊》也刊登新加坡國會為了教科書上的民族英雄人選有過爭議。如今兩岸關係解凍，臺灣的影視題材明顯壓縮，歷史教育與國家認同更是嚴重問題，過去戒嚴「中華民國、中國國民黨、三民主義」「三位一體」的時空背景完全不復存在，各種史實不斷被解構與再詮釋，兩年前的「建國百年」各種紀念活動不但人民無感，「夢想家」舞臺劇花掉人民兩億新臺幣，據說只演了兩場。筆者很想知道有幾個人被感動。

其實不用花兩億就可以使人民感動，只要執政者「苦民所苦」、「悲傷我的悲傷、快樂我的快樂」，政府與人民就不會對立，國家才會受到認同與接受過去歷史。日本與中國大陸利用警報聲音實施歷史教育值得我們反省。（2013/8/11）

歷史教科書是乘載教育使命的

• 楊立 •

據報載，南韓總統朴槿惠公開建議中日韓三國應該仿效德國與法國合作編寫歷史教科書，促進合作，打造共同的願景。但是日本政府立即反對此一合編教科書的提議。基本上類似跨國合作編寫歷史教科書－尤其是曾經敵對國家，這一種提議幾乎都是政治語言，法國與德國合作據傳早就停下來了；世界上也沒有見到有新的案例。

顧名思義，歷史教科書就是賦有國民歷史教育的使命。除非《聖經》或是字典等是為全世界人編寫，套一句薩依德的話：《東方主義》是西方人寫給西方人看的「東方」（不一定是真正的東方）。這使筆者想起杭亭頓的「文明的衝突》，應該也並不適合所有不同國家與地區的人閱讀的。

筆者主張所有國家的國史應該建立其主流脈絡；以臺灣而言，長期以來是以中國國民黨的黨史當成國史，以致於許多空白之處。例如民國成立時，如何選出臨時大總統？當了一個多月就準備下臺，其中原委？下臺之後在袁世凱手下任官，這一些重要史實教科書全部隱瞞。

臺灣對於韓國的歷史根本不重視，完全不理解原來韓國的歷史與文化比起日本有過之而無不及，從東漢開始中國的佛教就從韓國傳入日本，在明治維新之前，韓國為日本的老師。可是看到日本對韓國的「殖民回報」，多少韓國人民族主義情結油然而生，不足為奇。歷史仇恨放不下，日韓合編教科書是一句空話。

自從日本首相安倍晉三上臺以來，無役不勝，今年 7 月日本參議院大選安倍首相大獲全勝，他的競選口號是：「把日本找回來。」雖然 8 月初在廣島與長崎的兩次核爆紀念活動中，日本很謙卑的懇請全世界支持 2020 年反核的減量目標可以達成。但是筆者仔細一看，整個亞洲最大的代表國家中國與韓國都不參加，這種民族情結充分表露無遺。

任何國家一本歷史教科書都是為自己的國民而寫，都有其國民歷史教育的目的；令人無法想像如何將「南京大屠殺」與「廣島核爆」的史實拿來教育對方國民。看來無此可能與必要性。臺灣內部藍綠各據中國史與臺灣史的範圍，相安無事卻沒有國民主流歷史教育。過去有人提議兩岸合編歷史教科書，想想歷史，再想想未來，也不必太樂觀了。（2013/11/17）

臺灣的「中華民國」危機

黃仁宇在其《中國大歷史》一書之中解釋他所採用的是歸納法，「大歷史」（macro history）的概念也非他所創，而是沿用自宏觀經濟學而來。所以要把中國數千年歷史壓縮介紹只有如此做。筆者認同黃仁宇教授的解釋，許多枝節也就略去不論。這種事實特別是在外國人的「認識中國」出現，此乃無可厚非。

筆者曾經在 2005 年應邀前往加拿大溫哥華 UBC 擔任訪問學者，完成「加拿大教科書如何認識中國」（What do Canadian students learn about China?），選擇兩種社會科版本，中學使用的 *Pathways* 以及 *Across the Centuries*。筆者仔細研讀該兩種版本對中國的介紹，異同互見，沒有所謂「統一課程綱要」這種東西。甲版本提到的「太極」在乙版本隻字未提。

去年筆者訪問日本廣島大學的時候發現，日本教科書對於中華民國成立的史實，完全沿用國民黨的版本，絲毫沒有挑戰。中國共產黨在 2012 年正式出版《中華民國史》，筆者還沒有詳細比對，但是就筆者所理解，針對孫中山被推選為「臨時大總統」一職的過程與他本人才擔任一個多月就下臺，在袁世凱政府當中任官，這一些「小歷史」（micro history），相較於黃仁宇的史觀，顯然突出的是另外一個層面。

正當全球化時代來臨，資訊流通越來越多元，歷史故事更不可能被封鎖與壟斷，如此一來，不只是國際社會對中國的認識會面臨困惑，就是全世界的華人對於中國歷史的認同與歸屬感，也會越來越困難，因為大家會發現：原來中國歷史不是只有一個版本。有些國家的教科書指出中國被外族統治兩次，該段時間是不存在的。如今兩岸關係越緊密，國共戰爭的歷史內幕以及中華民國成立的過程，過去由國民黨完全壟斷的解釋，中國國民黨史與中華民國史相結合的歷史，恐怕會面對極為嚴厲的檢視。

尤其是臺灣內部從日本殖民統治以來所形成的意識形態，與 1945 年臺灣光復以後中國國民黨恐怖統治手段造成「二二八事件」，形成本省人與外省人的對立，對中華民國缺乏認同感可以從兩年多前各種「建國百年」慶祝活動與人民沒有感動，這是一個非常嚴重的危機。如果全世界號稱中華民國的唯一根據地－臺灣都是如此缺乏認同感與歸屬感，「建國百年」只是少數人的感動而已，這樣的現象與臺灣內部的外籍勞工與配偶各自慶祝自己的國慶有何不同？

臺灣的「中華民國危機」出自於教育與政治導致。執政者對於解除戒嚴之後的教育何去何從？如何看待過去戒嚴時期的臺灣社會？如何解讀中華民國與中國國民黨的關係？如何針對兩岸六十年相對峙所造成的隔閡做修補等等，很顯然臺灣歷任教育部長都沒有盡責。他們沒有意識到：當教育離人民越來越遠，尤其是編造的歷史將會一再被拆穿，教育不但無助國民意識的形成，反而是阻止人民相信政府的助力。

臺灣的在野黨主要領導人蔡英文提出要先建立「臺灣共識」的主張，才能夠進一步與對岸談判，才不會損及各類族群的感情。這種政治語言明知道是空話，但是似乎也很有市場，因為很有道理。問題是臺灣到底還要不要「中華民國」？這恐怕是教育部越來越棘手的問題。當有人質疑中華民國首都在南京而不是臺北，政府要有應對才能被人民接受。當有人質疑孫中山其實沒有那麼偉大，都是被國民黨「造神」運作出來的。他是一個偉人卻不是完人，沒有必要掩飾許多孫中山的事蹟，才不會損及他的歷史意義。

總之，臺灣還要不要「中華民國」？可以從民間與政府來看。民間顯然是無感的，只要生活無虞就好。至於政府作為就留給歷史去評價了。(2014/2/4)（本文刊登於新加坡《聯合早報》2014/2/7 25 版）

臺灣的「建國百年」有感

我今天想跟各位講的是，這個禮拜是雙十國慶，今天是 10 月 13 號，很特殊的是今年是所謂中華民國建國百年。我們看到幾個有趣的是第一件事是藍綠紅三黨在這個節骨眼都針對相同的事情發表了不同的看法，所以我想從這件事開始講起。這堂課是國際兩岸時事，牽涉到中華民國的大事，蘇起老師上禮拜在歐洲，報紙登載，他講過一段話「其實藍綠撇開統獨爭議，其他差異不大」。我想講的是，雙十國慶，我們中華民國的總統公開在國慶大典上聲稱，我們中華民國做到孫中山所強調而大陸做不到的「自由、民主、均富」，這是馬英九總統講的。中國大陸在 10 月 9 日也舉辦了辛亥革命百年紀念，放上前所未有的孫中山巨幅畫像，而且中國大陸也以孫中山的繼承人自居，公開發表他們是孫中山思想的具體實踐者。接著我們看蔡英文女士，她在這個禮拜也公開講臺灣就是中華民國。而我們看到藍跟紅兩個黨爭相表態自己是孫中山思想的具體實踐者；綠沒有這樣講，但綠說臺灣就是中華民國，這是這禮拜發生的事情，剛好蘇起老師在歐洲發表演講時說：「其實臺灣內部除去統獨爭議，藍綠其實看法是相當一致，在民生議題上面，歧見不大。」

接著我要開始幫大家回顧臺灣在過去這幾十年的變化，尤其是在近十年的變化，我想在 2000 年的時候，就是陳水扁當選的那次總統大選，不容否認那是中華民國很重要的里程碑。最近有篇文章，這是支持綠色的一位林保華先生，他寫中華民國三階段論。他把中華民國分成 1949 年前是一個階段，1949 年到總統直選（1996 年）是第二個階段，1996 年到現在是第三階段。中華民國三階段論，這是林先生的論述。

關於中華民國議題我們發現最近開始熱起來，因為建國百年和辛亥革命的關係，所以我們一起回顧一下，剛好今年碰到總統大選。我們想想看， 2000 年的時候，民進黨怎麼會贏？國民黨怎麼會敗？我們來思考一下。今天我用我的想法分析，再聽看看各位的意見。

在公元 2000 年的時候，陳水扁當選的那次我印象很深刻。那次國民黨的總得票率大概二十幾不到，就是連戰代表國民黨，宋楚瑜不代表國民黨，陳水扁是反對黨，也就是說國民黨在臺灣完全失去民心，就在 2000 年那次選舉。所以公元 2000 年那次選舉，陳水扁以百分之 40 左右的選票，沒有過半數的相對多數當選總統。其實我必須講人民是對國民黨失望，所以同時藍的就偏向宋楚瑜，綠的就偏向陳水扁，以致於連戰的票不見了，這樣子讓陳水扁漁翁得利，這是 2000 年的事實。可是誰當選我認為不重要，重要的是民心思變，是 2000 年一個非常重要的指標跟訊息。所以 2000 年陳水扁當選的時候，其實某種程度我認為人民把希望寄託給民進黨，但是問題是只有百分之 40 支持，所以他是少數總統，幫國民黨大忙。也就是說國民黨從 1949 年到臺灣來以後，它很多問題糾結不清，也沒有下臺過，所以它被逼迫下臺，某種程度來講對國民黨內部是有無形的幫助。有很多問題，譬如利益糾葛、官商勾結、貪污腐敗……，那時候被攻擊的最嚴重的就是黑金問題。好啦，下次如果你沒有 POWER，那誰還靠近你，國民黨就利用這次機會做內部整頓，對國民黨的體質改善未嘗不是一件好事。

我想講的是 2000 年到 2008 年民進黨的執政表現，讓人民非常失望，我想這不在話下。從 2004 年陳水扁總統連任開始，2005 年、2006 年很多事情開始爆發，本來只是耳聞，陸陸續續有證據，2006 年開始先是他的女婿趙建民在 2005 年的事情被揭發，以及 2006 年紅衫軍事件，陳水扁的第二任期幾乎是整個臺灣都動盪不安。我們可以看到的是在 2000 年支持民進黨的那股力量幾乎是消失殆盡。那個時候包括佛教界的人士都站出來支持陳水扁，推翻國民黨。只要推翻國民黨，不管是宋楚瑜當選也好，陳水扁當選也好，那種熱情在我一生當中是首見。那時陳水扁就任總統、國民黨下臺的時候，我們看到大家都覺得像奇蹟一樣的事情怎可能在臺灣發生，而它真的發生了。但是這些曾經對陳水扁抱持希望、對民進黨抱持希望、推翻國民黨下臺的人發現到，只不過換了一批獨裁者而已。國民黨下臺，換了民進黨一批人上臺享受權力跟獨裁的政權，人民並沒有更好過，人民的生活沒有改善，這個是陳水扁執政八年給臺灣人民最大的教訓跟啟示。

我一直想要講的是，蘇起老師講的話我是非常同意的。藍綠除了統獨的爭議外，其它沒有什麼不同，都是「權貴」。這次出來的總統候選人有一組，李幸長就講：「國民黨與民進黨都是資產階級」，你看到民進黨上臺的那些人，包括蘇嘉全為了農舍的事情在爭議，農舍問題不是藍綠的爭議，是貧富的差距。它不是只有綠只有藍，它是只要你有錢就有辦法，這個不稀奇，了解臺灣的人都知道，所以我看到蘇起老師講的那個話，讓我感觸很深。一點都不錯，藍綠其實上沒有太大的不同誰；執政都一樣，就是那批權貴或換了另一批獨裁者，老百姓的生活沒有改善。我們看到蘇嘉全他還沒當上副總統，現在看到他的表現幾乎跟國民黨差不多。（蘇嘉全）：「我們依法辦理，法令該拆我就拆」。各位知道法律是道德最後一道防線，這就表示你根本沒有道德感，用到法律這就代表是你沒有反省能力，還需要用到法律嗎？你這事情不該做，或是不該存在，那你一直認為我是合法的，這個就已經告訴我們，你還沒執政就顯現出你的官式作風，官僚就是這樣－我們依法辦理嘛！我們看到馬英九被人家詬病的，就是他是一個學法的什麼都依法辦理。各位知道「法律是有形的道德；道德是無形的法律」，這各位大家都知道。所以我們看到馬英九做不到的，我們看到，這四年他做不到。可是反過來講，蔡英文也做不到，因為我們看到她對蘇嘉全這件事的處理，我就深深的體會到蘇起老師講的話一點也沒錯，其實藍綠都差不多，除了統獨問題，這只是一個口水戰，你要統或獨都做不到，結果你看到藍綠在爭什麼，你會發現到 2000 年那股熱情現在沒有了。

對馬英九失望的人，他並沒有忘記他對民進黨的失望，再加上這次蘇嘉全這次的表現讓我們看到了馬英九做不到的，個人的看法，蔡英文也做不到。本來還有一些人對蔡英文有些期望－馬英九無能，看起來蔡英文也一樣無能，如果她當選的話。所以你不要問我答案，我沒有答案，我只是跟各位從蘇起老師的講法開始，他講的一點都不錯，藍綠其實差異不大，在我看來都是權貴及貧富差距。

我接著講，國民黨基本上本質沒有改變－雖然它下台八年。它的本質是什麼呢？它在 2000 年被冠以黑金下臺以後，國民黨在 2008 年再度執政，它嘗試要走自己的路，它想要跟地方派系座切割。最明顯的我告訴各位，我是高雄市人，高雄市有三大家族，原來的陳家（陳添茂家族)、王家（王玉雲家族)、朱家（朱安雄家族)，三大家族長期壟斷高雄的政治生態跟所有的利益。所以政治跟利益是掛勾的，這是不爭的事實，也不必爭論，民主就是這麼回事。國民黨要斬斷高雄這種的長期壟斷，王玉雲死在大陸，陳家沒有人涉及政治，朱安雄現在逃離海外，三大家族後繼無人。換句話說，國民黨是想要改變過去地方派系壟斷，這些派系，你告訴我，他們讀過三民主義嗎？他們懂得孫中山的思想嗎？你告訴我說這些國民黨人是他們有一個中心信仰，有嗎？這些人多大年紀啦？根本沒受過國民黨的教育，他們怎麼讀三民主義呢？所以長期以來，我們發現到馬總統 2008 年上臺，以四分之三國會和多達 220 萬的票數領先當選總統，表示人民是對他有期待，我也是投他。失望二字，沒有其他好講，就是失望兩個字。對民進黨失望，2008 年到現在只有失望兩個字，這個失望兩個字表現出來的 2012 年的大選馬政府的窘境。

首先我認為他的初衷要改變國民黨，所以他不順著原有派系基調跟框框，甚至於他只相信他自己圈內人。馬先生他自己的性格就是不沾鍋，所以我們看到馬總統他的決策層非常窄小，他避免人情包袱，我聽說有人送禮，他都登記什麼人送什麼東西、幾月幾號，然後請底下部屬收起來，如何處理，一點都不馬虎。非常龜毛的人。他這種個性使得人不敢接近他，再加上他也不喜歡接近別人，因為他的圈子非常非常的小。馬總統就任後擁有的 POWER，有四分之三可以修憲的國會都是國民黨的人；再加上領先多達 200 多萬票的總統職務，結果因為他的性格和他的做法導致的結果－今天我們看到的國民黨是怎樣子？我們看到國民黨跟百姓越來越遠，離心離德。我所看到的國民黨是一群驕傲的執政者，官僚十足，但我沒有說民進黨比較好。我必須且再次強調蘇起老師說的對，藍綠真的都差不多，你換了蘇嘉全這批人上去當總統、副總統，我看也差不多。你看他還沒當選，官僚的氣息就出來了，(蘇)：我們依法辦理。可是我們今天看到驕傲的馬團隊就是這樣，這裡面透露出來的訊息就是人民的熱情不再，2000 年那種熱情完全被澆熄，人民會覺得我投給誰都一樣，我的生活沒有改善，都是你們輪流在做莊，好處都是你們的。所以馬總統連任危機擺在眼前，國民黨是執政黨，寡頭政治使多數人不滿，允許我說很多當年支持國民黨內部核心的人，包括那些大老還有宋楚瑜，你（馬）沒有照顧到他，但他（宋）也不願再抬轎，這是人情之常。你我都一樣，也不必自命清高，我義務幫你抬轎，也不必說這些風涼話。換句話說，國民黨的核心價值不是三民主義，不是孫中山，不是五權憲法，不是自由、民主、均富，沒有這回事。國民黨的核心思想是權貴主義、是利益，民進黨也一樣。我再次強調，蘇起老師就講過藍綠都一樣。

國民黨這個集體沒有共同的理念跟思想，請你告訴我它們怎麼會有力量呢？它怎麼會產生動能？2008 年讓馬總統多達 200 萬票的勝選，是源自於人民對陳水扁貪腐的厭惡，這樣的一個史實，卻使馬總統執政過程中讓人民大失所望。這裡面馬總統的寡頭政治的特色，不但是人民沒有感覺、人民無感，而且馬總統驕傲的執政，看他的團隊的特色就是他聽不見別人的建言。他們很認真，我必須肯定，我所謂的驕傲就是他聽不見別人的建言，他認為他有他的做法，他這樣做就是對的。你看他們少數幾個部長、少數可以直達天聽的那幾個，你可以看得出來他們在做事情是非常有自信。我講白一點，教育部長就是一個例子，你看他搞十二年國教、北北基聯測，整個臺灣被他搞得雞飛狗跳，沒事找事做。臺灣的教育有沒有變得比較好？高等教育的問題，他拿不出對策，讓時間去解決吧！讓學校撐不下去倒閉吧！所以你會發現到這些人，他在執政的時候，那種做錯事情也無所謂的驕傲心態，就是因為背後有總統。他是總統提名不是百姓選的，於是現在危機落到馬英九的身上。那麼馬英九源自於人民對他的期望非常高，所以給他非那麼高的選票，當人們對你期望高卻發現原來你是這樣的人，失望就隨之而來。這個熱情要用什麼召喚你再挑撥或是用兩岸關係和平的未來，這招用年輕人的話叫做「老梗」。

所以這裡面我很不願意講，但是我有隱憂，在座的同學，在你們二十幾歲這一代幾乎沒有省籍上的意識，但在我們五、六十歲這一代，經歷過二二八事件這一代，尤其我是高雄市來的、南部來的，二二八事件對於臺灣人來講永遠沒辦法抹殺，所以呢我很不想要講。但我很想要跟我的學生講我的感覺，隱隱約約你可以發現馬總統的決策幕僚核心的同質性很高，外省第二代的權貴，這些人都有很好的身家背景，不管是金溥聰、馬先生，還有一些人我就不點名。你看他的父母親那一層，都是高級外省人，這個名詞不是我發明的，這是李敖在「大江大海騙了你》那本書上就有講過。當時從大陸撤退來臺灣的外省人來說，兩百萬的軍隊都很可憐，那些真正享受權貴的那些少數，竟然都可以把大陸的轎車運過來。這些權貴子弟，我認為這是馬英九這個第二代，你注意看，我不好講。當然有幾個點綴的是本省人，可是在我看來，這樣一種幾個少數（極少數）的本省人、加入馬英九決策核心的本省人，其實是花瓶，很少，多數都是外省權貴，因為他們是精英。我必須要承認他們有很好的身家、背景、財富，還有很好的教育，都是國外回來的、都是美國留學的博士，而且都很有禮貌、英文講得很流利。你注意看，馬英九身邊決策那些人上臺、下臺，其實不管上臺、下臺，沒有頭銜都不重要，他的圈子就是外省第二代。這個話我講的我負責，但是我不希望你們去揣摩，我不希望造成省籍對立。

可是我看到馬總統的危機就在這裡，他對於熱愛臺灣、對於臺灣有熱情的本省人，他其實某種程度是不領情的。包括我所看到的臺籍部長，只不過是點綴而已，這是我的感覺。因為我們臺灣是民主國家，所以我對我的學生講課，我把這個部分跟各位講。換句話說，馬政府面臨的危機某種程度是他自己造成的，他把本來應走寬廣的臺灣的路，又走窄了，把它窄回去，走寬的國民黨的路是怎樣寬法？寬到連顏清標都納入，他其實是無黨籍的，他只要你不是反對、只要不是敵人，通通都是同志，所以你不管有沒有讀過三民主義，你通通都是我國民黨的，所以很多倒戈。像嘉義縣縣長他們根本就是為了利益加入國民黨，而不是為了信念加入國民黨，所以為什麼南部幾個縣市很多通通一輸就贏不回來，就是表示凝聚他們的力量其實是「利益」。反對或對馬政府的失望，並沒有完全轉化成對民進黨的支持，這話請你聽好－「沒有」最主要的理由，就是臺灣人民對過去陳水扁執政八年的經驗記憶深刻，所以對馬總統的失望，並不表示會轉過去支持蔡英文；再加上最近蘇嘉全這個案子的表現，我可以跟各位講，我相信中間選民會很失望，因為我們發現到馬英九做不到的，我們已經看到過去四年他做不到，如果他繼續當選，未來就是這樣子不可能好。蔡英文會不會更好？在我看來，她處理蘇嘉全這個案子，蔡英文一樣也沒有辦法，這是臺灣人民最無奈的地方。如果說民主是一種讓人民做選擇，那我發現到臺灣的人民似乎沒有更好的選擇，所以蘇起說得沒錯，兩黨除了統獨爭議之外，其他歧見不大。

一旦執政都是鯉魚躍龍門，都是中央要員個個都是權貴、處處都是衙門，這一點兩黨都一樣，只要當上了官，官言官語、官模官樣。我在我新的部落格有篇有講很多我認識的學長，我們師大系統的學長，我以前認識的學長不是這樣，當上了官以後全都走了調，走路都有風，我們都覺得很奇怪，以前我們認識的他不是這種人。所以雖然 2008 年讓國民黨再次執政，驕傲的官員使人民無可奈何。臺灣的未來從龍應台的《大江大海》以及李敖的《大江大海騙了你》這兩部巨著，在臺灣引起相當大的震撼，但是各位忽略了這兩篇講的都是外省人，一個講的是老兵，一個講的高級外省人。李敖在責罵龍應台說很多人妳都沒訪問到，裡面就包括陳師孟，他說陳師孟這麼有代表性的人妳並沒有訪問到。他裡面講到很多重要的歷史人物，所以我其實覺得他們兩部很重要的著作非常珍貴，但是唯一的遺憾就是—他沒有訪問到當時的臺灣人。

今天的「聯合報》，辜寬敏先生自己花錢登廣告，因為他是堅決的主張臺獨，他就講說國民黨是 1949 年到臺灣來以後占領臺灣，在 1949 年以前臺灣跟中華民國是沒有任何關係的，這個是他的論述，我們尊重。我認為像辜老先生這樣的一個有錢人又有這樣的堅持臺獨建國的人，我是尊重。當時國民黨來臺灣的時候，臺灣本地的百姓大約是 600 萬人而大陸來的大概是 200 到 250 萬人，各位可以知道，那 600 萬人其實沒有接受過國民黨的教育，也沒有讀過四書五經、也沒有讀過三民主義，受的是日本教育。所以你可以發現到在 1945 年以後出生的，也許有接受過國民黨的教育，就是民國 34 年次以前，除非這一代的人死光，否則的話，你可以發現到在那一代對孫中山是沒什麼概念。孫中山對誰才有意義？對我們這個四年級生才有意義，因為我們所受的教育是國民黨的教育，國民黨一再告訴我們孫中山是國父，而我們當學生的時候沒有任何懷疑。今天又有一篇文章是大陸一個叫做袁偉時－挑戰國父的尊稱，沒想到他在做的事情跟我一樣，我這個學期跟同學講我們要檢視孫中山，他就挑戰孫中山怎麼可以叫「國父」呢？這是大陸的一篇文章。我要講的是這一類的思考不斷在出現，一直沒有定調，最起碼證明一件事情－歷史不是只有一個版本，我們現在發現到兩岸三黨－藍綠紅通通同一個調性。

國民黨的馬英九說他是孫中山的繼承者，他做到了國父要求的自由、民主、均富。等等可以跟各位講臺灣貧富差距之嚴重離譜到極點！有均富嗎？認為你家富的舉手！連均貧都做不到，要是均貧，就沒有相對的剝奪感。我住在高雄，像蘇嘉全這樣的農莊我買不起啊！不要說蓋房子了，連地我都買不起。所以我想講的是黃光國寫的另一本書叫《亞細亞孤兒》，他就是試圖要用臺灣人的角度敘述在 1949 年以後臺灣人的悲哀，但是我看了以後，他也不代表我，因為黃光國他的上幾代，他的爸爸、阿公都是醫生，他也是有錢人家的子弟、權貴子弟。我甚至於認為陳水扁都不代表臺灣，陳水扁說他是三級貧民，我心裡想你三級貧民，你家有農地有田可以耕作，那我們家算第幾級啊？我們連住的都沒有啊！他自傳寫說從小他爸爸去種田以後，就把他放在背包或籠子裡面，讓他不會亂跑，那就是表示他家還有祖厝房子、田地可以耕作，我們還比他窮咧！臺灣像我們這種有多少？數不清。我相信整個社會結構式呈現金字塔型，多數人是窮的最多。所以我想要講的是現在我所看到的為止沒有一種論述－臺灣人真正對於所謂辛亥革命、建國百年、孫中山是國父發表任何論述，我們看到的都是官言官語，官方說法，學者我看到沒有的原因是因為沒有熱情，而不是沒有思想，請各位注意我的說法，沒有思想是一個概念，是有思想但不願意再講，因為講了沒用，兩黨都一樣。兩黨在乎的都是權貴，在乎的不是真正的建構。

所以我很欽佩辜寬敏先生他登這篇廣告是他自己花錢登的，他在這篇廣告講到說，中華民國帶到臺灣來最大一個帽子就是中華民國憲法，這個中華民國憲法就把臺灣卡住了。於是他就講最先壯大的就是臺灣的歷史跟地理，臺灣的歷史跟地理怎麼教，這位老先生的頭腦很清楚，他說他今年已經 86 歲了，這位老先生我真的很敬佩他那麼的堅持自己的理念，花錢去登廣告去告訴人民。那我請問你這些思想為什麼不在陳水扁執政這八年去做呢？陳水扁執政那八年有沒有改變我們歷史課本？有沒有改變我們地理課本呢？沒有嘛！我做兩岸研究我都知道，那歷史課本是為國民黨寫的，幾乎都是黨史。唉！中華民國跟黨史是兩個概念，這裡面從民國元年到現在，林保華認為中華民國分成三段，我同意有一段時間黨國不分，我同意確實是，國民黨有段時間黨國不分，所以黨產跟國家財產搞不清楚，但是我們現在要把它搞清楚呀！中國國民黨不代表中華民國！這是兩個概念啊！黨史不等於國史。此外，我認為這種黨國不分使我們的教科書飽受扭曲，民進黨執政沒有重視這塊，以致於學生把歷史當作包袱，到現在學生沒辦法完整論述中華民國史，我認為只有誠實面對過去，才能攜手走向未來。所謂誠實面對過去，就是不要用政治化的企圖來改變歷史教育。我指得很清楚，我們看到我們的國民階段歷史教科書，有很多是空白課程，譬如說國民黨在大陸貪污腐敗不講，丟掉大陸的原因沒有交代清楚，權貴官商勾結沒講，講民國 16 年清黨交代不清楚。我看大陸教科書，清黨殺死很多共產黨人耶！大陸的課本這樣寫，臺灣的課本都沒寫，都用兩個字帶過去，民國 16 年清黨。

所以我更具體的講，我始終認為國民黨它竄改歷史，我的理由就是中華民國的創立不是國民黨創立，我始終這麼認為。但是蔣介石他奪到政權之後，為了繼承中華民國，有點類似大陸媒體在攻擊蔡英文臺灣就是中華民國一樣，當蔣介石獲得政權，那時候孫中山已經死了，孫中山在民國 14 年死的，蔣介石民國 17 年北伐完成。我認為某種程度蔣介石是借殼上市，就是中華民國這個外套我就把它繼承下來概括承受，由我當皇帝，但是國號不變。然後他到臺灣來之後的教育教科書某種程度來講，就是要讓這樣的事實合法化。所以歷史先定調，然後再寫內容，對這個內容不利的就刪掉，對這個內容有利的就放進去。至於我小時候在讀歷史的時候很痛苦，就發現歷史很跳 Tone，連不起來，像是民國元年中華民國臨時約法、什麼陳炯明叛變……，都只記事件，可是事件跟事件之間的關係呢？交代不清楚，所以讀中國歷史時，中華民國才 100 年不到，讀起來比美國史還要痛苦，搞不清楚，一會是蔣委員長、一會是國民政府，北伐是伐誰呢？就是造反哪！課本有這樣寫嗎？當時就是南北有點分裂，所以北伐的意思就是南方造反打北方，不經由談判，就是要用戰爭來取得我執政權，所以我（蔣介石）培養軍隊嘛。但我們歷史不是這樣講的，東征北伐剿匪抗戰，我們從小這樣背。

所以我跟各位講臺灣從省籍情結、二二八事件，過渡到藍綠對立，過渡到今天將會成為權貴與庶民的對立，國民黨將會藉由下臺才能獲得改造的機會。如果有機會的話，我的意思是說，對國民黨最有利的就是讓它再下臺一次，可是對人民有沒有好處？對人民沒有好處，民進黨上臺人民會不會更好？我看不會！可是問題是，反過來國民黨繼續執政對人民會更好嗎？看來也不會，為何？因為他的行事風格及人格特質、他的圈子、他的位置都坐穩了，各位懂我意思嗎？這些臺上的權貴他們的位子都坐穩了，如果不讓他落選的話，這些人不會換位子的。所以我認為我們這次就等著看，就我們人民來講，對於兩岸關係的未來也好，對於臺灣的未來也好，這次的選舉不管誰當選，對臺灣沒有太大的改變，但是對國民黨有很大的改變；如果國民黨落選，則國民黨有機會改造。至於民進黨更不必講，民進黨它沒有中心思想，它唯一的中心思想就是要把國民黨拉下來。它沒有辦法建構一套理論說臺灣要往哪裡走，它建構不出來說得到大家的共識。國民黨也沒有，因為三民主義考試也不考，他們自己的人也沒讀過，所以我有感而發利用這個機會，我特別跟各位講，從蘇起老師在歐洲的發言來做前言來告訴各位，他講的一點都不錯－藍綠沒什麼差別！（2014/2/8）

臺灣青年學運與背景歷史

最近臺灣的學運攻佔立法院達十天之久，政府似乎無意讓步，兩方繼續溝通中。這一件事情主要是反對執政黨與大陸簽署「服務貿易協議」沒有預先公開徵求立法院同意，所以要求審查甚至於退回。這一件事被國際媒體把臺灣與烏克蘭相提並論，也有將鎮暴警察與 1989 年天安門世界相比擬，最後如何落幕，就要看雙方的智慧。

這一件前所未有的大規模學運，影響很大，端看你要從哪一個面向來看。一般人只注意到經濟發展，尤其是執政者需要不斷擴大經濟實體成長，受惠的都是大財團、大企業，人民的直接感受並沒有受惠，甚至於貧富差距擴大，大陸市場大，兩岸權貴一合作，未來的想像空間很大。筆者聽到一位醫院護理師告訴我，只要是臺灣人，都應該去立法院支持抗議。這件事源自臺灣民族主義的根本，與這一項協議似有關係，但是如此直接表達使筆者深感驚訝。

我們無法選擇出生的父母、地點與時間，於是各個時代出生的人會集在臺灣所擦出的火花，有人稱之為「臺灣的共業」。從日治時代到 1945 年國民黨接收執政，一直到解除「反攻大陸，解救同胞」的時代，解除戒嚴，開放黨禁、報禁等，實施直接民主直選總統，整個臺灣的政治生態完全改變。用「時代翻轉」來形容臺灣的變化毫不為過。

筆者今年 57 歲，前幾代都在臺灣出生；筆者在臺灣高雄市出生時，蔣介石當總統，所受的教育都是國民黨教育，那時候軍人的五大信念是「主義、領袖、國家、責任、榮譽」。國家排序是第三，我當年都沒有注意到，為了考試準備三民主義，很認真。我們這一代沒有經歷日本統治，「二二八事件」也是傳聞，父母都經歷過。換另外一個角度，我們這一代也不是從大陸「大江大海」來到臺灣；很多大陸逃難來臺的第二代，住在高雄各地眷村裡，平常我們不敢靠近。

這樣兩大族群（其實還有原住民與其他）的「共業」不是「和平住在一起」（Live together peacefully）－聯合國宣言之一項，而是對立。筆者小時候就被告誡「本省人」、「外省人」的區別，所有執政的官員一定必須是外省人，「省籍先於一切」。那時候的「白色恐怖」傳聞是晚上來帶走人，從此音訊全無。雖然後來省籍鬆綁，允許副級官員有臺灣人擔任，可是就像當年孫中山當臨時大總統一樣，沒有實權。

臺灣隨著時間流逝，外省與本省的區分在戒嚴之前稱為「黨內、黨外」；直到二十多年前解除黨禁，正式組成民進黨與其他許多小黨參與政治活動。國民黨的優勢維持沒有多久，人民發現手上選票可以收到「買票的錢」，而且同一選區不同候選人都來買，選舉是對人民有收入幫助的，至於誰當選都一樣。

當買票的邊際效益下降了，候選人的競選心態改變了，基本上就是依照國民黨與民進黨旗顏色區分「藍綠」。這兩個政黨是死對頭，為了贏得選舉，亂開支票。受惠的看來是人民，但是大家都知道官商勾結是中華文化的傳統，人民的認同對象除了藍綠，再來就是候選人的表現了。

在 1993 年兩岸第一次高層「辜汪會談」在新加坡首次舉辦，造成轟動。但是兩岸非常謹慎，沒有進一步成果。2000 年那時候是民進黨執政，中國大陸不與他們打交道，連戰 2005 年以中國國民黨主席的身分前往大陸做第一次接觸，受到全世界的矚目。這一次成功的兩岸之旅，使國民黨更有自信打「中國牌」競選總統。2008 年國民黨贏回執政權，很多人相信是期待兩岸關係的改善幫助國民黨勝選。

從 2008 年至今五年多，臺灣人民都在觀察兩岸簽署那麼多協議，中國大陸對臺灣在國際上的打壓從未猶豫。經濟上帶給臺灣多少好處筆者不知道，相較與以前肯定是很多。但是有沒有多到可以收買臺灣人民的心？尤其是這一次兩岸服貿協議點燃了戰火，使得臺灣不分藍綠的學生集合在一起，認為政府黑箱作業，應該要先通過「兩岸協議監督條例」，再來進行各種兩岸條例的審議。這一種對中國大陸另眼看待的反應，其實不只是源自對服貿協議的不滿，更多應該是對執政者的無能不滿。

筆者處於這一個時代，經歷臺灣不同執政時期，也感受到臺灣青年人內心的恐慌，對馬英九政府六年高度期待的失望。民進黨要贏一定要給人民希望，但是兩岸關係就是民進黨的罩門；這也使得國民黨有恃無恐，但是人民更加討厭。臺灣現在高等教育過剩，招不到學生，政府也束手無策；學生素質也下降，企業用人有一些也都限校才錄取。就算錄取了，待遇不高；生活困難也買不起房子。臺灣青年人面對的是茫然的未來。（2014/3/27）（本文刊登於新加坡《聯合早報》2014/3/28 22 版）

寫在《大陸學生臺灣夢》出版前夕

給大陸學生家長的一封信

正當我進行本書第一次校對的時候，淡江大學的陸生給我很大的協助，也使我深深覺得在許多期待看到此書的可能讀者中，應該有不少是家長，他們很希望透過此書知道大陸的學生在臺灣過得好不好？或者說想知道他們自己的孩子在臺灣的想法，可以藉由更多大陸學生的經驗得到一些認識。於是便興起我想要對大陸學生家長說一些話的念頭。

有許多媒體朋友最常問我的一個問題是：你所接觸到的大陸學生，與臺灣學生有什麼不同？每次我的回答都不一樣，原因是我所接觸到的陸生每每都給我很多啟發，下一次有記者問我的時候，可能我又會有新的想法。但是我希望彙整這些想法，告訴在大陸的家長知道，你們的孩子在臺灣是很受到重視的。

首先是這一些來自大陸的學生是很不容易的，他們比臺灣的同年齡學生跨出了很不容易的一步，那就是學習自我獨立照顧自己的能力。雖然說兩岸不遠，又是同文同種，語言與文化相同。但是畢竟是離開父母身邊，一切要靠自己，這是每一個人成長的重要的一個階段。天下父母心，親子之間的想念只有為人父母才能體會。請各位放心，相信來自大陸的學生已經漸漸學習獨立，知道如何照顧自己了。捨不得卻又必須磨練，這就是成長，各位的孩子做到了。

其次是在臺灣的課業壓力是很大的，想偷懶是不容易的。除了各校內部課程的壓力之外，陸生自我期許，以及榮譽感的驅使，像淡江大學有對於學業成績特別優秀的學生減免下一學期學費的制度設計，在在都使到臺灣的學位生與交換生的學習心態是不一樣的。交換生有時間壓力，半年內希望多看看就要回去了；學位生有課業壓力以及更多元的影響因素，各大學都非常注意。

異地留學最重視的就是適應的情形，由於這是大陸第一屆學位生，每一個大學都有自己的輔導機制，雖然沒有豐富的陸生輔導經驗，但是我相信熱情的歡迎是一致的。我對很多記者提到的感想是，我所接觸到的陸生（淡江大學與臺大最多，其他大學也有）給我的印象都非常好，本科生或是研究生，很有想法與表達能力強是比較令人印象深刻的。很有禮貌，也很尊敬老師，這都是我長期以來親自的經驗。

與多數年輕人一樣，大陸學生也會重視自己的經濟壓力，交友的需求、同學之間的相處、師生之間的關係等等。兩岸的特殊關係造成了以「三限六不」做為起點，相信有關單位已經注意到問題了，預料政府很快就會改善才是。但是我經常提醒陸生，家長最關心的應該是孩子的健康甚於一切，這個年齡最難的，就是他們有自己的想法，家長如果發現有異常的情形，應該主動與臺灣的大學輔導單位聯繫，給予必要的協助。

除了一般青年人都會有的正義感、想結交朋友、希望自食其力、建立自己的榮譽感之外，大陸學生在臺灣可能還多了一項壓力要克服，那就是臺灣的多元與政治文化。請大陸學生的家長幫助青年人認識臺灣，不要輕易受單一因素左右與影響，不論是喜歡還是討厭的人、事、物，都不要太投入，才不會捨本逐末，誤了學習。允許我說，兩岸彼此之間的認識都很不足，教育內容也都有很大的改善空間，不過那已經太慢了。

今天這一代來自大陸的學生，我發現他們擁有中國大陸有史以來教育程度與素質最高的家長。支持他們來臺灣學習，充分顯示了各位家長的遠見，也同時考驗每一位大陸學生適應環境的能力。同樣為人父母，我常常自我反省如何才能幫助孩子成長與學習，我也期待有一天可以把我的寶貝兒子送出去磨練，只有如此才可能真正的體會到成長，面對更多的困難。

每一個學生有不同的故事，這是我發起這個徵文的初衷；然而事實上，我深信如果沒有家長的支持，這一些故事是很難發展下去的。經過時間的發展，我已經漸漸注意到不同學生的個別差異，每一個學生都有不同的過去背景與未來的憧憬，他們都在創造屬於自己的故事。我不能預知這本書上每一位陸生的未來，但是我確信有一些未來的領導人與傑出人物將會是在這本書的名單裡。

我想告訴各位大陸的家長，請大家放心，各大學都很重視陸生的輔導，這裡是一個很安全的地方，許多大學有許多很熱心的老師，他們也都會協助陸生克服遭遇到的困難，請他們務必要求助，有很多管道可以協助他們。相信當大家看到這一段文章的時候，您們的寶貝已經回到身邊，讓他們告訴您們所經歷的「臺灣故事」，您將發現，您對孩子的愛有多深，孩子們因為遠離而更清楚，那正是我們所珍惜的。

記錄這一段歷史與成長，乃是為了未來的追溯。感謝本書所有陸生的參與，也感謝所有陸生家長的信任，鼓勵與支持孩子來臺灣求學就是一種對臺灣的信任，那是一種無形的資產，我們都要珍惜。祝福大家平安快樂。

楊景堯

誌於 2012/4/21

歷史教育決定臺灣未來

許多人誤以為兩岸和平協議才是臺灣未來的保障，殊不知真正決定臺灣未來的是這一代的歷史教育。《東方主義》一書作者薩依德認為歷史都是建構的，西方人寫的「東方」是給西方人看的。真正東方人看了會覺得很多地方不是史實。此一情況使我感受深刻。

為了一句「臺灣自古屬於中國」，筆者花費心血遍尋臺灣各地資料，這一句從小在國中國文課本讀過，是當年 1661 年鄭成功寫信給荷蘭守將揆一勸降的信裡。當年是學生也就不會深究，信以為真。後來在大陸的初中歷史教科書看到他們指出鄭成功當年就是這樣說的，使我開始感到興趣。道理很簡單，鄭成功是以中文還是荷蘭文寫的信？正本現在保存在哪裡？筆者到南北各歷史資料博物館查詢都落空；尤其臺南赤崁樓與延平郡王祠我各去過兩次，完全沒有史料。

回顧臺灣國中課本國文裡面註明本文出自連橫的《臺灣通史》，筆者仔細找尋此文，從頭到尾都沒有註明出處。連橫的生卒年代與鄭成功 1661 年相去數百年，不可能沒有根據，除非是捏造的。雖然有評論者大膽作此推論，但是筆者上課都會保留，造假之說也是需要證據。倒是這一句話「臺灣自古屬於中國」，在今天兩岸中學歷史教科書都不見了。

今年是甲午年，距離 1894 年中日甲午戰爭剛好滿兩甲子。筆者在數年以前還全家一起去下關觀看當年馬關條約簽約處春帆樓。看到日方似乎不太重視此一史蹟，自由參觀卻沒有觀光客；而且當年所謂「李鴻章道」原來是只能牽腳踏車走過的小路。由此可見日本對此一史實並不在乎。巧的是近幾個月前聽到臺灣一位知名張姓女主播提到當年李鴻章在日本遭到暗殺未成功，所以造成了「中日甲午戰爭」，我差一點沒有昏倒。牛頭不對馬嘴，倒果為因。

臺灣的歷史教育完全失敗很容易從內閣官員的發言之中找到。文化部長龍應台在兩年前國父誕辰紀念月會總統府中對當年孫中山讚譽有加，今天的中國大陸綿密的鐵路網在當年就已經擘劃，當年國民黨的教育中就有孫中山當年「建國方略」與「建國大綱」交通建設的藍圖。其實孫中山擔任臨時大總統只有不到兩個月就交給袁世凱；自己則是擔任袁世凱手下一名負責交通規劃的大官員。龍部長肯定不知道。

我常在想如果今天對中國國民黨黨員考試，只要考三民主義就好，結果一定是慘不忍睹。如果沒有核心思想與共同價值，沒有共同的歷史記憶與信仰，談什麼未來都是空的。隨時可以藍綠翻轉的政治人物毫無信仰可言。

歷史教育才是決定兩岸未來，兩岸國家領導人不要被其他因素影響，忽略了歷史教育的重要。（2014/8/3）（本文刊登於新加坡《聯合早報》2014/8/14 32 言論版）

臺灣大選之教育聯想

這一次臺灣「九合一地方大選」已經結束，政治上產生很多後遺症，因為中央執政的中國國民黨在地方六都選舉中輸掉五都，其他縣市選舉更是輸到只剩下三、四個。這可是非常嚴重，以致於許多前所未見的效應都出來了。例如從來沒有國民黨主席為地方選舉失敗而下台，這是第一次馬英九主席宣布辭去國民黨主席，1949 年到臺灣來的第一次。也是黨政分離—總統與黨主席分別由不同的人擔任。再比方說內閣立刻總辭也是頭一回；但沒有想到辭職的只有行政院長江宜樺一人，其他全數留任（文化部龍應台早就請辭不算），把政府組織工作當成這一種兒戲大概只有臺灣才看得到。

其實這一次大選結果確實引起很大的震撼，不過多是從政治、經濟與兩岸關係去看待，筆者總感到有些不足，無法理解臺灣年底這一次大選在教育上的真正意義。

首先是選民結構的改變，比起四年以前多了四個新生的「首投族」。他們是第一次擁有投票權，他們的投票傾向絕不會只受父母的影響，更多的影響因素應該是來自於學校教師與同學彼此之間的討論。換句話說，研究青年人非常重要，知道他們在想什麼、他們要什麼、他們喜歡與討厭什麼。想要擁有青年人的選票，就必須注意學校教育是如何教導青年的未來。

很顯然的，這一次臺灣大選的新生代投下不信任票。對照許多財經專家分析的失業、收入低、貧富差距大、不敢結婚、不敢買房子等等說法，都是正確的事實，台北市長候選人連戰的兒子連勝文今年四十四歲，財產以億元計算，「官二代」下降就要擔任台北市長，怎麼看今天的青年族群都無法接受。

最近教育部長吳思華說，再過兩年臺灣的大學要減少 50 所，剩下 100 所；因為招不到學生。筆者覺得部長很幽默，兩年要如何減少 50 所大學招生？減少 50 所大學招新生之後又如何？臺灣一位知名經濟學者馬凱以「教育亡國論」來形容過去二十年的臺灣教育發展，雖然說「愛之深、責之切」。但是馬教授沒有先知之明，如今再評論也無濟於事。

俗話說「冰凍三尺非一日之寒」。臺灣的教育亡國可能原因由來已久，現在臺灣的博士到處兼課也才每個月 700 美金，真的是情何以堪？有人認為臺灣藍綠都執政過，都有責任，話是中聽，只是人民不再以藍綠區隔選票的種子早就生根發芽，以後選舉想要依靠政黨恐怕不容易。

過去長期以來，臺灣習慣用恐嚇牌，例如：選投民進黨就是選擇戰爭，大陸會以武力對付臺灣。最具代表性的就是前中共總理朱鎔基在投票前夕發表措辭強硬的演講，結果是反而助長李登輝當選。因為從陳水扁首次選台北市長就開始使用，但是陳水扁當選了也沒事。兩岸彼此因為如此對待而判斷兩岸未來。如今連勝文選台北市長也一再提出來，投給對手陣營就是導向戰爭，這種論調看在陸生眼裡都覺得荒謬，更不必說對藍綠都不滿意的青年人了。

我始終覺得兩岸教育內容對彼此都不夠理解，就算是從 2011 年起開放兩岸高等教育交流，也無法改變兩岸的各方面差距。單以教材來看就會感到可笑，從小學到高中的歷史與地理拿來讀一讀就知道，原來我們彼此認識的是「歷史上的中國與臺灣史地」，至於 1912 年中華民國成立至今的歷史，各說各話。試想沒有統一的國家思想與願景，如何建構國家的未來？

由於兩岸經貿依存度越來越高，婚配與就學人數越來越多，兩岸武力對峙的作用只剩下象徵性價值，臺灣的藍綠也各有瓶頸。如此看來，臺灣的人民對國民黨不信任，民進黨人才局限於某一些領域，更走不出兩岸關係、建構兩岸論述。年輕人過去相信國民黨的兩岸論述，現在發現原來都是為了財團，由這一次選舉中可以看到許多兩岸官商勾結的案例。至於綠營也得不到年輕人的信任。未來的臺灣要往哪裡走？（2014/12/10）

參考書目

李春（2012）。港生來臺，預期今年人數倍增。「聯合報」，2012 年 2 月 21 日，A11 版。

李春（2012）。對中國人認同感，港創新低。「聯合報」，2012 年 6 月 27 日，A13 版。

李春（2012）。反國民教育洗腦，香港人大遊行。「聯合報」，2012 年 7 月 30 日，A8 版。

張鐵志（2012）。香港不高興，臺灣呢？「中國時報」，2012 年 2 月 8 日，A14 版。

莊佩璋（2012）。三民主義統一香港。「中國時報」，2012 年 6 月 28 日，A17 版。

連雋偉（2012）。香江趕「蝗蟲」，拒陸孕婦來港生子。「中國時報」，2012 年 2 月 2 日，A13 版。

鄭漢良（2012）。港式的「愛國教育」。「中國時報」，2012 年 7 月 29 日，A17 版。

專題四

其他教育與社會觀察

「蔡英文價值」臺灣珍貴資產

大選已經結束，以「成敗論英雄」乃是人之常情，準此而言，敗選的蔡英文自是沒有任何值得討論的。筆者卻認為此次大選的重要資產，乃是蔡英文團隊與其背後支持的力量所代表的「蔡英文價值」，那是民主教育最珍貴的教材，也是臺灣民主的驕傲。

首先，「蔡英文價值」顯現在全世界面前的是：成熟的民主素養，選舉過程之中非常認真；結果出來之後，很有風度的承認敗選，只有建言，沒有任何怨天尤人的論述。這使得全世界對臺灣刮目相看。勝利者表現出有風度不難，要失敗者有風度才難。這是臺灣給全世界民主教育最好的典範。

其次，「蔡英文價值」不是代表一個人的理念，而是一面鏡子，幫助人民認識執政者更多的問題。換句話說：「有權力者就應該負責任」不是口號，但是由於長期資訊的不對等，以及「權力的傲慢」，使得政府像衙門－高高在上，與人民越來越遠。「蔡英文價值」就是代表人民的微弱聲音，與衙門對立的一種理性的監督力量。

再者，「蔡英文價值」代表臺灣人的執著與生命的韌性。她是有一個好爸爸（富裕家庭）沒錯，但是相較於其他候選人，顯然她代表的是「沒有豐富政治資歷」，但是卻一再奮戰到底，從不氣餒。對民進黨而言，從「知其不可而為」到「為而不有」－辭去黨主席以示負責。那是一種「虛空有盡，我願無窮」的非凡毅力才能走過來。

多少毀謗與身家調查，狗仔跟監與秘密資料，「宇昌案」在選前才爆出來就是非常典型的選舉操作。「願賭服輸」，雖敗猶榮。筆者其實不重視蔡英文本人的動向，而是重視臺灣社會對「蔡英文價值」的珍惜。當馬團隊沉醉於勝利的喜悅之際，多少昏庸大臣可能因勝選而「論功行賞」，本來自古就是如此，何須慨嘆。

筆者很想提醒馬總統，不要將勝選的解讀為「我的官員都做得很好，人民的投票就是證明。」筆者曾經提醒呼籲總統參選人都要謙卑，「從欣賞對手做起」；如今馬總統當選，筆者更希望他重新檢視蔡英文所提出的指責，以及她所樹立的「蔡英文價值」，因為沒有「蔡英文價值」就無法彰顯臺灣民主的可貴。

大選已經結束了，蔡英文所承諾的「唯人才是用」以及「大聯合政府」已成為空話，那並不是馬總統的承諾。但是當我們反省全世界的焦點都集中在臺灣的大選之際，他們看到了什麼？中國大陸看到了什麼？我們又從中學到了什麼？馬總統如何「大刀闊斧」？這一些教訓就是累積民主發展的珍貴資產，「蔡英文價值」無異是其中之一，馬總統如果能夠珍惜，那就真的彰顯出他的眼光與度量了。（2012/1/16）（本文刊登於《聯合報》2012/1/17 民意論壇）

春節就是集體記憶的起點

大選期間藍綠對立嚴重，筆者曾經以「尋找集體記憶的交集」，呼籲彼此要包容與尊重，希望大家基於「沒有相同的過去，但是有共同的未來」找尋臺灣和諧的出路。大選之後緊接著是春節的來臨，筆者接到來自臺灣各地，以及遠自黑龍江、四川等地來的賀節信件，甚至於連住在臺灣的外國人也都以農曆新年為由彼此道賀，這才發現原來春節就是世界華人、兩岸三地，不分藍綠「集體記憶」的起點。

去年適逢「辛亥革命」、「建國百年」，國民黨與共產黨爭相以孫中山先生繼承者自居，所不同的是，國民黨史等於臺灣版的「中華民國史」，一直是國民教育歷史教科書的主流思想。共產黨也在去年由中國社科院主編出版他們的《中華民國史》數十卷。民進黨雖然曾經執政八年，但是並沒有改寫中學歷史教科書裡的「中華民國史」，直到最近蔡英文提出「臺灣就是中華民國」的說法，令人耳目一新，可惜只是說說而已，沒有看到完整的出版品。但是臺灣內部的長期對立，也正是源於「中華民國史」的不同解讀，青年學生更是莫衷一是，對立一直延續下去。

「歷史的共業」一直被許多政治人物用來形容「中華民國」過去百年的複雜問題，「黨國不分」就是其中最經典的一個例子。在「中華民國」進入第二個百年的起點，執政者必須誠實面對「建國百年」的內容「一中各表」的事實，將「中華民國發展史」超越所有政黨的論述放到教科書裡，建構成為未來下一代集體記憶的共識。讓教育來潛移默化，提供一致的「中華民國史」，未來不因為政黨輪替而改變。

馬總統再次獲得人民的託付連任，但是教育可以有新的起點，那就是從建構超越黨派的「中華民國史」開始做起，將「戒嚴」與「國父」回歸歷史，將政治的部分還原真相，才能夠使歷史教育根基穩固，國家認同清晰，未來才會有和諧與團結的臺灣。具體的做法，馬總統可以成立跨黨派「中華民國史」編輯小組，甚至於可以邀請外國學者加入，編寫屬於國家的「中華民國史」。

春節就是臺灣內部，不分藍綠、省籍、老少、族群，一致的「集體記憶」，相信從春節、清明、端午、中秋等例子就可以溯及中華文化的根源，「君子務本，本立而道生。」中華民國第二個一百年，一定要從教育的根本做起，那就是要建構不屬於任何單一政黨的「中華民國史」，客觀的提供國民真正的歷史教育，對歷史負責，人民才會相信教科書。馬總統說他在第二任期沒有連任的壓力，但是有歷史評價的壓力，教育就是馬總統贏得歷史評價的最好表現機會。（2012/1/22 年除夕）

受教育者要有成本觀念

在總統大選之後，緊接著是一年一度的大學學測舉辦完畢，還有陸生招聯會也在大選底定之後正式公布 2012 年招收大陸研究生的簡章，並且正式接受報名，一切都照常運作，但是事實上，臺灣的教育正遭遇到前所未有的挑戰。

少子化的趨勢以及高等教育過剩嚴重都已經是老生常談，馬總統的競選政績更是以各種教育補助與十二年國教（免試與免費）掛帥，既無創意，也無助於教育問題的解決。最近讀到一份有關開放陸資來臺的調查報告，得知開放初期來臺陸資都以「退出成本」偏低的產業為主，使筆者聯想到要減緩臺灣的教育問題，其實「受教育者」首先要有成本的觀念。

就產業經濟而言，如果投入的成本低，可能退出時的損失也會比較低，兩者似乎是正相關。面對不確定的未來，許多陸資來臺所選擇的產業大概都會考慮到萬一退出時，比較不會受到太大的傷害。但是受教育者似乎正好相反。

「教育是一種投資」早在三十年前就面對「教育性失業」（educated unemployment）的挑戰，如今臺灣高等教育普及，與臺灣高等教育市場需求嚴重脫節，已經使許多大學教育不但成為「純消費」，甚至「消耗」人才，問題較之三十年以前嚴重。

十二年基本國教實施「免試」就是另類取消「進入成本」，不再以「精英教育」作為高中階段的核心，每一個學生從七歲到十八歲都由政府提供免費教育。這種「低成本」－不必努力也可以唸到高中畢業，看似政府德政，其實後患無窮。後續的高等教育「供過於求」的事實，使「低進入成本」衍生的後遺症更惡化；部分領域或後段班大學博士學位可能只有中學程度。「低進入成本」的後果，與產業經濟不同的是，受教育者如果要轉專業的話，必須付出很高的「退出成本」（代價），使學生「讀書到白了少年頭，空悲切」。

政府在高教供需問題沒有對策，甚至於不斷增設國立大學（最近臺中又有兩所升格），但是人民不能沒有成本觀念，更不能忽視產業經濟的「退出成本」觀念，這是比「機會成本」還要嚴重。俗話說「男怕選錯行，女怕嫁錯郎」，臺灣的教育實況是「大家都害怕讀錯科系」，但是又有「國立大學」、「高學歷」迷思，「一失足成千古恨」屢見不鮮。

臺北某一所國立大學為了限制轉系，規定只有大一成績前二分之一才可以申請，該系至少還強迫留下半數學生。這種事實很少有高中家長知道，眼看著許多優秀學生被「低進入成本」誤導而身陷其中，一路讀到博士，不斷墊高其「退出成本」，以致於抹煞許多人才，令人扼腕。

受教育者一定要有成本觀念，是臺灣高等教育嚴重供過於求，家長與學生的唯一的自保方法。走出「低進入成本」與「國立大學」、「高學歷」的迷思，才不會在將來後悔。（2012/1/22 除夕夜）

長江會恨淡水河嗎？

大選完成之後，教育部立刻啟動今年招收大陸研究生的正式日程，並在 3 月中截止報名。與去年明顯不同的是，為了防範缺額過多的問題，今年改採「預分發」與第二次分發（備取）。其他與去年大致相同，包括限制 41 校畢業，「三限六不」、沿海六省市戶籍等等。由於第一屆學位生此時多數正回大陸放寒假，開學時有多少會回臺灣繼續完成學業，是一個觀察指標。

上周一位北大的博士生來看我時問到，兩岸何時才會放寬上述規定？我的回答是：要等到兩岸坐下來談之後，才能知道。就像大陸早就訂有「臺商保護法」，但是對臺商沒有實質保障，兩岸的 ECFA 後續性談判「投資保障協議」遲遲未定案，困難度可想而知；但也唯有兩岸坐下來談之後，才可能有約束力。因此目前臺灣招收陸生的相關辦法，只是試辦性質而已。

這一位博士生告訴我有一種論述在流傳：臺灣只剩下軟實力而已，如果完全開放，大陸過來學習，我們就什麼都沒有了。這種論述使我想到長期以來兩岸高等教育交流的阻力，令人與陸委會的廣告「阮顧厝」很容易產生聯想。筆者卻認為，臺灣雖不必全部開放，但是上述論述與事實完全背道而馳。高等教育知識並不會因為學生學習，老師就會失去；臺灣的國際學生越多，我們輸出知識越多，我們的在國際上的影響力才會越大。

亞當史密斯的《國富論》申述一個道理：所有的人類行為都是出自於對自己有利，匯集所有這種個人的努力所造成的結果，就會對社會產生正面的影響，那就是一隻「看不見的手」。他是自由主義的主張。高等教育與一般貨品貿易最大的差別是：不會因為輸出而減損，反而因為「教學相長」而更豐富。

馬政府團隊對於中國大陸提出「兩岸文教協議」的討論與商簽顯然是有顧忌的，但是他們的顧忌是不適用在開放陸生來臺就學此一面向之上。我們雖然不採認大陸醫科學歷，但為什麼不准陸生來臺灣學醫？兩者的理由是一致的嗎？還是有多元標準？兩岸沒有坐下來談之前，高等教育交流是無法突破的。

有一部描述第一次世界大戰德國大學生從軍經驗的反戰電影《西線無戰事》劇中有一句話令人印象深刻。命在旦夕的士兵相互質疑「我們為什麼要戰爭？法國與我們有仇嗎？法國的山恨德國的原野嗎？」當劇中主角刺殺一個敵軍之後，跪在屍體之前痛哭懺悔，表示他一定會幫忙照顧他的母親與家人的，請求原諒。

大選期間筆者接待來自美國的觀察團之際，有研究生問我「大陸發展武器與軍隊，你們會不會擔心？」我很樂觀告訴他們，不論誰當選都不會改變和平的兩岸關係，對岸發展武器是他們的政策，如果用在維持世界和平有何不好？他們的問題其實也讓我認識了美國是如何看待兩岸關係。

長江不會恨淡水河，南投的霧社也不會對日本的富士山有敵意，我們輸出軟實力更多，我們將獲得的也會更多，這是筆者深信不疑的道理。（2012/1/30）

馬總統的裁縫師們

如果把民選的馬總統比喻成童話故事的「國王」，似乎有點不倫不類，但是如果把馬總統的「十二年國教」與「十年內加入 TPP」政策比喻成「國王的新衣」，相信大家就知道筆者要表達什麼；顯然馬總統已經訂做好幾套「新衣」，新內閣就像是馬總統的「裁縫師們」，馬上要交接。

第一套新衣是「十二年國教」，從上一任期就訂做，吵了很久始終無法完成；現在換了「新裁縫師」，《聯合報》社論以「教育部長絕對要做好十二年國教」為標題，期勉過去無法做到的部分，「新裁縫師」可以有新思維，把這一件「新衣」做好。這是馬總統很早的承諾，「觀念世界」找不到落實在「現象世界」的方法，顯然是更換「裁縫師」的重要理由之一，因為考生與家長實在不能再等了。

根據聯合國教科文組織 2011 年的最新資料，在全世界近兩百個國家的國民義務教育統計中，實施十二年的只有 7 個，其中 3 個屬於拉美與加勒比海地區，4 個屬於西歐與北美區。最多國家實施九年義務教育有 44 國，其次是八年的有 43 國，各佔約兩成三。馬總統曾經以「十二年國教不是義務教育」公開宣示，並沒有幫助教育部解套。「新裁縫師」信誓旦旦要遵守執行，全民都在期待。

馬總統訂做的第二套新衣是「十年內加入 TPP」，顯然許多「裁縫師們」早就知道，接任部會首長的位置，就是要「戴鋼盔往前衝」；反正沒有一個人會做到十年，「裁縫師們」個個自有盤算。

先不說 TPP 有多麼重要，單就加入 TPP 的門檻，日本的國內就吵成一團，甚至於有學者曾經預言日本未來將會因為農業而退出 TPP 談判；另有學者說我國有「國際組織飢渴症」，我國搶先表態，「裁縫師們」還沒有交接就已經面臨窘境－「美國牛肉」開放與否？恐怕這一些「裁縫師們」必須先思考馬總統訂製的「新衣服」，有沒有辦法完成，再去交接會比較心安。

有關 TPP 的議題不是單一經濟議題，美國總統歐巴馬一廂情願希望在今年能夠有具體的法條內容，有學者聲稱 TPP 是未來要取代鬆散的 APEC，也有學者認為不必高估 TPP 的影響力，因為未來充滿變數。換句話說，馬總統盡全力為加入 TPP 創造條件，「掏心掏肺」給美國看，但是在他又四年任滿之際，這一件「新衣服」肯定不會完成。甚至於 TPP 會不會「胎死腹中」都不知道，因為中日韓預定今年 5 月開始進行自由貿易區的談判，輸贏很快就見分曉。

馬總統的「裁縫師們」要為「黃金十年」認真趕工與打拼，才能夠讓人民有感。究竟訂製的「新衣服」做得好不好，他必須一件一件公開交給人民看得見，才能夠找尋他的歷史定位。否則就永遠只是「觀念世界」裡的「總統的新衣」而已。（2012/2/4）

那一群對教育有夢的人

拜讀黃光國教授「國家教育院 能否給教長擔當」，深表佩服；佩服的不是他的觀點，因為他說的，幾乎大家都知道。令我佩服的是他不怕得罪人，終於勇敢說出口來。黃教授擔任馬總統第一任四年的國策顧問，念茲在茲的就是國家高等教育問題，而且不只一次與筆者討論過他的憂心，也不只一次在高層的會議上提出過，只可惜一切如過眼雲煙，也毫無紀錄。黃教授的使命感令我想到在臺灣，有一群對教育有夢的人。

李敖在好多年以前面對記者的詢問：「內閣中對哪一個位置最有興趣？」他回答「教育部長」，筆者認為當時他對臺灣的教育是有夢的。只可惜他沒有機會，也很少對臺灣教育提出建言。如果他當年有機會出任教育部長，今天的臺灣可能大不相同。

嚴長壽是另一個對臺灣教育有夢的人，他對於技職教育的理念，拜訪前教育部長以「豬頭」自嘲，都是令人感到敬佩，而且會名留青史的人。「有夢最美」，往往「有權」的人是不會有夢的，最常聽到他們的回應是「用說的比較容易」，這是筆者對高等教育建言的親身經歷。

最近一個對臺灣教育有夢的人，應該是新就任的教育部長蔣偉寧，他對臺灣教育的夢，使他先答應接任教育部長，再開始他的「教育專業學習」。更具體來說，他不知道教育問題出在哪裡－例如十二年國教到現在還喬不攏，他自信學習能力很強，一定可以完成使命。他也是一個對教育有夢的人。

如何判斷對教育是否有夢其實很簡單，前述幾位對高等教育、技職教育、十二年國教都有夢，有一個共同的特質：都不是師範教育科班出身。如果是的話，應該很務實，不太會做教育的夢。甚至於像午餐、教科書、制服、旅遊、工程等弊案，甚至於更深入的教育問題，都不會大驚小怪，就算有人一說再說，也是不為所動。

對教育有夢不是壞事，可惜是外行人對教育的夢，往往只能夠點觸表面，無法深入核心。執政者在官場虛應一下，用政治解決教育問題，不要得罪人，才能步步高升，上述幾位前輩豈有不懂之理，只是他們相信：教育應該不一樣，或者說教育至少是一塊淨土，他們的夢裡沒有「教育為政治服務」這回事，因為這是一向用來形容對岸的習慣用語。

黃光國教授的「教育的夢」令我佩服，也感觸良多，如果所有國策顧問都能如此，國家安能不強？可是事實上是令人失望的。期待這一群對臺灣教育有夢的人，可以引燃臺灣更多人的熱情關心教育，臺灣才有希望。（2012/2/10）

ECFA 應該增加高等教育協議

大選之後兩岸有兩件事情是肯定的，其一是 ECFA 的後續性談判要繼續，其二是兩岸要展開文教交流協議。特別是兩岸文教協議，大家都覺得有必要，至少比政治性協議容易，可是卻又不知道從何處下手。這兩件事情看似不相干，但是其實是有必要放在一起思考。

首先 ECFA 只有完成 15%，後續談判主要包括：投資保障協議、服務貿易、貨品貿易、爭端機制等四大類。自從「江陳會」簽署 ECFA 之後，每半年舉辦一次的「兩岸經合會」，專注經貿議題，從來沒有教育部官員參加。事實上，在全球化的主流思想影響下，WTO 就已經將高等教育列為專章，國際貿易將高等教育列為「服務貿易」也已經漸漸成為主流。兩岸的高等教育交流協議，可以選擇獨立於 ECFA 之外，也可以考慮放在 ECFA 裡面來談。

以美國主導的 TPP 為例，絕對不會捨棄高等教育於不顧；以 2011 年為例，美國的外國留學生高達約 80 萬人，創造的產值達 210 億美元，其中中國大陸的留學生多達 15 萬 8 千人，佔五分之一，居世界之冠；經濟產值之外，思想與價值觀念的移植，更是無價，因此將高等教育視為服務貿易已經是世界大國的共識。受到奈伊「軟實力」理論，以及杭亭頓「文明的衝突」理論的影響，更強化了各國對於高等教育輸出的重視。

在馬總統的「臺灣走出去，世界走進來」的政策指導下，教育部也在去年公布「高等教育輸出計畫草案」，很明顯就是將高等教育看成是可以打包，裝入貨櫃並且出口的商品。這種認知其實已經是今日世界高等教育競爭的主流思想，為了爭取學生，除了歐盟有「伊拉斯謨計畫」，中日韓三國也從今年開始執行「亞洲校園」（CAMPUS Asia）計畫，試辦三國大學合作辦學模式。

如果馬總統十年內加入 TPP 的承諾不變，他就必須面對高等教育也要開放的現實。換句話說，將高等教育視為服務貿易必須從 ECFA 就開始做起，才能夠有前瞻性的思考，符合臺灣輸出高等教育的思維，並且理解國外各種國際貿易協議的基本內涵。唯有如此，馬總統才能夠真正理解臺灣的高等教育真正的問題所在，為什麼缺乏競爭力，以及思考如何大刀闊斧讓高等教育可以脫胎換骨。但是到目前為止，包括 ECFA 以及與日本簽署的投資協議，或是其他的國際 FTA，都沒有將高等教育納進去。

總之，將高等教育協議納入兩岸 ECFA 後續性談判，除了是歷史的必然，也是迫在眉睫，否則臺灣招收陸生的計畫始終不順利，只有坐下來談才可能突破。至於文化層面則必須與高等教育脫鉤處理，唯有如此才能夠使馬總統對於兩岸高等教育交流的期許可以盡快落實。（2012/2/21）（本文刊載於《蘋果日報》2012/2/28 A16 版）

文林苑事件是「法家」執政思維

筆者經常以「文明差距」來形容兩岸高等教育交流的磁吸力量，但是自從發生「文林苑事件」之後，筆者深感羞愧，自我反省。

首先臺北市政府強調一切「依法辦理」，而且在事後市長的記者會上還建議內政部修法。換句話說「法家」思想至上，明知法律有問題，仍然要將合法擁有住房的王家掃地出家門，硬將房子拆成平地，以利建商建豪宅。這種「目中無人」，法律至上的執政者，天怒人怨完全是被激發出來的。

「一國兩區」的論述，則是完全類似的事件，雖然吳伯雄強調他是「受人之託，忠人之事」，但是筆者始終認為這是一件「匪夷所思」的「神來之說」。為了平息臺灣內部的爭議，執政者強調吳伯雄所說完全是根據憲法的規定；馬總統甚至於指出前兩任總統任內都是如此情況，沒有什麼改變。

執政者一切以法律為根據來推脫責任，事實上正是「文明」的負面教材。民心向背才是民主國家最大的資產，如果政策違反民心，就算是合法也不可以做。執政者要重視的是民意的走向甚於法律的規定，「民之所欲，長在我心」、「民之所惡惡之，民之所好好之」此之謂也。

過去二十多年來經歷三位總統，試問時空環境變化有多大？現任總統必須要有自己「一國兩區」的論述，來說服人民理解其政策；實在不宜「牽拖」以前的政府所作所為來遮掩自己的過失。這麼做只是凸顯執政者的心虛罷了，更是看不到市場，「到底是要說給誰聽的？」

「十二年國教一定要成功」也是凸顯執政者心中的「法家思維」，

他們可以修改「高級中學法」、「專科學校法」來配合，也可以先射箭再畫靶心，制訂各地區不同的排序，但是他們忽略了教育的對象是人，不是單純「刺激反應」連結論都可以解釋的「人」。所謂「一定要成功」的指標就是「免試與免費」，可預見的將來，「明星高中」只要三年進臺大人數減少就會淡化，過去「能力分校」變成以後各高中內部「能力分班」，甚至於還要為學習遲緩者增設職業類科技能班。

主要問題就在於政策制定者與人民的需求背道而馳，「免試」但要以其他方式比序，包括「比手氣」（抽籤）：「什麼都可以比，就是不能比成績」的思維，只是從一個極端擺向另外一個極端，我們的世界完全沒有改變。

「文明」一直是兩岸關係中臺灣引以為傲的項目，但是一旦從「兩岸」抽離，突然發現到原來臺灣的「文明」是如此脆弱，禁不起檢驗。臺北市長一再強調拆屋是痛心的決定，聽起來真的很「行政」、「官僚」；「知恥近乎勇」，就看執政者怎麼做了。（2012/3/30）

中國大陸高等教育未來展望

一、前言

中國大陸的崛起世界矚目，在此同時，中國大陸學生出國的迅猛增加，也是史上之最。正當兩岸在 2011 年正式開啟了雙向高等教育交流之後，大陸的高等現況如何？深信是國人有必要知道的。本文將先針對大陸高教現況做一簡介，進而利用近三年（2010/2012）所發生的許多大陸高等教育徵兆，展望未來大陸高等教育發展的前景。

二、大陸高等教育現況簡介

中國大陸的高等教育規模達到 3100 多萬人，排名世界第一。2010 年的教育統計，毛入學率 26.5%。普通高校共有 2358 所，其中本科院校 1112 所，高職院校 1246 所。博士生招收 6.38 萬人，碩士生招收 47.44 萬人，本專科招收 661.76 萬人。其中的特點是：博士畢業 4.9 萬人，已經是全世界年產博士最多的國家，其學位制度才始於 1981 年，剛滿三十年而已。

三、徵兆之一：高考生源年年下降

中國大陸有史以來「高考」報名人數創下紀錄的是 2008 年，高達 1080 萬人報考，錄取 607 萬人；2009 年報名人數就下降到 1020 萬人；2010 年是 957 萬人；2011 年又減少 24 萬人，只有 933 萬人；今年（2012）據報導是 907 萬人，與三年前（2010）相比，短少 50 萬人。

這個數字也許沒有特別感覺，對山東人來說，2008 年有 79 萬人報考，2011 年只有 59 萬人報考，這個感覺就「如臨大敵」。最嚴重的是湖南省，生源下降 16 萬人，只佔 2008 年的三成，這種速度之快，毫無招架之力。（姜乃強，2011）

以山東為例，生源下降但是招生計畫沒有改變，導致錄取率突破九成，如此一來高等教育的「供求關係」完全逆轉。第二個問題在於許多考生放棄就讀高職、專科，以至於 2011 年招生山東出現 4 萬人的缺額，招不到學生。（唐景莉；新華社，2011）福建省 2011 年有 2.2 萬人未被本科錄取，卻完全放棄填報任何高職高專。（林其天，2012）隨著生源緊張，高考的放榜就產生「向上擠壓」的效應，也就是說，三本分數線以下幾乎都淪陷了，就連二本分數線也面臨考驗。

據報導，2011 年山東省本科二批一志願投檔結束後，幾十所院校甚至於乏人問津；在北京，二本一次補錄之後還有 469 個缺額；在江西 221 所大學降分錄取，最多有四校降 20 分。（黃偉，2011）

生源減少的原因分析很多，主要有：人口出生率下降、應屆畢業生棄考、出國留學、高招計畫繼續增加等等。（張興華，2011）不論如何，高考生源減少是未來兩岸都共同要面對的嚴重現實問題。

四、徵兆之二：出國留學越來越旺

中國大陸「留學夢」是「全民運動」。成績好固然要留學深造，成績不好更要留學補強，看來成績已經不是決定留學的因素了。（王亮，2011）

中國大陸留學生源豐富，但是在全世界普遍存在一種「不均衡」與「不對等」的流動。以 2011 年為例，中國大陸前往歐洲的留學生當中，66%集中在英國，11%在法國，9%在德國，4%在義大利；但是前往美國留學人數最多：2008 年有近十萬人，2009 年有 12.7 萬人，2010 年已經提高到 15.8 萬人。這種「不均衡」其實是呼應華勒斯坦的「世界體系理論」，邊陲國家向核心國家流動的趨勢。（楊桂青，2012）

中國大陸崛起的事實，卻仍然無法在高等教育方面成為「核心國家」，此一事實可以從「國際留學生」的「不對等」充分體現。以美國為例，2008 年前往中國留學者約 1.3 萬人，雖然美國總統歐巴馬在 2009 年承諾，未來幾年要招募 10 萬名美國學生到中國留學，但是此一承諾更激發中國學生留學美國的動力，2010 年之後，每一年都超過 10 幾萬人留美，高居國際學生首位。

如果以全世界來看，2011 年到中國的國際留學生高達 29.26 萬人，來自 194 個國家與地區；至於出國留學的人數也破紀錄，高達 33.9 萬人，比上一年度多出 19%，其中自費留學生佔 93%。雖然留學生「出超」的事實有改善，但是如果仔細作內部分析，恐怕更能夠理解中國的國際留學生「不對等」的事實。

「2012 中國留學生意向報告」指出，在 17 個城市 19068 個有效樣本中，留學市場的多元化仍然是主流。傳統留學熱門國家如美國、英國、加拿大、澳大利亞、法國、新加坡等。基本上，45%受訪者選擇畢業之後出國讀研究生，五成以上決定在一到兩年之內出國。調查顯示，留學大眾化與低齡化持續升溫，年收入 30 萬以下的家庭數量，從 2010 年的 58%上升到 2011 年的 76%，增長 18%。此外，申請就讀大學的比例也上升到 18.37%，未來幾年高中畢業生競爭也很激烈。（萬玉鳳，2012a）

五、徵兆之三：技職教育不受信任

兩岸高等教育有許多共同的現象，技職教育就是其中之一。臺灣第二年招收陸生本科生放榜成績很慘，聯招會的新聞稿特別指出「**陸生家長普遍還是把科技校院的學校比照為大陸的職業院校，因此在選填志願**

時還是跟去年一樣，集中在部分學校或某些領域學系，比如高達 90%的志願是集中在占 57.4%招生名額的 15 校。」事實上，大陸對技職教育確實是充滿歧視，長期以來無法改善。2011 年 8 月的中國教育報就報導：「在首屆全國高校報關技能大賽上，超過半數參賽學生沒見過海關報關單」（翟帆，2011）這一則報導其實只是冰山一角，但是充分顯示大陸對職業教育的不信任。這種想法兩岸皆然，以上海為例，初中畢業之後分流，就讀高中階段的職業教育就業率高達 97%以上，但是上海很多學生與家長都視之為「二流教育」。（董少校，2011）

誠如統計顯示，大陸的高職院校 2010 年有 1246 所，招生 661.76 萬人，其中包括獨立學院或民辦本科，以及專科生加起來肯定超過 300 萬人，這一塊生源快速萎縮當中。中國大陸多管齊下，想要拯救高等技職教育於不倒閉，有幾種做法：擴大生源，包括就地隨遷人員子弟可以參加高考，多元錄取等方案（龍超凡等，2012）；試辦與中職聯結，直接保送高職就讀；民辦大學設立五個碩士班，試辦突破屋頂（張春銘，2011）；2012 年起請民辦大學自行分類「營利性」與「非營利性」兩類（潘懋元，2012），作為課稅與輔導的依據。還有搶生源的佣金每一個新生有 1000 元人民幣，相互較勁。（中國教育報，2011）所有以上的做法，是否可能挽救沒人要就讀的高等技職教育，其實整個中國大陸都在看。應該說，中國大陸官方知道困難，尤其是經營者為了生存所衍生的許多交叉持股、利益糾葛的錯綜複雜問題，各地方政府都知道但是只要不出事，大概就睜一隻眼、閉一隻眼。未來會如何，誰也說不準。

六、徵兆之四：文憑貶值、就業困難

「學歷查三代」大概是當今中國大陸高等教育嚴重膨脹之後最具體的案例。所謂學歷查三代，就是從本科開始，碩博士都要是「九八五工程」院校，這還只是基本要求，不是就業保證。（熊丙奇，2011）自從中國大陸在 1999 年正式開啟了「擴招」政策之後，高等教育走向大眾化、普及化之後，文憑日漸貶值，就業日漸困難。「幹嗎上大學？」成為許多人內心中共同的疑問。（劉堯，2011）

其實反映出「文憑貶值、就業困難」更直接的方式就是高中畢業之後「棄考」－不參加高考（程墨，2010）；或是參加高考之後，一本院校上不了，二本就沒有吸引力，二本以下更是不願填志願，以致於許多省市嚴重出現「招生不足」的問題。進一步來看，有更多人是「錄取之後不報到」，反應出另類的「棄讀」現象。經濟壓力與貧富差距，都是重要的影響因素。以中國大陸的龐大人口基數而言，似乎已經碰觸到高等教育擴張的極限了。

反應出「文憑貶值、就業困難」的另外一個方式就是報考研究生人數一直創新高，2012 年報考研究生人數破紀錄達 165.6 萬人，所謂「出口決定入口」，就業困難只好讀研。（萬玉鳳，2012）就連民辦獨立學院都出現「考研輔導班」（陳寶泉，2011），就可以發現當今大陸高等教育的走向了。

七、徵兆之五：大學校園問題重重

校園內部問題重重，師資隊伍一直是浙江大學校長楊衛強調與一流大學的差距所在（儲召生，2011），然而更具體的是大學教授貧富差距之大，「有的開著寶馬，有的騎著飛鴿」（中國教育報，2011a），功利主義讓大學喧囂和浮躁（紀寶成，2010），大學教師的心理問題缺乏關注。

至於大學生的心理問題，更是從進入大學的「家長斷奶」之說可以證實（朱振岳等，2010），每一個大學生的心理健康，從被忽視到被關注，從選修課到必修課的背後，都存在著師資緊缺、地位邊緣等問題（劉磊，2011）。

中國控菸協會在 2011 年 9 月 13 日在北京發佈「全國高校無菸環境

創建評估暗訪報告」（李小偉，2012），總共調查了 800 所大學，發現到大學無菸合格率較低，大學生吸菸數量有增無減。重點不是禁菸程度，而是大學生抽菸數量有增無減的背後意涵，充滿解讀的想像空間。這些都只是大陸校園問題的冰山一角而已。

八、結語

本文以上總共提出五項大陸高等教育的癥兆，用以窺測中國大陸未來五到十年，甚至於二十年的高等教育前景。我們所看到的是一個正在迅速發展中的鉅大人口大國，高等教育呈現「亂中有序」、「精英思想」、「知識經濟時代」、「貧富差距」與城鄉差距拉扯，技職教育完全受到忽視，以及政府不站在第一線的民辦大學領導模式等等。

中國大陸的高等教育是有問題，但是也為中國培養了數以百萬計的工程師與科學家，他們完成了「三峽大壩」、「神舟太空計畫」、「高速鐵路」等等世人矚目的工程。我們將會持續關注，因為過去的高等教育方式已經完全改變，未來會如何，誰也不知道。（2012/4/1）

從「集體記憶」看「臺灣建設」

學界先進劉勝驥教授屆退之紀念大作之一《臺灣建設論》，囑咐後學為之作序，誠惶誠恐，不單只是因為劉教授博學多聞，筆者唯恐寸管辭窮、無法窺其精髓於萬一，更因為看到《臺灣建設論》的書名，深懼於個人才疏學淺、高度不夠，無法理解其精義而貽笑大方，實在是深感答應太早、後悔太晚。

談「臺灣建設」充分顯現劉教授屆退休之年，念茲在茲，令人敬佩。「如何建設臺灣？」一直是所有知識份子共同關切的公共議題。本書共分成十一章，除去首尾兩章，區分成九大產業的改造，包括：飲食、服飾、建築、交通、旅遊、設計、藝術、影視、出版等，提出他的論述，期盼提升及國際推廣，對臺灣建設用心之深、用情之殷，足可為鑒。筆者深感佩服之際，簡陳個人管見，藉此沾光，萬望海涵。

筆者認為「臺灣建設」基本核心乃是「中華文化」與多元族群的「集體記憶」。這兩件事情是建設臺灣的首務之急。由於「全球化」與「新自由主義」的浪潮席捲全球，臺灣也無法倖免於難。政府急於實施十二年國教，加考英語聽力，卻不重視書法教育已經蕩然無存。這種政府思維所將建設的「新臺灣」會是成什麼樣子？真的很難想像。

筆者認為「書法教育比英語聽力」還要重要的思維，不希望掉入政治化的漩渦裡，因為筆者認為臺灣多元族群的集體記憶應該同時被尊重，不是單一法西斯主義的思想。包容與多元、民主與尊重的素養，必須藉由教育傳導，而不是金錢或者是政治。換言之，教育決定臺灣的未來，執政者決定臺灣的教育。如果執政者無知或無能，用天真與夢想治國，那就是沒有體悟到社會學大師華勒斯坦的警告：許多無產階級就是「無產階級化」的推動者。他甚至於不諱言，就算是主張社會主義者，在獲得政權之後，也是在「資產階級化」。這是多麼經典的預言。

「集體記憶」屬於臺灣不同族群，乃是臺灣的資產而不是負債。如何珍惜集體記憶，珍惜中華文化－包括：飲食、服飾、宗教、文史等等，這一些可以不是對立的時候，才能夠找到真正的「臺灣共識」，界訂「臺灣價值」，向世界呈現「有中華文化特色的臺灣文明」，找到臺灣在世界上立足的根據地，才能受到尊敬與肯定。

「建設臺灣」是所有臺灣人的責任與夢想，很榮幸在劉教授的大作「臺灣建設論」付梓之際，應邀作序，也見證一個知識份子長年努力的成果。期盼此書的出版，對所有讀者一如對本人的啟發一樣，產生更多的聯想與創造，那就是真正的臺灣之福。天佑臺灣。（2012/4/25）

教授不一定是對的——大學部給我的啓發

今天在週五班大學部的期中報告講評上，我提出對各組的挑戰，一則以顯示我對每一組的報告都很認真在聽，我很重視；二則藉以提出不同的觀點作思考，挑戰他們原有的報告內容。

首先是棒球源自日本殖民的說法，基本上是我過去教學時舉的例，但是自從聽過廣島大學大塚豐教授的演講之後才發現，日本發展棒球其實是受到黑船事件之後，美國的影響所致。所以臺灣等於是間接受到美國的影響。

其次是回教徒不吃豬肉（大肉）的原因，學生的報告指出是因為阿拉伯人認為豬肉不潔之故；我則提出挑戰說，我聽過另外一種說法剛好相反，傳說是因為豬曾經對回教徒的先知有恩，所以後世子孫不應吃豬肉，以示報恩。但是我不確定何者是正確的？需要查證。希望同學多方收集資料之後告訴我。

第三組則是針對戒嚴時期漫畫家創作的自由受到限制而受害，我提出不同角度的看法；戒嚴時期確實是嚴格審查，白色恐怖時期與政治掛帥，毫無爭議。但是那時候的我剛好是小學時期，我們一家七口靠出租漫畫書維生，父母在不同地點擺攤出租漫畫；生意好就加菜，不好就吃白飯；我很窮，但我小時候看很多漫畫，從中受惠很多，因為我放學就要幫忙顧攤子。所以聽完這一組的報告，感覺到他們太急於下結論了，應該要多了解那個時期的時空背景以及漫畫的作品。

雖然我對各組的報告提出挑戰，但是並不表示我的觀點就一定是正確的，尤其是最後一組有同學似乎很堅持主見，我認為這樣的對話可以幫助大家更加嚴謹去學習思考，未嘗不是好事。其實我可以裝作什麼意見都沒有的，打個分數就好了，但是那不是我的教學風格。

大陸名人李開復給女兒的信裡面提到，教育是當你忘掉所有的東西之後，還剩下來的才是真正的教育。今天我利用學生報告的機會提出我的挑戰，除了表示尊重之外，也是為了鞏固大家的學習，幫助他們不要忘記。不論是贊成或反對我所提出的異見，對大學部同學都會是一次難忘的經驗。

我深深相信教授不一定永遠是對的，也無法保證給大家答案，但是教授的工作就是要幫助大家思考，尤其是要提醒大家去思考，而不是被餵食。

胡適在民國 43 年的公開演講之中，就坦承對於他在民國 15 年所發表的文章表示懺悔，如今已經收錄在他的《胡適文存》裡。（請見殷海光翻譯，海耶克著《到奴役之路》附錄。臺大出版，2012）我在想，如果今天胡適還在，可能他又要為他在民國 43 年演講時，對「資本主義」定義為「勤儉之道」表示懺悔吧？不過這絲毫不影響胡適當年的的偉大成就。

後實證主義的經典人物 Carl Popper 所著的《開放社會及其敵人》兩大鉅著，分別針對柏拉圖與馬克思的思想提出批判。每次讀到他對柏拉圖的稱讚與分析的時候，你一定會驚訝於他是基於尊敬而提出批判，因為他對於這兩位思想家太崇拜了，以致於他非常認真閱讀，建構「不能駁倒你，就支持你到底」的「後實證主義」理論。

我想再一次鼓勵大學部同學勇於練習運用自己的思想，提出創見，不要懶惰地依賴垂手可得的資料，才能夠使自己進步。如果連胡適都願意認錯，任何一位教授都可能犯錯；如果他的錯可以激發你進一步去找資料來捍衛自己的主見，這就成就了學生的成長，這就是教育。反之，如果不願意努力的同學，也不會有損失，只是時間過去了不會有記憶而已。

總之，每一次大學部的期中報告週，我都再次強調是你們當教授，我來當學生的時候；我要表現當學生的學習態度，認真聽課與回饋，來顯示對每一組同學準備報告的尊重。也許有人體會不到我的用心，隨便應付了事，那也是因果循環，他就不會有收穫。

一分耕耘一分收穫，學生也可以是我的老師，對我有所啟發；再一次感謝大家的配合，謝謝大家。（2012/4/27）

我們的觀察可能是錯誤的

很久以來，我的一位好朋友也是長達三十年的老朋友，我一直以為他是我羨慕的對象，直到最近他第二次退休，我才發現原來我對他的觀察可能是嚴重錯誤的，顯然他並不快樂。

他曾經是政府的官員，後來轉任教於新成立的國立大學，位居三長之一，我當時希望他能夠協助我進入該校任教，但是始終不能如願。後來校長下臺之後，有一些訴訟纏身，這位老朋友也無法免除於外；於是辦理公職退休，轉到鄉下的私立中學擔任校長，還是令人羨慕，看來一切正常。

沒有想到一年多之後，他又換了一所中學擔任校長。不論什麼原因，我還是很佩服他的行政能力，因為無論去哪裡，都有貴人賞識聘請擔任校長，這不會是突然發生的事情。尤其是第二所學校，據說與他的親戚有淵源，更是義不容辭，理應幫忙，學以致用，落葉歸根都可以用來形容這件安排。

去年 12 月我突然聽說他要退休，希望謀一私立大學專任教職而不可得，頗感不可思議，哪有放著自家的校長職務不做，要去求職？當我向嫂夫人求證時，她連忙否認，我內心想：「就是嘛，怎麼可能？」沒有想到今年 2 月 1 日起，他就正式去職，退休在家。原來我們的觀察可能是錯誤的，我想。

長期以來，雖然我自認為與這位老朋友熟識長達三十年，與他無所不談，家人也都熟識，現在想起來，不對、不對，他其實每換一個工作似乎都有不得已的故事，他其實並不快樂，但是行政實務使他學習忍耐下來，「身不由己，言不由衷」是最好的寫照，儘管貴為校長。

我們的日常生活裡，可能有許多的「自以為是」與「自以為不是」左右我們而不自知，今天我才知道原來這位老朋友有很多心裡的話沒有人知道，也許只有他的夫人知道。這就是人生！阿彌陀佛。（2012/5/2）

註：這一位老友現在又回到縣政府工作，如魚得水，祝福他。

「兩岸文教協議」宜避開政治

最近閱讀最新一期《中國評論》，載有上海東亞所研究員作品「加快協商文化 ECFA 正當其時」，頗有感觸；長期以來筆者深信兩岸遲早必須就文化與教育交流進行正式協商，尤其是兩岸高等教育的開放，始終不順利，兩岸更是利用媒體放話，無法達成共識。假如該文代表中國大陸官方立場，那麼誠如海基會江丙坤董事長所言「時機尚未成熟」，筆者深感簽署「兩岸文教協議」的可能性將因此大幅下降。

臺灣的現況是「中華文化」與「多元文化」的融合，面對中國大陸的各種想法都有，因此執政者必須很負責任的向人民說明「兩岸文教協議」的意涵與必要性。依據經濟學「比較利益法則」，如果執政者無法讓人民相信，這項協議可以為臺灣帶來的好處，可能多於該協議帶來的壞處，那麼當然就無法取得人民的支持，更難期待「時機成熟」的時候了。

許多臺灣官方或是民間對於「兩岸文教協議」的認知都是建構在對岸的想法之上。以這一篇文章而言，作者說明「文化 ECFA 兩個關鍵主題」就是：底線是「堅守一個中國」。這種充滿政治思維的論述肯定使得臺灣有關單位非常謹慎，而不願嘗試思考臺灣也可以建構自己的論述；乾脆採煞車，以免惹麻煩。如此一來，兩岸高等教育的交流自由化、正常化也就因為政治爭議遙遙無期。

不少人深信文化與教育的「軟實力」是臺灣的優勢，但是也有部分人士擔憂，認為「文化與教育」是我們「僅存的優勢」，如果再「被政治化」，那就一無所有。執政者必須思考如何向有此擔憂的臺灣人民說明，並且取得他們的信任，向中國大陸提出「兩岸文教協議」的臺灣論述，告訴中國大陸：臺灣的人民需要的是什麼，「避開政治爭議」是開啟對話的前提。

筆者深信，「兩岸文教協議」的展開必須要有臺灣人民的信任做基礎，將教育與文化分開處理，並且去除任何政治語言，讓兩岸高等教育的交流自由化、正常化，就是對兩岸的未來負責。創造想像空間取代無助的政治盤算，可能比較容易進行開展文化與教育不同的協議，如此才符合兩岸人民的期待與利益，也免去增添臺灣內部藍綠爭議；否則「兩岸文教協議」將只永遠都停留在「只聞樓梯響，不見人下樓」階段而已。（2012/5/10）

大學需要的是診斷而不是評鑑

內閣雖然又要改組，但是不變的是沒有人勇於對「大學評鑑」說暫停。筆者深感高等教育生源嚴重不足，已經有南部的大學以六折支薪，面對茫然無助的未來，連舉辦學術活動都是多餘的奢侈，大學評鑑更是猶如雪上加霜，「窮」忙成為許多末段班大學的寫照。從學生窮到學校窮，到未來連「作夢」都窮，筆者深切呼籲教育部正視高等教育問題，大學需要的是「診斷」而不是「評鑑」。

大學需要「個別化診斷」，不但要告訴各系、所有沒有繼續經營的「剩餘價值」，也要告訴許多公私立末段班大學，幫助診斷該校生病的病情究竟已經進入「第幾期」？有沒有救？還能存活多久？要付出什麼代價？現在是治標還是有治本的機會？如果能「開刀」治療，當然事不宜遲，立刻準備；就怕是連刀都開不得，只能拖一天算一天，有如住進安寧病房。

這種「診斷」與「大學評鑑」完全不同，而且必須很專業，因為誤診的庸醫很多，延誤病情恐怕是國內高等教育長期以來的殘酷真實，教育部長通常都心存善念，以菩薩心面對大學嗷嗷待哺的困境，要各大學從《金剛經》學習「無住生心」的微妙心法，一切推給市場決定，大學評鑑依然故我，就是不要把招不到學生的責任推給教育部。

很顯然的是，就算是馬總統再次提出「高等教育輸出」與「招收大陸學生」等擴大生源的夢，但是各大學始終都在夢的外面，連走進去「作夢」的機會都沒有，不要說招收國際一流學生，就連嘗試要招收大陸研究生區區數百人連續兩年都招不滿。有些科技院校寄望開放招收大陸專科畢業生來臺灣就讀二技，將會門庭若市；事實上，在面對各種質疑尚未平息之際，各大學已經恐怕已進「安寧病房」了。

現在各大學只希望政府不要成為他們創造生源、開拓市場的障礙，根本不敢指望政府幫助大學招生，這是自由主義國家的基本認識。面臨存亡之際，現在的大學需要的是診斷，開立處方，不再是形式掛帥的「大學評鑑」。顯然開立處方的人不應該是過去的「大學評鑑委員」。如果真要進行「大學診斷」來取代「大學評鑑」也並非難事，說來不過「魄力」兩字而已。

總之，歷史沒有偶然，臺灣的高等教育有今天的局面，近十多年以來的教育部長都「與有榮焉」，不必過謙。馬總統的第二屆任期如何面對臺灣高等教育的困境，將會決定他的歷史定位。此一巨大危機正是馬總統展現他的領導能力以及教育願景的大好機會，這也是累積十數年高等教育宿疾與沈痾，為馬總統創造的「大學改革」的機會，我們期待看到政府的作為；以「大學診斷」作為改革的起點，停止「大學評鑑」，是筆者對馬總統高等教育政策由衷的建言，且拭目以待。（2012/5/11）

何必指望大陸學歷採認？

這兩天的新聞同時有兩則報導，襯托出對臺灣高等教育政策的強烈諷刺。其一是「名校招博士報名人數比招生少」，教育部高官的回應是：「自然調節是好事」，彷彿置身事外，此事與他無關；其二是教育部公布，「101 學年度大陸地區高等教育學歷甄試公告」，委託中興大學辦理，從 6 月中旬開始接受網路報名，這已經是第二年舉辦了。這兩件事都代表馬政府的高等教育政策，人民的內心也都有一把尺在衡量，四年來馬總統對高等教育完成什麼？想要做什麼？人民滿意嗎？

首先是去年第一次開放對大陸高等教育學歷採認甄試，不論粗估有多少人去大陸讀過書，大張旗鼓接受包括：學士、碩士、博士三級學位甄試結果，全臺灣只有 8 個人通過。有一位北師大畢業的博士事後向我哭訴，他很不甘心，只差一科筆試沒有通過，當年他在大陸那麼用功，他一定要再接再厲。筆者內心想：這真的是馬總統期望的開放大陸學歷採認嗎？政府朝野浪費多少精神與民脂民膏才實施這項政策，就只為了這 8 個人？

如今臺灣的高等教育資源嚴重過剩，以教育博士為例，更是嚴重供過於求，許多中小學教師取得教育博士學位，一心想離開去大學院校任教，以避免同儕的壓力：「既然只有你是博士，你應該比我們厲害才是」；但是許多沒有認真讀書、真才實學，卻又受到「博士」頭銜之累的中小學教師或校長，當然更形塑「有學歷沒有實力」的事實，許多池魚之殃，使大家不再相信「學歷」，只信賴名校或特色系所而已。

看到這種現象，筆者深感無法釋懷，於是想衷心向已經取得大陸博士學歷的臺生提出建議，與其指望通過層層關卡的大陸學歷採認，不如重新在臺灣讀一個博士學位來得快。因為臺灣的博士班嚴重供過於求已經是不爭的事實，如果返臺的學生有真才實學，就不用擔心會考不取臺灣的博士班；已經有了大陸的學歷，再讀一個博士應該不是難事，而且有助於未來爭取就業。

不要寄希望於政府是所有年輕人應該要有的心理準備，因為我們並不是一個「純社會主義」的政府，當然我們也不完全是一個「自由主義」的政府。筆者認為政府官員有其立場，但是看到那麼多年以來從大陸學習畢業回臺灣的學生，要不是沒有報名參加，就是沒有通過甄試，許多故事在我眼前上演，筆者認為不要去苛責任何人，因為無濟於事；筆者只希望那一群從大陸學成歸國的青年學生，珍惜年輕的歲月，在臺灣重新讀一個學位是你的另外一種選擇。

兩岸關係的演變有其時空背景，當然也有許多無謂的犧牲者，沒有補救。不要在暗夜裡哭泣，走出陰霾，利用此一時機雙管齊下，既參加大陸學歷甄試，也同時報考臺灣的博士班，說不定取得臺灣的博士遠比通過大陸學歷採認來得容易多了。（2012/5/15）（本文刊登於《聯合報》2012/5/16 A19 版）

超完美的學術風暴

據報導，檢調單位將要傳訊上百位大學教授以了解他們在國科會補助的專題研究經費核銷有無不實？一時之間包括中央研究院、臺大、清華等校長都跳出來聲明，希望「網開一面」；檢調單位則是低調表示依法辦理。可以想見的是此一風暴的形成是學術圈超完美的「大海嘯」，堪稱「學術圈的土石流」毫不為過。

土石流的第一個特徵：時間的累積是問題形成的必要條件。國科會的問題與弊端由來已久，壟斷與學閥長期霸占各部會與考試院的高普考命題權，敢怒而不敢言是大學院校教授共同的心聲；「黨同伐異」早就「人神共憤」，只可惜知識分子多數是不願擋人財路的。

土石流的第二個特徵：「不是不報，時候未到」。大學校院很多以取得國科會補助作為績效與升等相關評鑑的重要參考，然而如果仔細分析會發現，其實各學門老早就被把持住，每年除了極少數「散戶」點綴，在人文與教育學門幾乎都是可以預料很難通過，因為學術圈很小，在國科會長期不檢討學門召集人的情況之下，壟斷與共生成為既得利益者最常見的手法。「順我生，逆我亡」早已經成為學術圈的「潛規則」。

土石流的第三個特徵：「物極必反」，「沛然莫之能禦」。由於許多「大咖教授」不但年年有補助，而且同一年就要到好幾個部會類似專題的補助，主持專題研究的數字是地位與身分的象徵，因為手握資源才能夠產生影響力。俗話說「夜路走多了」，許多認真的教授根本沒有機會獲得，寄生在「共生鏈」就會被照顧，日後必須懂得回饋。自命清高或不願聽話者當然就被標籤化，國科會與教育部其實都是共犯，國內學術長期不進步早就是病根深重。

這一次檢調單位徹查的發展，將會是馬總統聲望翻身與否的契機。目前許多內閣成員在入閣之前都是大學教授與校長，檢調應該優先過濾藉以服眾。如果司法單位告訴大家沒有任何閣員有問題，恐怕沒有人會相信，那就會損傷馬總統整頓廉能風氣的威信。不少大學校長、院長與退職後到私立大學的部會首長、次長等，大家心照不宣，就看檢調單位的成績單如何。

總之，用「天怒人怨」都無法形容大學教授長期以來所遭遇的「國科會補助」審查經驗，忍氣吞聲是共同的語言。教育部專案與高普考試命題也都是長期被學閥把持，與國科會都是一丘之貉，對我們國家暗傷已久，但卻是無人敢碰。期望檢察總長展現魄力，剷除各學門的既得利益者，瓦解寄生在學術界的共生鏈，國科會承辦人與各學門召集人全部下臺，重新還給學術界清新的環境。天佑臺灣，此其時矣。(2012/5/27)

教育部長狀況外

根據報導，教育部長今天在立法院答詢時說：「今年碩博士來臺人數已超出去年同期，但學士部分由於還在招生，暫時沒辦法統計。教育部會將陸生來臺政策檢討後，到院會報告。」聽來令人傻眼。

事實上今年是第二屆招收大陸學生，研究所的部分將會在5月31日才放榜，雖然報名人數比去年略有增加，但是放榜結果如何？恐怕言之過早。如果大家都執意選擇名校，重疊性高，放榜的結果不一定會多於去年。重要的是教育部長似乎是「狀況外」，因為第二年的研究所招收大陸生還沒有放榜，怎麼會有「來臺人數」？又怎麼會有「已超出去年同期」之說？

遺憾的是沒有任何立法委員題出質疑，整個大陸招生問題似乎都在「不清楚」當中進行質詢，不論質詢與回答者都狀況外，怎麼可能進步？（2012/5/28）

桑莫斯對兩岸的啓發大不同

美國前哈佛大學校長勞倫斯桑莫斯 5 月底應邀到臺灣來訪問，匆匆停留十個小時，會見了包括教育部長蔣偉寧與張忠謀董事長等高層，高希均教授歸納其對兩岸的建議是：交流、合作、開放，同時也分享了他治理頂尖大學的經驗。筆者無緣躬逢其盛，但是早就拜讀桑莫斯在北京大學的完整演講，深深感覺桑莫斯可以給我們的啟發遠多於此。

桑莫斯曾經在 2002 年 5 月 14 日以哈佛大學校長身分，率領有史以來哈佛大學人數最多的教授訪問團到北大發表演講；他的演講題目是「如何造就一流大學」，但是事實上，他特別提到世界上最好的組織（包括政府）都具有一流大學的特徵。

首先，他認為我們永遠不知道知識將會來自哪裡，因此你無法設計出程式去尋找最有用的知識。他又說：我們不能預見哪種知識對未來社會最有貢獻，我們可以充滿自信去預言；大學的特徵是通過其品質來判斷，而不是其呈現者來判斷。這些思想是給我們僵化的高等教育制度與評鑑制度最好的批判。

其次，他認為：只要能使我們（哈佛大學）變得更優秀，促使視角多樣化，我們就願意引進任何背景的人才。他們已經從「尋找具有良好個人關係網的精英」，轉向尋找「最有能力與能作出最大貢獻的人才」。桑莫斯最令筆者佩服的是他說：現實的情況是，許多最具創造力，最具挑戰精神，最活躍的人有一個共同特徵，就是他們往往無法與人相處得十分融洽，一流大學必須知道這一點。以臺灣的現況而言，桑莫斯來臺灣短暫停留，沒有機會提出他治理哈佛大學的這一點最精華領導思想，實在對臺灣馬政府與一流大學幫助不大。

最後，筆者想說的是桑莫斯強調大學必須不斷尋找自我衡量的標準，給自己施壓，保持自己傑出的地位。就商業團體而言，利潤是他們的指標。但是大學的指標不是固定的；他強調美國總統不能派人到哈佛當教授，但是一流大學要以培養領導人才為目標。這無異又是對臺灣的高等教育評鑑一大警訊；尤其是我們都習慣以西方的評鑑指標與升等辦法在臺灣實施，桑莫斯的治理大學精神與思想完全不建議如此。

總之，桑莫斯已經回美國，但是他的哈佛校長經驗與思想在兩岸所產生的影響完全不一樣。蜻蜓點水式的停留使筆者除了深感可惜之外，深深期盼國人面對大師級的思想，可以有更多的領悟；也期盼有關團體邀請大師來臺灣的時候，可以真正深入「暢所欲言」，如果只有「場面話」實在非常可惜。（2012/6/6）（本文刊登於《聯合報》2012/6/7 A15版）

《新新聞》的文章內容錯誤之處

看到這一期（No.1318），第六十七頁「補課中國」，由李先生所撰稿的「知識改變命運，怎麼改啊？」一文，錯誤之處剛好是筆者的專長，恐怕危損《新新聞》的聲譽，筆者特別要就事實的部分提出更正說明。

第一段指出「今年的高考有 900 多萬人，比起三年前少了快 150 萬。」筆者猜測「今年」是指 2012 年，則三年以前應該是 2010 年吧？900 多萬加上 150 萬就遠超過 1000 萬人，從該文章推論是：作者認為中國大陸 2010 年應該有超過 1000 萬人報考。事實上是：中國大陸有史以來「高考」報名人數創下紀錄的是 2008 年，高達 1080 萬人報考，錄取 607 萬人；2009 年報名人數就下降到 1020 萬人；2010 年是 957 萬人；2011 年又減少 24 萬人，只有 933 萬人；今年（2012）據報導是 907 萬人，與三年前（2010）年相比，只短少 50 萬人而已。（相關文獻很多，舉一例，《中國教育報》2011/6/9 第一版，姜乃強：高考人數連續三年下滑，高校面對生源減少挑戰）顯然作者沒有查證，信筆之作。

到數第二段提到中國大陸「5 月初，中國長沙出現了高中生全班吊點滴 K 書開夜車的網路照片」，筆者所閱讀到的最早報導是「5 月 4 日晚 10 時 30 分許，一名網友發佈微博『湖北孝感市第一高中驚現吊瓶高考預備班』轟動全校」（參閱《中國教育報》2012/5/8 二版；）隔了一天《中國教育報》2012/5/9 一版「評論」，作者陳亦冰，題目是「『吊瓶班』折射去除應試頑疾任重道遠」，也是針對湖北孝感一中。筆者從未看到任何有關湖南長沙任何高中有關的報導。《新新聞》原作者也沒有告訴讀者是湖南的哪一所高中，因此無從查證。或是作者自己也沒有查證，隨手就寫，如此「補課中國」實在不敢恭維。

以上兩則其實只是當今臺灣對大陸教育一知半解的許多錯誤訊息之一而已。有位知名人士曾經公開宣稱「中國大陸每年出生人數多達一個臺灣」，勉勵學生要努力上進。這本是好事一件，但是數字實在與事實差太遠。雖然沒有人敢保證知道大陸一年出生多少人，但是從 2010 年教育統計看小學入學人數推論，現在大陸的出生人數已經下降到大約每年只有 1600 萬人，而且還在下降。「少子化」也波及中國大陸。

筆者是《新新聞》長期讀者，知道許多知識份子借助《新新聞》了解許多不同的觀點，本人長期受益很多。但是讀到此文，深感有必要就自己的專業將內容明顯錯誤之處指出來，以彰顯貴刊的嚴謹度，與讀者的重視程度，使貴刊更加進步。（2012/6/9）

跨越海峽的感動

兩岸常常為了政治語言爭論不休，長期以來筆者深深覺得「未來不可知」，只有尋找感動兩岸人民的力量最可貴。

今天讀到中國大陸神舟九號順利升空，其中首次有女太空人劉洋，河南人，才三十四歲，看到她那清秀的外表，樂觀揮手的神情，以及其母親掩面，盼她早歸的矛盾與複雜的心情，激動的說「劉洋，好樣的！我愛你！」一向很容易被感動的我，讀到這裡也忍不住鼻酸。

這是中國大陸的航太工業發展的成就，去除政治解讀，我都覺得有一份喜悅與光榮感。那是一種人類向尖端科技不斷挑戰的精神與冒險，我們都希望這次任務可以圓滿順利，雖然那裡面沒有任何臺灣人參與，但是內心的感動完全跨越海峽，想到如果那是我的孩子，既驕傲又害怕的內心世界；養育子女能夠如此成才，夫復何求？

我常常在想，民主政治就是要順著民意前進，就是要先找到感動人民的力量。過去這幾年以來，包括藍、綠、紅等不同屬性的政黨，無不絞盡腦汁想要感動臺灣人民，但是成效有限。今年元月過半數當選的馬總統，5 月就職時的民意滿意調查只剩下兩成，理由很簡單，就是找不到感動人民的力量。

其實臺灣人民真的很善良，要感動臺灣人民其實真的很簡單，只要用心去感受，就知道臺灣人民內心在想什麼；尤其是許多跨越海峽的感動，更是沒有任何政治色彩。往往我閱讀到感人的報導，如果知道地址，就會忍不住要寫信去向當事人致敬。記得有一次寫信去向北京四中的領導致敬，後來還去看她，不過那已經是很久以前的事了。

只要不是為了政治目的，任何最真實的人間故事都是感人的典範，毫不做作，就會令人傳誦。那一種至情至性的表現，是金錢無法衡量的價值，也是兩岸與全人類追求的普世價值。

我們不認識劉洋，但是我深深覺得她非常了不起，勇敢與面對挑戰的決心，使我深受到跨越海峽的感動。中國大陸的航太工程發展成就不是我的專業，但是人類相互之間的情感同理心卻是跨越時空，沒有距離。我對中國大陸神舟太空計畫的成功道賀，我更是為千千萬萬隨時準備站上第一線的「劉洋們」而感動。期盼一切順利，看到劉洋平安回家。（2012/6/17）（本文刊登於《聯合報》2012/6/18 A17 版）

挽回民心是當務之急

最近由於行政院秘書長林益世索賄案，使整個臺灣陷入嚴重內耗；八卦報導與捕風捉影，隨著特偵組的傳訊人物每日有新的劇情進展。先是他本人、隔天是他的夫人、再隔天是他的母親帶著 1800 萬現金主動到案說明，今天則是傳訊他的父親，臺灣媒體的主題似乎已經鎖定，不論藍綠都唯恐落後別人。

其實新制度主義的理念早就強調「潛規則」會鑲嵌在任何「明制度」之中，會不會貪污、有沒有貪污其實都不重要，大家都知道在臺灣是實證主義當道，有多少證據說多少話。沒有證據，就不能隨便說人家貪污，那是會被控告的。於是臺灣就出現「廉政署」八個月沒有開會的紀錄，現在沒有人敢說「沒有官員貪污」了，但是從廉政署沒有績效來看，似乎是很諷刺。

有一年我到北京看到當地政府設立計程車投訴信箱，經過一段時間都沒有接到投訴，於是他們推論成效良好，也相信計程車的服務品質已經大幅改善，當時我就非常不以為然。尤其是外地的遊客，投訴豈不自找麻煩？如今看到馬總統信誓旦旦的「清廉」，竟如此不堪一擊。許多人都不會懷疑貪污的存在，甚至於變相的貪污，圖利自己。但是很少人會去找證據，檢舉政治人物，還是顧三餐比較實際。

我真的非常擔心臺灣的未來，人民不信任政府，最大的受害者還是人民，尤其是許多教育改革，包括十二年國教、高等教育改革、招收陸生的障礙等等，如果沒有人民支持，就注定不會成功，因為教育是人民的信心工程。如今整個亞洲與世界都在劇烈的變化，經濟危機與教育貶值，失業嚴重與人口減少，在在都是國安問題，人民不知道身處危機該如何是好。

馬總統身繫臺灣人民未來的希望，雖然民調滿意度只剩下百分之十五，但是他的任期還有近四年，我們還是希望馬總統要站起來，否則臺灣繼續內耗，任何人都沒有好處。至於要如何站起來，不論是內閣改組或是解散國會等，只要能夠重新凝聚人民信心，都可以是重要選項，就在馬總統一念之間而已。歷史不會停止，臺灣不進則退，有使命感的行政院長或許可以引咎辭職，以挽國難。（2012/7/5）

各人造業各人擔

這是一句常聽到的話，「造業」指的是「造的因」，凡事講究因緣果報，因果關係是佛家理論的基本論述。

這一次是第二年開放陸生來臺，我一直很在意其成敗，說不上來的緣故。如果你一定要問我：「關你什麼事？」我很誠實的講，不管其成敗，實在與我無關，我自己反省：簡直有「憂國憂民」的「精神病」或是「神經病」傾向。

我的心境就是類似情形，我在乎的是一群我完全不認識的大陸學生，他們想來臺灣卻不能如願。原因不是他們的成績不夠好，也不是臺灣的大學不肯收，更不是對岸共產黨不放人，而是臺灣的政府官員堅持不鬆綁，不遞補也不留用，以至於缺額近三分之二，實在是看不下去。

這種關心無關乎藍綠或兩岸問題，只因為我是一個老師，在臺灣如果有類似的不公平，我也願意為他們講話。反對十二年國教就是我一貫的主張，想的還是孩子的角度。

但是由於人微言輕，也可能是「自以為是」，我已經向我所能及的「高層」轉達，從放榜之前到放榜之後，我就一在呼籲可預見的問題，只可惜不受重視，我自問已經盡力了，還是承認自己的不對，有「憂國憂民」的「精神病」或是「神經病」傾向。

各人造業各人擔。如嵩法師說：超越就是「無住」。這是我的功課。（2012/7/16）

世界文明競爭時代——作自己的主人

「棄臺論」在臺灣發酵，其實早在一年之前（2011/8/16），石之瑜教授就曾經告訴我們「過度信賴美國才是危機」。臺灣在過去美國的太平洋政策當中扮演「不沉的航空母艦」角色，有效連結西太平洋的美國戰略防線。如今時空轉換，不僅是東南亞的越南、緬甸都先後開始與西方世界往來，馬來西亞也破天荒承認中國近 200 所大學學歷。對中國而言，歐巴馬總統在 2009 年訪問中國大陸時公開宣布，未來幾年將會派遣 10 萬名留學生到中國，其象徵意義值得重視。

最早派遣「遣隋使」到中國的是日本在第七世紀初首開先河。當時全世界最大的城市是中國的長安，日本先後派遣「遣隋使」與「遣唐史」的史實，至今保留最完整的紀錄是位於九州博物館的「模型船」。該船切割成兩半，一半是從日本要進貢給中國的寶物，另外一半則是從中國要帶回日本的佛經與中國物產等等。美國在 2008 年前往中國留學生只有 1 萬多人，反之，中國留美學生有近十倍之多，因此美國總統的「派遣留學生到中國」之政策，令人充滿想像。

尼爾弗格森在《文明》一書中指出，五百年前全世界最大的城市是北京，當時世界十大城市只有一個在歐洲（巴黎），人口不到 20 萬。到了上個世紀末，世界十大城市只有一個在亞洲，而且不在中國，而是日本東京。弗格森回溯中國歷史說：「歐洲人如果有幸朝覲明朝萬曆皇帝（1556-1605）的宮廷，絕對想不到在他駕崩後三十年不到，明朝就滅亡。」

筆者之所以從美國部分人士「棄臺論」談到美國總統的「新中國政策」，弗格森的「中國記憶」與日本史上「遣隋使」與「遣唐使」的重視，目的無他，旨在提醒國人：這是世界文明競爭時代，臺灣要做自己的主人。當一千三百年前出發的「留學生」與「留學僧」前往中國的時候，日本的政府與人民要去學習什麼？今天的美國大量派遣留學生前往中國的時候，美國的政府與青年要去學習什麼？今天的臺灣有什麼值得世界來學習？

美國一向重視臺灣與亞太和平有關，但是臺灣的政府思維也因此被窄化，導致於文化與教育政策不受重視，甚至臺灣民謠被忽視與遺棄而不自知。不論是「過度信賴美國」或者是轉向「依賴中國」，恐怕臺灣都無法自保。筆者長期以來深信中華民國的第二個百年在臺灣應該要有新的論述，用文化與教育才能承載起中華民國的「新生命」。幾年之前新加坡國會爭議「誰是新加坡的民族英雄？」，應該可以給國人當教材。

如果開放更多陸生來臺，陸生也可以體會到臺灣人民對江蕙演唱「家後」的感動，那就是跨出兩岸真正理解的第一步。不論藍綠、先來後到，臺灣的住民享有共同的民主信仰與價值觀念，不論是藉由尋找還是建構，讓世界認識臺灣人民的感動與自信，那就無懼於「棄臺論」的發酵。（2012/7/22）

建立共同價值　先從臺灣做起

前言

兩岸第八屆經貿文化論壇在大陸哈爾濱閉幕，亞太和平基金會董事長趙春山教授提出「兩岸必須用新思維在政治、社會和文化等領域，建立更多共同價值、制定更具體的規範，並建立可行機制。」（賴錦宏，2012/7/30）筆者深有同感，但是如果可以先在臺灣內部落實，與對岸談判就會更有說服力。事實上臺灣內耗多年，就是因為做不到「建立共同價值」，而不是沒有此一思維。如何突破，筆者深有感觸，以下分述之。

一、第一個「建國百年」國慶「無感」

知名作家詹偉雄在建國百年歲末的一篇文章標題是：沒「建國百年」論述，遺憾！（2011/11/29）很平實敘述他的感想；其實缺乏建國百年論述其來有自，中華民國在臺灣走向第二個百年，就必須誠實面對這個事實，才有可能做到臺灣內部「建立共同價值」。

這個事實可以從兩篇文章充分說明：其一是前行政院長郝柏村所發表的「正視中學史地課本」（2012/2/21），其二是辜寬敏先生發表的「尊嚴之國、自由之土、勇氣之民－臺灣和中華民國的真實與虛妄」（2011/10/13）。這兩位長輩都是筆者所敬重的，雖然他們的主張南轅北轍，沒有交集，但是他們各都是代表臺灣一大部分人的集體記憶。當然除此之外，還有原住民、外籍配偶等等不同族群。

姑且不論被日本殖民統治長達五十一年的臺灣人民極少有人參與「中華民國建國」的辛亥革命，即便是蔣介石帶領來臺灣的國民黨軍隊，恐怕也多數是民國 17 年「北伐完成」才接手「中華民國」，歷史人物與發展過程非常複雜，就連歷史教科書也說不清楚，真正對「建國百年」有感的人少之又少。

辜寬敏先生的大作其實是受惠於「解除戒嚴」才能說出他的生命歷程，許多臺灣老一輩的人小時候都有日本名字，國民黨接收之後「二二八事件」更強化了省籍對立，「反攻大陸」與「實施戒嚴」的教育其實只有對於 1949 年以後受教育的年輕一代比較有用。但是事實上今天民進黨的菁英，包括蔡英文、蘇貞昌等等，其實也都是國民黨教育之下的優秀人才。

換句話說，當臺灣走向總統直選之後，民主與自由法治制度之下，臺灣今天最嚴重的問題就是「沒有相同的過去：集體記憶」，但是卻有「生命共同體」的未來。想要「建立共同價值」的執政者，都必須面對相同的問題。

二、解構再建構才能夠重生

誠實解構今日臺灣其實是中華民國「建立共同價值」最好的開始。龍應台的《大江大海 1949》雖然飽受李敖批評，但是備受肯定，因為該書代表了相當一部分人的集體記憶；《寶島一村》的故事更是生動的把當年國民黨軍隊來臺生活的困苦紀錄下來，非常珍貴。相較於此的是更多臺灣本土人物的努力與犧牲，戒嚴時期的「黑名單」，後來有許多都成為民進黨執政時期的中央要員，彭明敏與陳唐山都是非常經典的代表。他們的故事與傳記也都成為臺灣民主化不可缺少的一部分。

2012 年首度公開上演，由魏德聖導演的「賽德克巴萊」，更是把當年日治時期的「霧社事件」真相還原；還有台新金總經理林克孝為了幫原住民「找路」，英年早逝，在在都引發更多人思考原住民的角度與立場。換句話說，中華民國在臺灣的論述，務必要誠實「解構」、「再建構」，才能夠「建立共同價值」，凝聚共識，走向未來。

雖然郝柏村的「正視中學史地課本」一文對於現行的國中社會科教科書與高中歷史課本有許多不滿，甚至於有其他人批評也直指李登輝前總統開始實施「認識臺灣」的國中教材就是走向臺獨的傾向，後來融入國中社會科，成為國一「認識臺灣」，國二「認識中國」，國三「認識世界」的基本原則。其實筆者發現，民進黨執政時期對於歷史教科書有關「中華民國成立」，以及「中國現代史」的部分，還是很少改變，維持中國國民黨的基調，對以國民黨為中心的論述，例如「北伐」等說詞，仍然沒有改變，更不必說 1941 年才公布尊稱孫中山為「國父」的歷史時空背景，都沒有任何討論。

「讓歷史留在歷史」，對於不同時空背景不宜「以今非古」，但是對於未來，恐怕必須誠實以對。民主國家的歷史教科書內容應該獲得多數人的認同，歷史人物的評價必須務實面對更多已經公開的資訊。例如當年「三民主義」的「平均地權」與「節制資本」筆者倒背如流，如今的臺灣社會，完全不是「三民主義」的理想，極端諷刺。除非要讓臺灣繼續對立，否則就應該尋求民主程序，重新建構歷史教科書內容，進而「建立共同價值」。

三、尊重與包容就是核心價值

如何「建立共同價值」的新論述，筆者並沒有預設立場。不論是指責「認識臺灣」是走向臺獨的開始，或是郝柏村的憤怒都不是沒有道理；再來是民進黨執政八年也沒有改變「國民黨史導向」的中國現代史；此外，原住民的自覺意識更是值得尊敬；甚至於越來越多的外籍配偶與大陸配偶，他們的集體記憶也應該受到重視。

其實當筆者在思考此一問題之際，深感臺灣並沒有「去中華文化」的問題存在，即使有不少主張臺語文教學與研究，其實兩者都不衝突，因此筆者認為尊重與包容是「建立共同價值」論述的基本核心價值。中華文化與多元文化同時都是臺灣的珍貴資產，舉例來說，臺灣的飲食文化與喪葬文化最容易說明其中華文化的淵源，春節、端午與中秋等民俗，更是代代相傳，無須爭辯。

兩岸未來的發展會是如何？恐怕不是單一方面說了算。丘宏達教授生前提過「統一與獨立一樣天真」，令人印象深刻。筆者期盼兩岸青年深入交流，歷史沒有偶然，「封閉」或「保護」恐怕無法提高競爭力。具體的想法是，如果陸生有更多來臺灣，理解臺灣為什麼聽到江蕙的「家後」會感動，相信臺灣就會更有自信。可惜許多好聽的臺灣民謠，就像古代的《詩經》一樣記錄著當時的時空，但是如果政府不重視與保護其傳承，就像古蹟維護一樣，一去不復返。

四、引導臺灣前進的是「臺灣故事」而不是「臺灣神話」

「誰能代表臺灣？」民主與直選總統的實施已經提供中華民國在臺灣未來的出路。中華民國第一個百年論述有許多各說各話的「神話」，許多歷史人物被「神格化」，或者是「污名化」，像「二二八事件」受難者、「黑蝙蝠中隊」犧牲者、「海外黑名單」等等是當時時空背景之下的產物，都不應該是「建立共同價值」的阻力。

「三民主義」、「五權憲法」是一種信仰，還是可以討論的制度，可以重新思考與尋求共識。如果一味強調「天朝」式的服從，類似前述的「平均地權與節制資本」等「自欺欺人」的論述，只有徒增內耗而已。

用「臺灣故事」來引領臺灣前進，是因為戒嚴時期的「造神運動」已經過期，民進黨的悲情訴求也有「使用期限」；不論藍綠，如果矯枉過正就類似大陸「文化大革命」結束，反轉過來變成：只要「反文革」一切都是對的，恐怕也不是臺灣之福。「建立共同價值」必須要有故事開始，眷村、海角七號等等，都可以是臺灣的代表。

五、結語

其實兩岸在競爭的是「文明的價值觀」，或者說「軟實力」（Soft Power）。臺灣最大的敵人是自己，如果不能團結，形成共識，恐怕不需要敵人就自我瓦解。「臺灣價值」與「臺灣信仰」（非宗教信仰）有很大一部分是深受美國影響，不必否認也不可能回頭。「建立共同價值」就必須誠實以對。

新加坡李光耀在新加坡《海峽報》的一篇報導中描述「軟實力」的方式令人記憶深刻：「許多年來，我去過許多國家，散居世界各地的華人多以無根的一代自憐自居，只有住在美國的華人，三十歲的這代，如果通曉英語，講起美國，都『我們』前，『我們』後，『我們美國人如何如何』，令人印象極為深刻，可見美國軟實力的潛移默化的力量。」（2008/4/10）兩岸今天在競爭的已經不再是「一中」的詮釋權，已經轉移到「文明的價值觀」，或者說「軟實力」的競爭。

今日的臺灣內部藍綠對立，幾十年來的辛苦成果內耗殆盡，更不敵全球化與新自由主義的浪潮，稍有不慎就被邊緣化；很多人把矛頭指向對岸，卻沒有反思更大的敵人來自臺灣內部。進一步論，臺灣內部誰是誰非，各有堅持，從陳水扁時期的「少數總統」（2000 年以 39%得票率當選），到現在馬總統的第二任期（就職兩個月，民調剩下兩成），其實都受限於中華民國第一個百年論述，當然就會難以走出過去，走向未來。

中華文化應該是臺灣內部「建立共同價值」最大公約數，但是不能夠忽視臺灣不同族群的苦難成長背景與所積累的怨恨，包括：本省人、外省人、原住民、外籍配偶與大陸配偶與其他族群等等；尊重不同族群的「集體記憶」與「回憶」，才能夠贏得尊敬與包容作為回報。趙春山教授在「兩岸第八屆經貿文化論壇」所提出「建立共同價值」的新思維，正好給紛擾的臺灣內部一面鏡子，原來我們是可以從自己做起，才能夠開啟兩岸真正政治互信的第一步，否則永遠都是「各說各話」而已。（2012/7/30 修正完稿）（本文發表於臺北論壇 http://www.taipeiforum.org.tw/，2012/8/1）

重視古蹟是國力的無限延伸

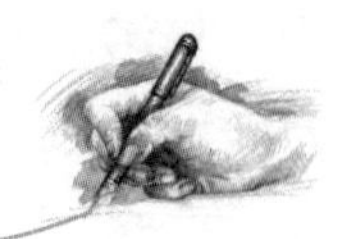

據報導，位於浙江紹興的千年古蹟開元寺，被拆掉剩下骨架，準備蓋商城，讀到這一則消息，令筆者十分感慨。尼爾・佛格森的暢銷書《文明》當中就對於薩伊德（Said）的《東方主義》論述很有意見；十八世紀思想家伏爾泰表示「中國人的帝國確實是有史以來最好的帝國。」（頁 77）弗格森認為不是「帝國主義」的力量建構「東方」、「西方」的論述，而是其他的「軟實力」，筆者甚有同感。

試圖去分析建構「東方」、「西方」論述影響力量，恐怕遠不如重視古蹟的維護來得實際與容易。聯合國教科文組織針對「世界遺產」的重視與保護非常有成效，位於中國大陸浙江的許多千年佛寺，更是自從漢朝末年佛教傳入中國之後的產物。西元七世紀初（607 年），日本聖德太子攝政時，開始派遣「遣隋使」、「遣唐使」。從西元八世紀之後的數百年間，「遣唐使」的功勞儼然已經成為今日日本的潛在文化根基，當年的「留學生」與「留學僧」從中國大唐所引進的各種典章、文物、藝術、習俗等等，已經成為支撐今日日本國力的「文化資本」。

日本的奈良與京都，就是世界遺產最典型的保護成果代表。據說這兩個古都，在二戰期間因為美軍的刻意保護，不去轟炸，才能夠保存完好至今。2012 年 7 月底筆者首次造訪位於京都東北方比叡山頂的延曆寺，那是一千兩百多年以前由日本僧人最澄和尚所創辦的天臺宗本寺，794 年日本桓武天皇從「平城京」（奈良）遷都到「平安京」（京都）之際曾經行幸到此寺，筆者遙想當年時空，此一古蹟的保護，充分展現日本對文史的重視；一個重視文史古蹟的國家，就一定是一個有文明的先進國家。

大唐時期從日本來的「遣唐使」多數在江浙一帶登陸，再取道洛陽，前往國都長安。唐朝幾乎以佛教作為「國教」，唐宋八大家之首韓愈曾經因為諫言反對「迎佛牙」一事而被罷官，唐朝重視佛教由此可見。也正因此，沿海江浙各地的佛寺興盛，較著名的如鑒真和尚（東渡日本創辦律宗）所住持的大明寺，還有阿育王寺、龍興寺等等，至今少說都有千年歷史。

總之，中國大陸今天拆除浙江千年開元寺改建商城之舉，甚為不智，也為中國經濟的「大國崛起」留下歷史註腳。類似尼爾・弗格森的國際歷史學者，絕對不會放棄類似的題材，在描述與稱讚中國如何通過 2009 年的世界金融危機的同時，他也絕對不會忘記中國大陸對於世界遺產的保存與重視程度，將會是未來國力延續的一項重要指標。沒有人能夠預料未來歷史演變的法則，但是可以肯定的是：許多歷史毀滅快速的程度，遠超過我們的想像，古蹟的維護就是其中隱藏的「文化資本」。（2012/8/19）

就算加入 TPP 又如何？

看到馬總統憂心忡忡一再警告國人，如果不盡快加入 TPP，「只能夠留在外面喝西北風」，這種說法很類似兩年多以前他在鼓吹全民支持 ECFA，告訴國人「如果不加入，就會被邊緣化」的負面宣導很類似。如今兩岸簽署 ECFA 已經兩年了，很多人想知道：「究竟誰感受到好處？」經濟成長率降到 1 點多，失業率與房價屢創新高，假設真如馬總統所說的：已經做到「避免被邊緣化」，可是人民的生活有更好嗎？

馬總統現在又如法炮製，一再強調「不加入 TPP，就喝西北風」，請告訴人民：「如果加入 TPP，有什麼願景？人民的生活會更好嗎？還是只有少數產業受惠？」政府部長帶頭為宏達電宣傳廣告，就使筆者很不以為然。除非政府補貼，否則該公司產品那麼貴，我們為什麼要選擇貴的產品，維持該公司的高利潤？請政府要說服人民。

尼爾・弗格森在《文明》一書中自問，「憑藉什麼方式，歐洲人能夠如此強大？歐洲人憑什麼如此輕易的前往亞非尋求貿易與進行征服？」答案就是書中的六項利器，包括：競爭、科學、醫學、工作倫理等奈伊所謂的「軟實力」。西方向東方傳布的是靠「教育」而不是武力。美國今天沒有羅馬帝國當年的廣大領土，但是只要有美國企業與食品、電影、軍事力量等等所到之處，美國的影響力比起當年的羅馬帝國有過之而無不及。

記得 6 月底偶然看到企業家杜英宗先生在電視上的談話，深有同感。他說：我們還是相信船堅炮利比較有用，但是其實真正重要的是軟體。臺灣有兩大利器：寬鬆的貨幣政策與低利率，現在臺灣卻沒有使用，如何振興經濟？股市低迷、出口低迷、消費低迷等等，就算是加入TIFA、TPP，對臺灣人民有什麼好處？政府只有告訴人民「不加入的壞處」而已。

本月剛閉幕的倫敦奧運中，南韓贏得二十七面金牌，人口只是臺灣的兩倍，南韓已經遠遠將臺灣拋在後面。南韓總統李明博「登獨島」、「嗆日本天皇」的行徑，舉世矚目，其背後的憑藉是什麼？就算「南韓不是我們的榜樣」，恐怕南韓的經驗也值得我們自我「警惕」吧？

總之，馬總統要推動各種政策應該使用正面願景來說服人民，比起「負面恐嚇」會理想一些。但是如果類似「實施十二年國教」就會出現林書豪之類的「正面願景」，恐怕又只會徒增話柄，沒有人會相信。如何拿捏，就看馬總統執政團隊的智慧了。（2012/8/19）

臺灣的教育改革一直都沒有準備好

香港城大校長郭位提出疑問：「何不吸引最好的陸生來臺？」不禁使筆者想到最近一則藥品廣告很傳神，有一位消防員問火場的一位被薰黑的老先生說：「你為什麼不趕快離開？」，「我怎麼不想離開？我是因為腳痲了，……」。另外一則新聞是被評為全國施政滿意度最後一名的基隆市長張通榮，反應異於常人，不是「淡定以對」或是指責「評鑑不公」等八股，而是自我痛罵一番：「我是最混蛋、最差勁的市長」。

這兩則新聞看似無關，其實是臺灣真實現況縮影的反映。

首先是郭校長以「局外人」－來自香港的教授，都知道要招收一流的陸生，臺灣豈有不知的道理。郭校長要不就是「明知故問」，或是作球給執政者，要不就是真的不理解臺灣。而臺灣人民就像那位在火場裡走不動的老先生一樣，「臺灣怎麼不希望招收大陸一流學生？至於大陸一流學生不來，一定有他們的道理。」

基隆市長的自責，其實與郭位校長的質疑恰好成為對話。假如回覆郭校長的質疑的是執政者，不論是馬總統、行政院長或是教育部長任何一位，最八股的回答是：「我們也想要招收大陸一流學生，但是他們不來，我們又有三限六不等限制，恐怕不容易吸引人，……」這是類似廣告中，老伯伯對消防員的回應，告訴你他是有苦衷的。這是無關痛癢，罪不在我的推卸之詞，四平八穩，官位不動如山。

假如換成「張通榮式」的回應，臺灣招收不到大陸一流學生，是因為「我的無能，領導無方，承辦的事務官員都沒有照我的意思去做，不是我不想要招收一流陸生。這完全不是我政策的本意。」許多政策立意良善，等到落實為制度設計之後，其生產的產品與原來上級的期待相差十萬八千里。原因就不必細說，息事寧人的首長只有默默承受並且給予背書，極少人會如同張通榮市長坦承他實在叫不動公務人員，領導無方。這種人官場上簡直是「珍品」與「稀品」。

郭校長關心臺灣高教令人敬佩，但是有此一問也算耐人尋味；對臺灣是諷刺，還是「愛之深，責之切」，都說得過去，唯一可以確定的是，不會有任何主管單位的政務官出面表示負責回應，更不會有類似基隆市長張通榮如此誠實的自我反省。沒有一個官員會在乎未來幾年之後才會發生的事情，因為到那時候他已經又高升了。

整個臺灣陷入一個「沉默的冷漠」當中，誠如蘇起在臺北論壇舉辦紀念丘宏達教授追思會的演講當中所言，相較於過去他年輕的時代，現在臺灣年輕人對自己沒信心，對臺灣沒信心，對中華民國沒信心，這該怎麼辦？類似張通榮與蘇起這種真話出現越多，臺灣才可能有未來。講空話、唱高調，無法感動人民；嘗試以威權式的行政命令，以及單以芬蘭式的教育典範，強迫實施十二年國教，都是負面的臺灣故事。因為歷史已經給過太多機會證明，原來你們的教育改革一直都沒有準備好。

（2012/9/5）（本文刊載於新加坡《聯合早報》2012/9/10 言論版）

臺灣的技職教育變化這麼大？

最近看到教育部長蔣偉寧公開說：「臺灣人力培養確實出了狀況，好像在吃老本。技職教育的訓練與企業需求的落差，『超過我的想像』。」（中央社陳靜萍，2012/8/21）在同一個場合上，嘉義的穎杰公司董事長說：「南部有技職學校還在用三十年前的舊教材」；臺北科技大學校長姚立德也說：「國內的科技大學及技術學院的教材與設備趕不上其他先進國家的情況非常嚴重，還有很多高職的科，設備費甚至是零。」（ibid）

這一則報導令亞洲許多國家非常吃驚，尤其是中國大陸的教育專家，因為他們對於臺灣的技職教育一向是讚不絕口，兩年以前時任教育部長吳清基公開說：「我國技職教育和德、日、澳洲並列全球四強，中國大陸只有專科，一大堆學生想到臺灣讀往上銜接的二技、二專或四技等，福建省就說有 8 萬學生想到臺灣讀技職校院。」（林志成，中國時報，2010/7/27，A7 版）當時教育部長自信臺灣的技職教育並列「全球四強」，如今蔣部長今年初才接任，怎麼就「豬羊變色」？

到底臺灣的技職院校好還是不好？恐怕就連臺灣自己的學者都不敢妄下斷語。但是監察院在今年 7 月 12 日提出「技職教育學術化」糾正案，案由是「89 年教改之後，我國技職教育日趨學術化，對技職校院教學與特色發展，及技術人才培育與產業發展造成嚴重不利影響，又未能積極落實證照法制化，以促進證照制度及技職教育之健全發展，行政院經建會、經濟部、行政院勞委會及教育部等權責機關均核有怠失，爰依法提案糾正。」（101 教正 12）

不論是現任教育部長「誠實驚訝的告白」，還是監察院的糾正案多達四十一頁的調查報告，都很具體的舉出實例，告訴全世界：「臺灣的技職教育真的很不好」，並列「全球四強」之說，缺乏證據，沒有說服力。2011 年起開放招收大陸學生前兩年已經辦理完畢，不論是研究生還是本科生都是採聯招方式，並沒有把普通大學與技職院校分開，招生結果是一面倒。陸生聯招會的新聞稿指出：「**陸生家長普遍還是把科技校院　的學校比照為大陸的職業院校，因此在選填志願時還是跟去年一樣，集中在部分學校或某些領域學系，比如高達 90%的志願是集中在占 57.4%招生名額的 15 校（普通大學），……**」可見陸生聯招會的分析，顯然還是不肯面對技職教育有很大問題的現實。

總之，臺灣的高等技職教育曾經被自誇稱是並列「全球四強」，不過短短兩年之間，各種針對臺灣技職教育的評論都是負面的居多，包括「技職教育學術化」、教材與設備落伍、與產業需求落差超乎想像等等。如果這些調查與評論屬實，當初又如何可以「步步高升」從專科學校升格成為到處都是科技大學的局面？誰應該要負責？是現任教育部長卸責推拖之詞，還是上一任教育部長不實誇大之詞？馬總統一再宣示「家醜不怕外揚」，唯有如此臺灣才會進步。問題是：「教育部做得到嗎？」（2012/9/6）（本文刊登於新加坡《聯合早報》2012/9/18 言論版）

政府不是一體的嗎？

看到監察院長王建煊公開說：「倒閣案符合民意，但不只是內閣改組，部會內部官僚政治、科員政治也要改組，否則改幾次倒幾次都沒用，……」深有同感也深表佩服；但也發人深省：「政府難道不是一體的嗎？」

首先監察院長認為倒閣案「符合民意」，那就是明指行政院做得不好，人民都不支持。其次王院長又說：「部會內部科員政治、官僚政治也要改組，……」這又是明指政府的事務官有問題，相較於近幾天才公布的高普考榜單，顯得格外諷刺，因為考試院沒有做好執行「選官」、「任官」的基本職責，才會造成這個現象。剛剛好不容易才通過高普考，取得公務員資格，準備進入公務體系服務，卻要面對「科員政治、官僚政治」的指責。這種「五院」當中「一院罵另兩院」之事實，令人感慨。

王院長以「恨鐵不成鋼」來形容民意對行政院的不滿，當然是事實；至於「科員政治、官僚政治」之說，顯然由來已久，考試院必須負全責。關中院長努力要推動公務員考績修正案遭到阻力，私下有公務員告訴筆者表示支持，認為甚至於提高比例都不為過。看來此一說法也呼應監察院王院長的論述，就看關中院長的決心與魄力。

平心而論，如果監察院本身能夠充分發揮功能，針對不肖官員發揮糾舉、彈劾之功能，相信應該對於政府的各級官員有相當程度的嚇阻作用；奈何當今事實是許多監察院通過的糾舉與彈劾，多是「事過境遷」、「不了了之」。許多部會受監察院的「糾正案」堆積如山，反正沒有法律約束力，官員照樣個個高升，絲毫不受影響。

政府難道不是一體的嗎？今天監察院王院長的痛心陳述於我心有戚戚焉，頗能相應，但是筆者卻認為監察院也有失職之處，對官員的查處顯然沒有發揮功效，形成「科員政治、官僚政治」積弊已深，冰凍三尺恐怕不是一日之寒。王院長知道，人民也都知道，「五權憲法」當中的「三權」不彰，只有改組行政院應該還是沒有用的。(2012/9/20)(本文刊登在《聯合報》2012/9/22 A21 版頭條)

兩岸高教交流還在跑道滑行

根據報載財政部長使用一個比喻非常傳神，他提到臺灣要實施的證所稅已經在跑道上滑行，準備要起飛了，不可能停止。這一個比喻使筆者聯想到馬總統就任以來的兩岸高等教育交流開放政策，自2008 年馬總統就任以來就開始滑行，一直到今天 2012 年雖然沒有叫停，但是也似乎根本還沒有起飛，值得省思。

首先就開放大陸學歷採認而言，歷經三位總統才算是塵埃落定，馬總統當時是多少赴大陸求學臺生希望之所寄，那是一場夢，歷經十多年的爭取與煎熬才等到快要實現的夢。2010 年「陸生三法」通過，正式開放大陸學歷採認，只限 41 校，不溯既往，但是可以參加由教育部委託中興大學主辦的「大陸學歷甄試考試」。根據統計，第一年共有 52 人資格審查通過參加初試，等到複試結束碩博士共有 12 人通過；第二年很巧也是 52 人初試，共有 14 人進入論文審查，預計 12 月公布結果。

筆者經常在反省「這是馬總統承諾的兩岸高教開放結果嗎？」反對黨當年恐懼的種種「可能發生」的結果，例如陳水扁總統 2003 年的名言：「臺灣的大學都招不到學生了，如果再開放大陸學歷採認，臺灣的學生就會跑光了。」看來並沒有發生。反之，支持者所期待的高等教育正常交流與良性互動，經過馬總統第一任四年似乎還在跑道上滑行。至於有切身利害關係的臺生，多數因為馬總統當選之後的政策與制度而「夢醒了」，也「夢碎了」。如果只是為了這區區每年 12 位左右的臺生，十幾年以來藍綠無數次的口水戰與對立似乎毫不值得。

至於開放大陸學生來臺就學的政見，也是連續兩年不及格，招收陸生的成績單遠比預期成果差太遠了。中國大陸 2010 年有 28.5 萬人出國，2011 年高達 34 萬人出國，2012 年初估出國留學人數高達 46 萬人。很遺憾的是，臺灣 2011 年與 2012 年前兩屆招收陸生都不滿 1 千人，與大陸出國留學人數相比較，就連「零頭」都不到，筆者將之比喻成「還在跑道上滑行」，根本沒有起飛，獲得許多學者的共鳴。

從馬總統 2008 年就任以來，兩岸高等教育交流一直被寄予厚望，因為不但是兩岸六十多年以來首度正式開放，也是馬總統「政績」的具體表現，因為全世界都在看。可是很殘酷的是，冰冷的數據告訴我們，臺灣與中國大陸的高等教育交流似乎一直還在「跑道上滑行」；當我們知道大陸每一年出國人數的增加速度，使用「根本沒有起飛」來形容，一點也不誇張。到底兩岸的高等教育交流政策還要滑行多久？請政府高層正視吧！（2012/11/1）

兩岸高等教育交流模式的猶豫

自從中國「十八大」舉辦完畢，正式確定下一屆的領導接班人以來，有關於「中共十八大對兩岸關係的影響」相關研討會或是座談會一如過江之鯽，目不暇給。更不必說各種平面媒體或是雜誌，以《中國評論》180 期（2012 年 12 月）為例，就是以十八大作封面，但是這麼多報導與評論當中，幾乎沒有看到任何一篇提到：中共十八大之後對兩岸高等教育交流的影響。

有關兩岸政治與經濟的影響並非筆者專長，方方面面的評論也給筆者許多啟發，但是就沒有人能告訴我，現今兩岸高等教育交流要繼續這麼走下去嗎？還是會有新的想法與期待？似乎沒有人提出看法，也沒有媒體有興趣，這是一個問題。

臺灣在 2011 年正式開放招收學位生以來成效不彰，筆者已經多次發表評論（例如臺北論壇、《聯合報》等），不再贅述；但是「非學位生」的部分卻是令筆者驚訝，成長速度宛若騰空，仔細去看有幾個例子。

國立雲林科技大學與福建工程學院簽署合同「三加一」方案，凡是福建工程學院所屬的民辦「海峽工學院」本科學生，入學時就已經預知大三要去臺灣就學一年，而且要去的大學也都知道，費用是到臺灣之後才繳交，大約是每人每年學雜費臺幣 10 萬元，等於臺灣私立大學學費。

今年（2012）9 月，首批來自福建工程學院大三學生已經到達雲林科技大學工學院就學，一共有五班，250 人。如果再加上與其他的大陸學校合作，各種大陸學生合計本學期達到 310 人，很令人意外的是其中學位生不到 5 人。該校工學院院長預言可能還會成長，雙方合作愉快，而且學生也都樂於參加此一為期一年的學習。這是第一個例子。

第二個例子是有福建閩江學院所屬海峽學院與臺灣的實踐大學、中國文化大學與中華大學簽署的「三加一」本科學習，與雲林科技大學一樣，大三的時候到臺灣一年，針對不同的專業到不同的大學就讀，中華大學負責「交通學院」，今年大約有 100 多位陸生研習一年。這項計畫其實比雲林科技大學更早啟動，因為去年（2011）就已經有第一批大三學生來臺灣就學，今年來的是第二批。按此往前推算，早在馬總統當選之後，兩岸幾所大學就已經簽署此項合約，2009 年入學的閩江學院本科 生才能夠在大三的時候準時到臺灣的私立大學來就學。這裡面有太多令人充滿想像的空間。

筆者長期鼓勵與支持兩岸高等教育交流，如今才兩年而已，就發現到此一嚴重反差現象。「學位生」嚴格限 41 校以及教育核定名額招生，以致於年年成績單都不及格；反觀藉「研習生」名義建構的「三加一」與「二加一」（專科生），甚至於「二加二」（如洽談之中的佛光大學），如雨後春筍一般，一直增加。這種模式沒有「沿海六省市」、「高考二本分數線」以及其他特別限制，教育部也沒有預設核定名額或是規範，以致於數量大幅成長。

以 2011 學年來說，臺灣的國際與外籍生源，不分學位生與交換生，單一來源地區或是國家最多的就是中國大陸。筆者認為此一反差的發展，教育部不是不知情，甚至於是默許與鼓勵，因為「八仙過海、各顯神通」，教育部沒有偏袒任何一所大學，完全尊重市場機制。

筆者發現這一類學校有幾個特色：首先都是比較低調的大學（低知名度似乎不宜）；其次是以中南部居多，例如明道大學、朝陽科技大學、環球科技大學等等，北部很少；再其次是來自福建最多，已知福建師範大學、福州大學、福建工程學院、閩江學院等等。正當大陸大學生源競爭白熱化之際，二本以下大學如果招生時可以承諾大三到臺灣學習一年，也沒有外語或是成績門檻，對大學招生肯定是有加分的。

至於臺灣方面，基本上因為不授予學位，只提供一年的教學與評量結果，責任不大；教育部採「睜一隻眼閉一隻眼」的作法，許多大學卻也無可奈何；既不願配合「降格」配合大陸方面的「徵詢」，卻也羨慕「生源」年年不絕。「取捨」之間其實是許多因素的交互作用，更明講就是大家再看教育部的政策。

上個月聽到馬總統公開宣布要開放大陸專科畢業升到臺灣來就讀「二技」，幾天後又聽到教育部長公開說「正在努力中」。筆者看到政府在開放兩岸高等教育交流政策上的「為與不為」，百感交集。因此筆者才會以「猶豫」來形容當前的心情。

「猶豫」首先是看到政府的「不作為」之下，各校為了生存所展開的各種交流模式，簡直是「教育商品化」的經典案例，但卻又不忍苛責；政府沒有給他們方向，「日頭赤炎炎，隨人顧性命」是最能呼應心理學家馬斯洛（A. H. Maslow）的「動機階層論」最底層需求－「要活下去」。

「猶豫」的是臺灣的高等教育會不會淪為「幫凶」？當大陸各地的大學素質參差不齊，只要「帶兵投靠」，臺灣的大學都會熱情擁抱；太慢決定的，就被其他大學搶走了。

「猶豫」的是大陸的家長與學生會不會上當受騙？有一些在臺灣已經快倒閉的大學，看到此一商機，主動與大陸仲介合作，簽署合同，到了臺灣之後才發現是一所不合期待的大學，反而傷害兩岸關係。

「猶豫」的是我該贊成還是反對這一種嚴重反差的現象，繼續發展下去？可以預見的是，當前的政府已經沒有方向，「摸著石頭過河」，「只求平安、不求添福壽」，官位都不保了，如何保大學？「大學自保運動」是有原因的。

總之，中共十八大之後，兩岸高等教育交流絲毫不會有令人振奮的期待，臺灣的許多私立大學與科技大學必須準備熄燈，沒有保護傘或者是降落傘，卻是非降落不可。太多大學已經耗去臺灣太多資源與學生的青春歲月，「猶豫」正是造成今天這種結果的原兇，我們還可以猶豫嗎？（2012/12/7）

「兩岸理解工程」長路漫漫

自從 2012 年 11 月中共十八大開會結束，確定習近平接班之後，大陸就陸續有許多政、學官員訪臺，許多類似「十八大之後的兩岸關係」研討會或是座談會多不勝數，共同的語言就是「追求兩岸互信、維持兩岸和平」。筆者深感兩岸和平歷經六十多年的對峙，得來不易，務必珍惜，因此深感「兩岸理解工程」的重要，是進一步建構兩岸和平的基礎。沒有「理解」，何來「互信」？此一說法似乎很符合邏輯。

近日讀到一則「印尼留臺學生明年可望倍增」的新聞（范正祥，2012/12/27），指出印尼近年來為提高大專教師學歷，每年提供 1000 名政府獎學金出國，希望每年送 100 名到臺灣來。政府對此一訊息大表振奮，令筆者感慨萬千；因為早在十年以前，就已經有大陸的民辦大學表示同樣的意願，希望送大專教師來臺灣進修碩博士學位；一直到最近都還有不同省份的公私立大學藉由筆者打聽可能性，很遺憾的是至今臺灣完全不開放此一管道的進修。面對大陸與印尼，相同的需求卻有相反的反應，這是什麼道理？

近日讀到第二則「臺蒙關係大突破 免簽待遇有望」的新聞（楊湘鈞，2012/12/31），指出臺灣的蒙藏委員會長說，「臺灣除了提供醫療援助、清寒學生獎學金之外，蒙古至今有 200 多位中高階法官、檢察官，來臺灣參加過司法院、法務部的研習班」，「畢竟蒙古已走向民主，當然是捨大陸而就臺灣」。筆者的疑惑是：這位「委員長」是站在臺灣的立場還是擔任蒙古國的官員？聽起來好像不大順暢。如果相同的待遇可以用在中國大陸，幫助大陸的法官與檢察官到臺灣研習，對兩岸關係的幫助會不會大於臺灣與蒙古的幫助？

寫到這裡就是筆者的重點所在，原來「理解」不是「交流」的必要條件，看來政府官員對印尼與蒙古的理解應該不會勝於對大陸的理解，但是在決策上毫不猶豫，甚至於引以為傲，當成政績；反之，相同的待遇與需求，遇到中國大陸就「另當別論」，所謂「互信」、「擱置爭議」都是外交與政治辭令，原來「不理解」如印尼、蒙古者，照樣可以有互信。看來問題不僅是出於兩岸不夠理解所致。

以筆者淺見，兩岸最大的交集是中華文化的傳承，已經融入日常生活與人生哲學當中，無法抽離；但是兩岸的政治制度截然不同，歷史的共業一如丘宏達教授生前所預言「統一與獨立一樣天真」，兩岸彼此的理解僅止於中華文化，兩岸彼此的「不理解」實在太多了。兩岸關係的複雜性，從此可以發現遠超過臺灣與世界上其他國家或地區的互動關係，這也正是民主、自由的政治制度之下所必須面對的真實世界。換句話 說，「兩岸理解工程」還有很漫長的路要走。（2013/1/2）（本文刊登於《聯合報》2013/1/5 A19 版）

教授與假發票的感想

基本上我認為天理昭彰，這一些官員滿口謊言、偽善，將責任推給教授的無知，可笑之一也。其二，九成以上的教授暗爽在內心，因為長期以來國科會被壟斷在少數召集人手中，送給自己人相互審查護航過關，局外人根本只是插花點綴而已。換句話說，國科會的這一些獲獎人早已壟斷資源數十年，並且與教育部考試院等許多補助結合，形成學閥：表面上都是人才，真相是無可奈何與不擋人財路的結合；可笑之二也。

可笑之三是這三位本身就有切身關係，應該迴避接受調查；我個人強烈質疑他們一個都逃不掉。可笑之四是如果制度有問題，為何從未檢討？等到開始辦人才叫屈，顯然他們不是為了制度改革，而是因為此路已經不通，無法繼續既得利益。

請大家仔細去查：歷年國科會獲得補助者的高度重疊性有多少？九成？八成？只有他們是人才？為何國內的學術無法進步？因為他們只是分贓而已；只要將各學科召集人當成圓心畫圓，就可以約略推論出關係親疏影響獲獎機率有多高。

南臺灣還耳聞一位國立大學教授向私立大學教授私下表示願意協助她過，但是有交換條件，他退休之後要去該私校任教領雙薪。事實如何我只是耳聞，但是長期以來學閥現象令人無法接受，惡劣到極點。考試院長關中曾經講過，高普考命題人員最少三年更換一次，後來就不了了之；其實他已經注意到重點，這一票人壟斷國科、教育部等以及考試院命題，並藉此到處招搖撞騙；政府不知道嗎？

多數教授選擇沉默，不是因為他們比較清高，而是因為九成以上根本拿不到國科會補助，絲毫沒有考驗人性的機會，當然憤怒卻又習慣於學術界的偽善，不會站出來批判而已。

總之，本案根本就是不能說的秘密，要硬ㄠ、說謊或是無知，換取同情與寬恕，不如舉辦公投，讓全國大學院校教師說一說，他們支不支持辦下去？就算動搖國本也要辦下去，天怒人怨已經不是一年、兩年了。（2013/1/8）

他們都在忙什麼？

立法院在元月 15 日結束第一會期，下一個會期必須等到過年之後，這一些大官們這一段時間都在忙什麼？很耐人尋味。

我猜想很多人擔心位置不保，因為內閣會局部改組；有些人尋求升官發財之道，企盼貴人相助；每每想到這一件事，都會感慨萬千。沽名釣譽、攀龍附鳳者有之，可是更多的是清流，不附庸風雅、不隨波逐流；邦有道與邦無道的分際，有風骨的人當然知所進退。

有趣的是沒有多少有風骨的人會站出來，因為他們根本不會有機會站出來，原因乃是他們根本進不去權力核心。這使我想到 Michel J. Sandel 來臺灣捲起的旋風；他使用電車駕駛與旁觀者兩種不同的角色，很容易就可以使聽眾自己露出馬腳，「原來正義不是一種普世價值」，可能隨著角色而改變。

俗話說：「屁股決定腦袋」，或是「換了位置就換了腦袋」，其實這才是凡人；只有聖人做得到始終如一不偽善，至少我承認自己只是凡人而已。

也正因此，看到臺灣老是在嘲笑大陸劇－宮廷鬥爭，我看臺灣也差不多。自從立法院會期結束之後，就已經如火如荼在上演了。

珍惜自己的福報，作自己是最大的享受。（2013/1/16）

臺灣人的大陸情結二三事

兩岸關係歷經長達六十多年的對峙，有許多事情一時也說不清楚。基本上「臺灣人」就不是一個概念，但是面對大陸的時候，並不一定完全對立，有很多事情可以看到臺灣內部並沒有太多雜音，這一些事情不一定就是「臺灣共識」，但是最起碼沒有看到太多爭議，筆者藉由教育交流幾件事來呈現臺灣人的「大陸情結」。

首先以陸生加入健保來說，這是一個政治議題不是教育專業問題。臺灣的執政黨打從一開始要開放陸生來臺灣就學，就已經設定不對陸生開放；卻沒有想到先被在野黨利用操作歧視陸生議題，再來就是陸生發現與外籍生、僑生的不公平待遇。歷史無法回頭，政府無法為了公平，將實施已經多年的僑生與外籍生的健保取消，卻也一直無法說服臺灣人民，讓陸生可以與臺灣學生平等享有健保。這是一種無法否認的「大陸情結」，民調顯示多數臺灣人認為，陸生要加入必須全額自費。其實陸生在意的是「歧視」，而不是費用多少的問題。

2012 年底政府宣布印尼未來將開放每年送 100 位大專教師到臺灣修獨碩博士學位，臺灣政府視為政績大加宣傳，殊不知早在十年以前就已經有中國大陸民辦大學創辦者表達意願，希望送該校教師到臺灣的知名大學修讀碩博士。此一構想源自中國大陸許多省市的公私立大專院校，直到今年沒有中斷過，但是臺灣的執政者依舊完全不研究與考慮開放。相同的議題，遇到印尼與中國大陸卻有不同的反應，這又是一種臺灣人的大陸情結。

今年 1 月看到臺灣《聯合報》製作「迎戰 PISA，高效能閱讀　培養批判力」的報導（2013/2/4/D2 版），提供 2009 年 PISA 學生能力國際的排名。令人驚訝的是，上海是第一次參加，就在閱讀、數學與科學能力三項成績上排名世界第一，遠超過芬蘭，超越臺灣更遠。可是 PISA 的國際測驗從 2000 年首度舉辦以來，每三年一次，前三屆（2000、2003、2006）都由芬蘭囊括所有項目的第一名，從那以後「芬蘭」就成為臺灣教育的效法對象，「言必稱芬蘭」，幾乎沒有例外。但是 2009 年上海首次參加就超越芬蘭，卻從來不見臺灣的教育專家稱許過上海的教育。如果說中國大陸的教育排名世界第一，恐怕大陸師生也會心虛；但是測驗結果如此顯示，臺灣人的反應似乎沒有感覺。

延續高等教育的話題。在 2012 年底，「反對媒體壟斷」的議題不斷延燒，而且伴隨著《壹週刊》與《蘋果日報》易主，使得原本就已經很旺的火，更為火上加油，原來「媒體壟斷」的主要被控告對象－《旺報》與中國時報等媒體，也涉入新的媒體交易傳聞。平心而論，臺灣的「媒體壟斷」早就是公開的秘密，各擁其主、見獵心喜早就不是新聞。這次主要的是「親中國」這一頂大帽子，被與「媒體壟斷」掛在一起，這是難以承受之重。臺灣人的大陸情結呼之欲出也就毫無意外。

馬英九總統在 2013 年 1 月 14 日「全國大學校長會議」上公開宣布要擴大開放大陸學生來臺，包括採認學校從原來的 41 校擴大到以「二一一工程」為主的 100 多所學校；同時也要開放大陸專科畢業生到臺灣修讀「本科」，也就是臺灣的技職院校的「二技部」，只要讀兩年就可以取得學士學位，用來招攬大陸學生，挽救生源嚴重匱乏的後段班大學。不看好的聲音本來就會有，罕見的是沒有在野黨反對，這也是體現臺灣人的大陸情結。

總之，兩岸高等教育交流才開放第二年，未來的發展值得期待與關注。但是臺灣人的大陸情結必須被注意，不要錯誤解讀或者是政治化，才不會影響兩岸交流。（2013/2/10 大年初一於高雄）

兩岸理解工程要從高考命題開始做起

一、前言

2008 年 5 月馬英九總統當選之後，考試院面對兩岸開放高等教育交流的必然趨勢，決定要在高考二級（碩士）教育行政類科加考「兩岸教育比較（著重高等教育）」，以便甄選將來要從事政府相關工作的公務員。轉眼四年過去，筆者請學生收集這四年的考題，仔細研讀，深感遺憾。借用我所最喜歡的大陸央視記者作家柴靜在新書《看見》序言最後一句話—「不要因為走得太遠，忘了我們為什麼出發」。這一個考科，要檢視考生對大陸教育的認識與理解程度，如果只是考臺灣的高等教育問題，就無法達到目的。

余秋雨在《歷史散文》書中的「十萬進士」一文指出，清朝末年的科舉考科不斷改進，為了要迎合時代的改變。也因此在歷史上留下許多笑話，因為所有考題都將會在歷史上留下紀錄。

筆者深感此一高考扮演的不只是挑選公務員的職責，更是引導臺灣日後有意從事公職的考生競相走告，投入學習；所謂「失之毫釐，差之千里」，就是這個道理。筆者除了將這一些考題寄給大陸教育學者提供高見之外，也逐一評論如後，期盼可以提供考試院參考。如果有助於未來的命題品質，則是兩岸之福，青年之福，臺灣未來之福也。

二、98年（2009）公務人員高等考試一級暨二級考試試題

等　別：二級考試
類　科：教育行政（兩岸組）
科　目：兩岸教育制度及政策之比較（著重高等教育）

（一）請分析與討論國內「承認大陸學歷」與「招收陸生」政策之內容與相關爭議。（25分）

【評析】此一題目很實際，但是如果可以分開成兩題會更好。請學生針對政府的論述提出意見，才是好的問題。

（二）試比較說明中國大陸「二一一工程」與「九八五計畫」之異同。（25分）

【評析】顯然命題者以「九八五計畫」而不是「九八五工程」來稱呼，恐怕就有爭議；其次是這種比較恐怕只有真正內行人才知道，一般都很淺顯表面而已。如果不是專業學者不可能知道其背後的複雜程度。

（三）隨著市場經濟的深入，中國大陸的社會階層結構發生私有化和市場化的明顯變化，加劇教育機會的分配不均現象，尤其是具有社會流動與階級複製的高等教育，更是面臨嚴峻的考驗。有研究指出，香港與澳門地區的大學招收不少中國大陸學生，結果發現：不同社會階層的大陸學生，選擇不同的高等教育機構。其中領取獎學金者來自各個社會階層，而自費學生主要來自富裕家庭。試以港、澳之經驗，預測未來臺灣各公私立大學院校可能招收到那些陸生？以及如何加以因應。（25分）

【評析】此一題目是要考生依據港澳招收陸生的經驗，推論臺灣的情況；前面一大段毫無創意的敘述，都是教育社會學讀過的必然道理。會不會回答此一問題都無法證明考生對中國大陸教育理解的程度。

（四）請說明以下文件與法規，對中國大陸高等教育有那些重大影響？（25 分）

1985 年發布的「中共中央關於教育體制改革的決定」

1993 年的「高等教育法」

2007 年 10 月中共十七大提出的《國家中長期教育改革和發展規畫綱要》

【評析】這個題目看似四平八穩，如果改成名詞解釋也就罷了，硬要加上「對中國大陸高等教育有那些重大影響？」就相對突顯命題的大而不當了。

許多政府文件只要查閱都輕而易舉，一般學生沒有必要浪費精神在背誦這一些中國大陸政策性的文件。

三、99 年（2010）公務人員高等考試一級暨二級考試試題

等 別： 二級考試

類 科： 教育行政（兩岸組）

科 目： 兩岸教育制度及政策之比較（著重高等教育）

（一）試從全球化與在地化角度，闡述及評估近年來臺灣高等教育之主要發展政策。（25 分）

【評析】此一題目與認識中國大陸教育無明顯關係，試問本科開考的目的何在？

（二）美國加州大學聖塔芭芭拉校區（UC Santa Barbara）校長最近提出，每年美國大學頒發的博士學位中，每 7 人中就有 1 名來自大陸。試以此情況評論美、中、臺三方面的國際交流趨勢及問題。（25 分）

【評析】此一題目很跳躍，前半段引言是針對大陸學生出國－尤其是美國的評論；後半段卻要考生回答美中臺的國際交流；題目太大而且沒有重點。

（三）今（99）年 8 月底我國召開第八次全國教育會議，試問該會之大會願景、主軸，以及高等教育在面對五大環境變遷中，有何重要之結論？（25 分）

【評析】此一題目與此一考科的目的無法連結；如果命題者重視考生對於教育政策會議結論的背誦與理解，似乎應該用到其他科目。

（四）大陸最近公布了「國家中長期教育改革和發展規劃綱要（2010－2020 年）」，請說明其主要精神與內容，並比較兩岸之人才培育政策。（25 分）

【評析】此一題目是典型的國際研究的障礙，因為中國大陸每公布一個政策都是內容繁複，經常出版單行本，很多都是樣板與口號。想要知道內容只要查閱就好。臺灣的考生，不宜從此一途徑去認識大陸的教育。事實上也做不到。此一題目不是很好的題目，考不出學生的程度。有太多高等教育的實際問題可以引導考生去閱讀了。

四、100 年（2011）公務人員高等考試一級暨二級考試試題

等 別： 二級考試

類 科： 教育行政（兩岸組）

科 目： 兩岸教育制度及政策之比較（著重高等教育）

（一）中國大陸近年來在辦學體制改革方面有那些做法可供參考？請擇要說明之。（25 分）

【評析】此一題目太大了，到底指的是哪一層級（高等教育、中等教育、初等教育）的辦學體制？哪一方面的辦學體制？基本上，命題者完全使用大陸的思維，因為什麼是「辦學體制」，恐怕臺灣考生並不理解。更何況中國大陸有許多都是高層的口號，真正落實的有多少？恐怕就連大陸學者也答不出來。因為懂得越多，就越不會回答。

（二）錢非萬能但是辦學沒錢萬萬不能，中國大陸近年來高等教育大量擴充，在保障經費投入的政策上有那些做法？請說明之。（25 分）

【評析】此一題目不單大陸學者答不出來，就算答得出來也沒有意義。大陸的大學院校經費來源差異性很大，不只是中央與地方的差異，還有創收與所在地區域的經濟條件等等，經費的運用各地與各校的差異很大，九八五、二一一工程與民辦大學相差豈只天壤？而且與高等教育質量沒有成正比；此外，在臺灣要擔任公務員，制定對大陸教育政策，有太多比這個不確定的問題重要太多了。

（三）近年來兩岸高等教育治理都進行某種程度的改革，請說明目前兩岸高等教育治理方面存在的差異為何？（25 分）

【評析】命題委員最嚴重的障礙是無法將大陸高等教育的用詞，轉化成臺灣的通俗用法，幾乎每一題都有類似的情形。「高等教育治理」就是非常不專業。至於此一問題的不合理性，與前一題相同，就是大陸複雜的高等教育制度，以「兩岸比較」含混帶過去，非常不專業。

（四）兩岸高等教育國際化的發展如果以指標來評量，目前仍存在那些問題？有何解決之道？（25 分）

【評析】此一問題也如上所述，臺灣與大陸的高等教育不能直接比較，不論是政治體制、教育制度、人口基數、地區差異等等。簡單來說，命題者可以改成：北京大學與臺灣大學，或者是兩岸一流大學在國際化的指標有何差異？那就比較沒有爭議了。

五、101 年（2012）公務人員高等考試一級暨二級考試試

等 別： 二級考試

類 科： 教育行政（兩岸組）

科 目： 兩岸教育制度及政策之比較（著重高等教育）

（一）近年來我國大學學雜費調整一直是爭議的問題，有關的資料顯示，目前就讀於公立大學的學生有較高的比例是來自經濟條件較佳的家庭，只需繳交較低的學費；相對的，私立大學學生之社經背景普遍較差，卻需繳交大約公立大學二倍的學費，試論述如何改善我國這種公私立二倍差距之高等教育學費政策結構性問題？（25 分）

【評析】此一題目與大陸沒有關係，不符合本科目開考的目的。

（二）試比較說明兩岸技職教育制度之特徵及其主要差異。（25 分）

【評析】此一題目因為題目太大，命題者沒有針對高職還是中職分開，以致於考生兩者都要回答。但是兩者的差異性與主管機關等級不同；如針對三校生那又差異更大；就以高等職業教育而言，由各省市審批，很不規範。很好奇命題者期待考生如何回答？

（三）試從中小學和高等教育二方面，闡述兩岸在教育發展上面臨的主要問題。（25 分）

【評析】此一題目看似四平八穩，其實是大而不當。姑且不論臺灣南北的差距所造成的中小學與高等教育面臨的問題差異性有多大，大陸的複雜程度遠超過臺灣千萬倍以上，如果不限定範圍、主題、地點等等條件做比較，其實這個題目是沒有答案的。批改者可以隨心所欲，因為沒有完整的答案。

（四）我國已開放陸生來臺，但目前招收陸生情況不如預期，試分析其原因並提出如何改進之建議。（25 分）

【評析】此一問題乃算是比較有相關，我本人也有很多論述，基本上是四題當中唯一符合開考此一學科目的考題

六、結語

由於所有考題都是歷史紀錄，就像余秋雨在「歷史散文」當中，舉出清朝末年更改考科，主考官出題國際政治「項羽拿破崙論」，有考生回答：「堂堂項羽，拿一個區區破輪何足懼哉？」如今名流千古笑話，命題也不可不慎。

兩岸近六十多年以來的對峙，在 2008 年馬總統正式當選之後，開啟了前所未有的和平時代，大家都應該珍惜此一得來不易的成果。不論是開放大陸學歷採認或是陸生來臺，以及考試院增設「兩岸教育比較」考試科目選取政府公務員，都將會在歷史上留下紀錄。筆者有幸親自見證此一偉大的時代，也期盼善用自己的專業為兩岸和平做出貢獻，「把歷史留下來」，便於未來產生更多的余秋雨，可以評論今天兩岸教育互動所留下來的痕跡，是吾願也。（2013/3/9 修正）

我對國安的隱憂

昨天（2013/3/9）進行大陸所碩士專班面試，來自國防部的考生最多，其次是移民署警官，不過似乎比以前少很多；至於其他部會：陸委會、海基會等與中國大陸工作有關的部會，記憶中完全沒有。口試當下筆者就深感難過，這些考生進入這一些工作如果不具備大陸認識，有基本的條件可以保衛我們國家嗎？

我深深以為，國防的基本認識不是只有飛機大砲等等軍事的事物而已，今日的敵人在哪裡？要在國防部工作，對中國大陸的基本與綜合性認識是最起碼的要求。但是哪一些認識是必要的？除了政治與軍事之外，經濟與文教一樣重要。尤其是馬總統上臺以來，陸生與大陸觀光客的增加速度遠超過我們的預期，大陸配偶更是有增無減，國防部需不需要認識？

很遺憾的是，針對面試的國防部官員我只有一個問題：你對於臺灣首度開放招收陸生了解有多少？請你盡量講。結果是令人非常失望的。這樣的結果使我陷入兩難：因為你的「不知道」所以不具備錄取資格，還是因為你的「不知道」更需要進大陸研究所進修？我的邏輯是偏向後者，因為國防部官員進修不只是影響到個人升遷，而是影響到國家安全。

我真的想說：凡是來自國防部的官員，根本不必考試，每一個人都必須就讀大陸研究所，否則不具備國防的基本認識，對於國安更是威脅。我不知道這是否危言聳聽，但是我真的這樣想；國防部應該與大陸所合作辦理碩士專班，輪流上課。把名額讓給其他部會。

這一些肺腑之言我不會發表在公開的媒體，但是很希望政府高層可以知道這件事的急迫性與重要性。如果國防部的官員絲毫不在意陸生來臺的相關新聞，只關心軍隊的調動與釣魚臺的紛爭，那是絕對不夠的。

把這一些想法告訴您，衷心期盼高層可以重視與改善之。（2013/3/22完成）

臺灣觀察——看不見的兩大危機

很多人以為大陸的新任領導人上臺之後，對於臺灣頻頻喊話，主張要進行政治談判，對臺灣壓力會很大。此一論述從馬總統競選連任一提出就飽受批評，到如今中共國家主席習近平上任，國臺辦發言人在 2013 年 3 月底的例行記者會仍然不鬆口，「楊毅：盼今年辦兩岸和平論壇」（聯合報，2013/3/28，A15 版）預定於 4 月初開幕的「兩岸博鰲論壇」將會如期舉行，類似的兩岸論壇名目眾多，有增無減，國臺辦所要的顯然是官方的正式政治談判。

兩岸的政治接觸始於李登輝總統時代，1996 年第一次總統直選所造成的「飛彈危機」，到今天回想起來很像今天北朝鮮對南韓的軍事喊話，宣稱南北韓已經進入正式戰爭狀態。可是當全世界都很緊張之際，只有南韓非常鎮定，一切正常。1996 年的臺灣就是如此，世界上許多國家擔心兩岸會開戰，只有臺灣人民毫無受到影響。一直到今天，臺灣歷經兩次政黨輪替，總統也換了三屆，兩岸關係改善也已經是史上最好的。樂觀的人說：再壞也壞不下去了，因為兩岸簽署了十八項協議，經貿關係與教育交流有增無減；悲觀的人認為：再好也好不下去了，因為政治談判的阻力太大了。

筆者想要說的是，臺灣當下真正的危機其實是看不見的兩大潛在危機，比起來自中國大陸想要統一中國的明顯企圖，恐怕才是真正的威脅。

首先是「核四爭議」。2013 年 3 月 9 日史上第一次在臺灣有高達 22

萬人站出來參加「非核家園」、「反核大遊行」(參加的團體各有訴求，所以找不到足以代表遊行群眾的人物)。這一件事情可以當成臺灣「理盲濫情」的經典教材，因為筆者相信九成以上反核的人，對核能發電一無所知，就是一份擔心而已。筆者就是其中之一。兩個兒子就讀不同大學，不約而同首次參加群眾遊行運動。我支持我的兒子，因為他們所表達的是他們自己想要的未來。簡單來說：「我反核，是因為我的下一代。」他們都站出來表示不歡迎核四。這時候「懂不懂核四」已經毫不重要了。

馬總統在 2013 年 3 月底接見「媽媽監督聯盟」的代表們，率同行政院長等官員與這一群「媽媽代表」面對面談核四，結果是可以預期的。因為再如何作準備，「天要下雨，娘要嫁人」，類似日本大海嘯的攻擊，沒有英明的領袖可以預期或者是躲得掉。最好的方法就是不要使用核能發電，至於「能源哪裡來？」屬於政府的責任。這一件「核四爭議」還沒有停止。

第二件看不見的大危機是「教育危機」：包括「高等教育嚴重過剩」、「技職教育沒有就業能力」、「十二年國教匆促要上路」等等。這一些教育危機，與核四相比，都是政府自己長期造成的，而不是預期發生大海嘯的發生，已經是臺灣的大災難。

馬總統在 2008 年就任，2010 年 8 月臺灣教育部召開「第八次全國教育會議」，完成「教育報告書」中的「教育發展重大課題」第一項，就是「十二年國民基本教育與學前教育扎根」，在發展策略上更是列為首件要務，積極推動在 2014 年 9 月入學者要全面實施。沒有想到越接近實施日期，來自家長、學生、教師、補習班、學界等等反彈的聲浪有增無減。所謂「免試升學」變成「基測」改成「高中會考」；臺北與基隆地區明星高中還要加考「類 PISA」的考試，以便區隔入學學生的程度。4 月 1 日的報紙又說：高中會考從三個等級改成九個，「不確定性」使家長跳腳。

《論語》有云：「天作孽，猶可違；自作孽，不可活」。還看不到兩岸之間真正一較高下，臺灣內部引燃的炸彈就已經造成人民與政府的嚴重對立。要如何拆解危機，正考驗臺灣執政者的智慧。（2013/4/1）（本文刊登於新加坡《聯合早報》2013/4/8 24 版）

不讓青史盡成灰

臺灣最近看到許多所謂「軍二代」與臺北市的工程弊案「太極雙星」聯在一起，感觸很深。六十多年來兩岸對峙，國共不接觸、不談判與不妥協的歷史時代，提供了臺灣軍事力量壯大的肥沃土壤。許多人說「駐美採購團長」是肥缺，因為每一年向美國購買武器的金額嚇死人，傳聞的故事很多，「將軍」還不夠看，至少要中將以上吧！

兩岸關係漸漸和緩，軍事力量的發展空間一直萎縮，部隊數字也一直下降，甚至於有立委提出「不要買武器」、「不要有軍隊」的想法，雖然都是個人的想法，但是反映出來的是時代的脈動與歷史的無情。每次我到榮總去看醫生，總是看到多不勝數的榮民老伯伯們，少說都是八十歲起跳，一生戎馬，圖的是什麼下場？而他們都只是低階軍人而已。

自從看過王偉忠與賴聲川的作品《寶島一村》之後，讓我對「外省人」的認知內涵有了很大的修正。李敖在《大江大海騙了你》一書之中，就特別指出龍應台《大江大海 1949》一書之中沒有提到陳師孟教授一家人經典的案例，實在是一大缺失。臺聯黨前副祕書長劉一德更是在本所上課的時候指出，他本身就是外省人，但是絕對不是權貴外省人，而是受苦的外省人。

反過來說，有一位郭冠英先生（筆者不認識）自稱是「高級外省人」，用以區隔一般普通外省人，真的使筆者長見識了。記得看過一部電影描述二戰期間逃離德國的猶太人之中，那一些驍勇善戰的猶太人在爭議是否要保護那一群權貴、平時作威作福、看不起自己人的猶太人？這一些史實令我茫然。如何斷春秋？莫讓青史盡成灰，留給後人作教材吧！

兩岸關係從 2008 年馬總統上臺之後，許多軍人產生「認同混淆」的現象，「已經沒有敵人」、「國軍、共軍都是中國軍」的想法，代表了一部分高階將領的想法；但還是有不少不同意此一想法的將領，至於原因是什麼？可能每一個人都不一樣。也許「偽善」、「矯情」，也許「忠黨、愛國」，更也許只是服從命令，槍口沒有自主權，或是很多其他的可能原因。

筆者無意去觸碰過去六十多年以來國共兩黨之間的「國仇家恨」、「誰是誰非」，任何存有這一種想法的人肯定很累又很慘。但是筆者很希望類似白先勇撰述《父親與民國》的故事能夠多一些，如果時間一直過去，恐怕就來不及了。

總覺得人生在世一場，父親要能夠讓子女引以為榮，校長要能夠讓師生引以為榮，老師要能讓學生引以為榮，這就夠了。但是那是從長者的角度而言；反之，如果從晚輩的角度來看，子女要能夠把父親的偉大事蹟記錄下來，傳之後世，那才是孝道的實踐。奉養口腹，固屬應該，但是層次不足與此相提並論。

臺灣有許多黨國大老，高官厚爵，上將、總司令等等過去六十年的歷史軌跡，但是如果沒有人作傳，到最後仍然是「一江春水向東流」，「船過水無痕」。筆者深深感到其子孫的不孝，莫此為甚。

今年春節上片的美國《林肯》片中，扮演林肯總統二兒子為了能夠親上戰場，不願意被視為特權、畏死，當面對林肯總統說：「我無法像你一樣偉大，但是我要當一個有用的人。」那股豪情壯志真可謂驚天地而泣鬼神，令筆者難忘：既投射在父親身上的痛，也投射在子女身上的痛。把歷史留下來是我們唯一能做的事情。

在馬總統過去共近五年的任期中間，緊張的兩岸關係不再，取而代之的是更多陰暗面浮出水面。包括各種層級的貪腐，都是官二代與富二代在勾結；如今再加上軍二代，也建構出完整的軍系關係網路，整批移轉到臺北市捷運局，對公共工程像蜘蛛網一樣，逃不出其手掌心。除了難過，剩下的還是難過。

筆者衷心期盼兩岸關係改善的受益者，能夠珍惜歷史的福報，不再有戰爭，但是也不要有貪婪，假藉兩岸故舊與權貴攀迎，從中牟取私利，毀傷先人名節，損失不只是牢獄之災，而是歷史了。（2013/4/4 清明節）（提供給新加坡《聯合早報》）

我有一個夢

三十多年以前，師大張文益學長撰寫一篇「教育部長考」，從中華民國歷任教育部長生涯與事蹟做整理，剛好到當時朱匯森部長為止。這一篇文章榮獲當時教育部青年研究著作獎佳作，筆者當年也獲獎，所以印象深刻 。

中國大陸發展經常是以 1978 年以後「改革開放」作為分水嶺，尤其是到了 1992 年鄧小平南巡講話之後，確立了「有中國特色的社會主義者市場經濟」發展方向，大陸開始啟動教育方面的改革。但是談到臺灣，除非從解除戒嚴作為分水嶺，否則很難檢視臺灣在教育方面的成效與改革。

如果從解除戒嚴開始算起，民國 76 年至今也將近三十年，歷任李登輝、陳水扁、馬英九三任總統，教育部長更是多不勝數。臺灣今天各級教育的一筆爛帳，「冰凍三尺，非一日之寒」，臺灣走向更自由與民主化，教育卻退步與空洞化。這一筆帳要算在哪一任教育部長身上？

每一次看到歷任教育部長聚會都是大拜拜，毫無建設性。所謂「前事不忘，後事之師」。我有一個夢，既然「國家發展委員會」剛成立，就從教育工作的檢討做起。請這三任總統任內的每一位教育部長出席研討會，報告自己擔任部長期間的政績以及失敗的地方，造成失敗的原因是什麼？如果政府有膽識舉辦這一場研討會，歷任教育部長也都不逃避（例如以退休為藉口），深信這將會是臺灣史上首次歷任部會首長檢討會議，意義非常重大。

許多人當上教育部長是「上臺無張池（臺語，意料之外的意思），下臺無相辭（臺語，心不甘願以致沒有善言）」。既然意外當上部長（就算是預料之中當上部長），我們所看到的都是沒有準備好如何應對當前臺灣的教育問題，都只是一心念茲在茲「總統要我做什麼」優先處理。今天十二年國教也好，兩岸教育交流問題以及高等教育嚴重問題，都不是一日造成的。歷任部長做了很多人才計畫報告「作文比賽」與「開會比賽」，為何問題會越來越嚴重？那一些結論都是國之大老所提出的建言啊！

筆者知道這只是一個夢，要歷任教育部長出面為自己的當年政績辯護，從今天的教育現況來看，無異是自打嘴巴，不會有人願意參加。更何況民怨高漲，吹噓自己的政績反而引發爭議，得不償失。但是既然成立「國家發展委員會」，我們真的希望能夠做一些人民關切的事。相信國內有許多諤諤之士，不是邀請過去經常「作文比賽」的大老們，如果願意出來講話，國家才有希望。（2014/2/2）

富貴何時起變成原罪？

有一位電視名主持人有次說載她的小孩經過仁愛路林蔭大道，兩側警衛森嚴，道路寬敞。兒子問：「這裡都是誰在住的？」，那位主持人說：「那裏都不是人在住的。」這一段話深刻記憶在我腦海裡。一般人怎麼住得起如帝寶等豪宅？下輩子也不可能。所以我覺得那位主持人的回答很有智慧。

教育社會學一再教導我們，接受高等教育就是為了向上社會流動。可是一旦流動到了雲端帝寶，還需要努力嗎？要什麼有什麼，這是多少臺灣當今社會問題的根源：貧富差距急速擴大，平平是人，出生選錯家庭就相去不只千里。「愛拼才會贏」成為我們欺騙小孩的口號，因為二十年以來他們一直拼讀書，大學低薪不說，博士也失業。仰望雲端帝寶豪宅，那已經不再是青年人嚮往的目標，而是青年人看不起的地方。出門必須低調，深怕有人跟蹤；小孩必須保護，深怕有人綁架。

很巧的是今年臺北市長選舉，確有一位要從雲端帝寶豪宅飛到平民區競選臺北市長。他的巧辯是：沒有人有選擇父母的權力。他的富貴也是迫於無奈，被大家側目以待，對他很不公平。聽來似乎很有道理，可是我深信多數人不會接受。因為很簡單，如果給我相同的條件，我可以為國家與社會做多少事了，怎麼完全生活在自家圈子內，突然跳出來要選臺北市長？原來富貴有此特權？一起步就是天子的預備位置，你有什麼能力與政見給大家看？現在的十二年國教，你有辦法解決嗎？

自古以來，富貴一直是眾人追求的目標；可是今日看來，富貴竟然成為包袱；或者我應該深入分析：因為他的富貴使他失去了許多成長的歷練與機會。看看當下各縣市首長與官員，有多少是權貴二代？在大陸這是沒有辦法的事，可是在臺灣我們可以容忍這樣的事情越來越嚴重嗎？臺灣的青年明天在哪裡？（2014/7/3）

強力推薦黃光國教授擔任教育部長

最近由於教育部長蔣偉寧下臺，出現了幾個奇怪的現象。首先是「當初是誰推薦蔣偉寧的？」沒有人敢承認，至今仍是一個謎。其次是被點名接任的人幾乎都是大學校長，被媒體形容是「跳火坑」，誰接誰倒楣。第三個是導致蔣偉寧下臺的原因，表面上是論文格式出問題，但是更多人認為他早該因為十二年國教負責而下臺。曾幾何時教育部長一職被如此貶低？

我曾經聽過李敖接受訪問時提到，內閣部會中他最想擔任教育部長。我當時印象非常深刻。那是一個文人最高的理想，把自己的理念推廣到全國。近二十年以來似乎看不到這種教育部長了。如果由政黨內部推薦，肯定不容易出現適合的教育部長。我幾經思索，未徵詢黃教授同意，想要強力推薦黃教授擔任我國的教育部長，造福人民。

首先黃教授的學經歷不必美言，他不但是國家講座教授，而且長期擔任國策顧問，對於行政官僚瞭若指掌。尤其是他長期數十年以上對於臺灣各級教育的關心與建言，非常珍貴，可惜不受重視。比方說他對於國家教育研究院很有意見，既不研究高等教育，有關十二年國教的研究也很貧乏，可以說沒有準備好就要上路。

黃教授的學者性格不分藍綠，從民進黨執政出版有關批判教育的專書到國民黨執政，他的關注從來沒有中斷也沒有客氣。一位像這樣德高望重又熱情旺盛的心理學教授，我認為他的關注早就成為他擔任教育部長的基本條件，不是等到接任之後才要學習。黃教授就任馬上就可以端出政策，從高等教育、技職教育、國民教育、幼托教育、兩岸教育、國際教育等等領域，他一定可以駕輕就熟，勝任愉快。

我對黃教授有無比的信心是因為相對於過去的教育部長，完全唯唯諾諾，缺乏主見與論述能力。現在要接任教育部長的人必須不畏強權、勇於任事，而且沒有後顧之憂，才能夠處理高等教育的「死結」。如何不怕得罪人，三到五年之內將國立大學減半，我對黃教授寄望很深。

雖然黃教授年近七十，但是當年接任的鄭瑞城就是七十才開始。哪怕只有一、兩年的機會，都可以樹立典範。更何況當年孫中山擔任臨時大總統只有一個多月，就交給袁世凱，至今有誰記得？

為了臺灣的未來，馬政府一定不可以再重蹈覆轍，要接受「意見很多」的黃教授出任教育部長，那是國家之福。（2014/7/19）（本文刊登於《聯合報》2014/7/20 A14 版）（標題被修改，內容略減）

教長一職不能是政治酬庸

臺灣的教育部長蔣偉寧最近因為學術醜聞而下臺，至今沒有補實。長期以來臺灣的內閣官員都是由總統任命的，但是臺灣的政治制度既不像美國的「總統制」－總統必須到國會報告備詢；也不像日本「內閣制」－天皇是虛位元首，首相任命眾議會議員擔任內閣大臣。日本的不同部會大臣不是以專業為導向，所以事務官的能力很強，部長多是政治酬庸，制度使然。

臺灣的內閣部會四不像，說是專業取向，完全不能接受。蔣偉寧部長是土木工程博士，被聘請來推動十二年國教，初步結果被罵翻了，但是他很用功努力學習，我是相信的。反之，內閣部會首長被拿來當成是政治酬庸比比皆是。據傳現任嘉義市長黃敏惠年底卸任就準備接教育部長，理由是「她是師大畢業的」。天哪，就這麼簡單的條件？現在的政府有多少是專業取向？有多少部會必須避免政黨政治影響？例如司法部、教育部都應該保持專業至上，行政中立。這個道理不難理解，但是執政者失去主導權當然心有不甘。

在臺灣從來就沒有人對政府建議教育部長人選，因為這是執政者的權力。但是權力的傲慢所引發的後遺症，在政治、經濟、文化、教育甚至兩岸關係上，都已經慢慢浮現。今年 3 月所發生的「太陽花學運」聚集了 50 萬青年走上凱達格蘭大道向執政者展現實力，就是明證。一股青 年人自主的力量隱然成形，不分藍綠，只問是非，而且是打破傳統規範的行動，幾乎沒有任何政黨敢忽視。

換一種說法，臺灣的青年人對於今天政府的無能與被動已經感到忍無可忍，這一股力量不是任何政黨可以動員的。傳統的由上而下的決策如果不合民意，可能引發的反彈可以想見。

這一次教育部長蔣偉寧突然下臺，媒體除了點名可能接替的 3 位大學校長之外，筆者特地在臺北《聯合報》撰文（2014/7/20）推薦臺大心理系黃光國教授也是擔任教育部長很適合的人選。沒有想到拙作見報之後，反應十分熱烈，使筆者深思其中的道理。

首先是長期以來各部會首長任命都是由上面決定，酬庸性質居多，很多不適任者，人民都心知肚明。筆者認為教育部長幾任長期以來誤國太多，不容再如此下去由執政者亂搞，所以挺身而出推薦人才為國造福。我雖然不知道執政者是否重視，但是最起碼我開啟了一個「推薦教育部長」的先例，這一件事情在歷史上會留下紀錄。

其次，是我所推薦的人才成為人民檢視未來執政者發表新任教育部長的重要指標。如果執政者膽敢任用政治酬庸者擔任教育部長，各方面條件遠不如我所推薦的黃光國教授，人民的眼睛是雪亮的，在民主國家選舉制度是很殘酷的，違反民意就要付出代價。

再其次是自從拙作見報之後，從南到北的反應熱烈，甚至於還有人向我舉薦其他優秀的教育部長人選。過去這一個議題從來就不會成立，如今因為我的推薦，使得大家重視起來，這是一件好事。因為臺灣的教育政策已經造成嚴重的教育泥淖，使政府深陷其中。不管高等教育、十二年國教、技職教育、師範教育、兩岸教育交流等等方面，使得媒體以「跳火坑」來形容未來接任教育部長的處境。

臺灣的教育問題很多，從來沒有人勇於推薦教育部長人選，我認為在華人世界這是一個指標，民主的指標。期盼這一件事情能夠在歷史上留下紀錄。（2014/7/23）（本文刊登於新加坡《聯合早報》2014/7/31 言論版）

註：本文發表時，臺灣已經發布由原來政大校長吳思華接任。

貧富差距是臺灣最大的致命傷

臺北市今年的兩位市長候選人連勝文與柯文哲，前者是三代為官，財富不知多少；後者身為醫師，而且是當年「二二八」事件受難者家庭。記憶之中當年受難者多數是精英，從柯醫師家庭背景與職業來看，在臺灣大學當醫生如果不算權貴組，那麼庶民更是沒有容身之處。我想強調的是今日臺灣的悲哀，那就是「財富」與「權貴」是一體的兩面，而且互為因果。不論哪一位當選市長，都是屬於人生勝利組，而且這樣的事實會不斷世襲，庶民沒有翻身之日。

三十幾年以前在臺灣師大教育系就學之際，高等教育被視為向上社會流動的重要管道。一個開放的社會必定是管道暢通的，努力的人向上，不努力的人就向下流動，所以有「富不過三代」的俗諺。孫中山的民生主義主張要節制私人資本，發達國家資本；還有平均地權的主張「自訂地價、照價徵稅、照價收買、漲價歸公」，完全束之高閣，只供作祭拜之用（政府施政與憲法背道而馳）。無一不是今天臺灣社會貧富差距持續惡化的根本性原因。

我們這一代小學是蔣中正當總統的時候，白色恐怖與威權備受史學家抨擊，似乎很少人提到當年也有的正面影響。最起碼陳水扁可以三級貧民當上總統，就是臺灣政治發展與高等教育密切結合的重要證據。如果陳水扁出生在今日臺灣，恐怕當上總統只是一場夢。換句話說，當權貴與財富集中在少數黨政高官身上，貪污與腐敗自不必多說，但是一旦開始有社會流動，社會就會進步。功績主義取代世襲思想，不努力的人自然坐吃山空，很容易被取代，貧富差距不會擴大到如此嚴重。

歷史發展告訴我們，在臺灣長期執政的中國國民黨背棄孫中山上述節制私人資本論與土地國有化的基本論述之後，大資本家與大企業家宛如洪水猛獸席捲整個臺灣的方方面面。政治上的官商勾結自不在話下，貧者越貧、富者越富的發展趨勢勢不可擋；不論是產業界、學術界、政府官員識時務者無不富貴高升，反之就注定落寞。這幾年臺灣災難特別多，賄賂用現金已經是人盡皆知，食品安全、工業安全、環境保護、甚至於是各級教育政策的嚴重後遺症，不去想它就都沒事。「出事再說」是所有政府官員的氛圍。

知名社會學者華勒斯坦在他的《世界體系理論》鉅著之中就曾經提到，中美洲許多國家以打破社會貧富差距為藉口搞革命，許多平民百姓嚮往公平正義的社會而大力支持。等到有一天革命成功了，當他們擁有政權之後，也開始走向資本主義，獨裁並且鞏固私人財產，依然不顧庶民生活。這一個事實在臺灣 2000 年第一次政黨輪替之後的歷史獲得了證實。當年靠著攻擊國民黨壟斷臺灣資源與財富起家的民進黨，真正當家之後，人民才發現原來他們還是在搞「權與錢」，是另外一個國民黨而已。

任何資本主義國家發展過程中，很難避免財富集中、貧富差距擴大的嚴重後果。這可以解釋為什麼許多先進民主國家的政治生態，發展十分近似，臺灣的三民主義只不過是說說罷了，否則怎麼會出現大財團？簡直像毒蛇猛獸一般的財富，是如何累積的？

現在臺灣各大學正陸續開學，每當我知道學生家境困難而休學，這一個學期又有一個學生不租房子搬回宜蘭，每週通車到淡水來上課（當天來回超過四小時）；另外還有一個學生很少上課，我找他來才知道他的家庭每個月只供應臺幣 4000 元，只夠一個小房間的租金，於是他必須打工賺錢生活，大夜班錢比較多，所以他都利用大夜班工作，但是早上睡覺無法上課。這一類的故事我看不完也說不完，因為就算他們如此辛苦完成課業，將來畢業之後就業也是一大難題。

總之，從當今臺北市兩位市長候選人都是「人生勝利組」來看，再回想到那麼多年輕人無法面對的茫然：就業難、買不起房子、不敢結婚等等現實的問題，臺灣有三民主義不應該與其他亞洲國家一樣吧！（2014/9/13）（本文刊登於新加坡《聯合早報》2014/9/16 17 版）

看不懂的高教政策

據報載，高教 105 大限將會導致大學剩下百所，上萬教師失業。教育部長表示要勇敢掀開壓力鍋，把大學倒閉導致的教授失業，變成「高級人力重新分配」的轉機（簡直像唱歌一樣）。看到這一則報導，第一反應是：怎麼來得及？現在是 103 學年度，等到 105 學年度大學要減少至少 50 所以上，試問哪一些大學要退場？如何退？什麼方式都沒有看到，到時候如何檢驗成果？令我百思不得其解。

中國大陸 1949 年建政以後，1951-1953 年積極進行大學院系大調整，「向蘇聯一面倒」，例如：綜合大學改為單科大學，增加「中專」學制，科研機構招收研究生（那時候沒有學位制度）等等。不論教育史上如何評價中國大陸的院系大調整，最起碼他們是有理想的向蘇聯學習，有方向感，大家有中央集權的領導，不會有雜音。這種做法當年是多麼不容易，例如清華歷史系併入北大，今天的清華歷史系早已非國民黨執政時期的傳承。

想到這裡，再仔細閱讀臺灣有限的新聞報導，看不到兩年減少 50 所大學的標準與方法，這是我們的高等教育政策嗎？莫非教育部要採「自然療法」，由市場決定大學生死？招不到學生就申請退場，教育部等著收割廝殺之後戰場殘存的大學，什麼都不必做，八仙過海、各顯神通，到時候再整隊、併校，討價還價？這裡面殘存有多少問題，明眼人一看就知道，到時候的「亂」，比起今年的「十二年國教」恐怕有過之而無不及。

馬凱教授的「教育亡國論」我是百分之百同意。為什麼角色互換，天地差那麼遠？我們多年以來一再呼籲大學過剩宛如土石流到來，十二年國教準備不足要暫緩，可是馬總統堅持這一些都是他的政績，同樣姓馬，為什麼馬凱與總統看法南轅北轍？官員與民間諤諤之士宛如權貴與庶民一般沒有交集？

我不知道各大學知道教育部的政策會不會雞飛狗跳，但是肯定是人心惶惶，不論是教授還是研究生，哪裡還有心工作與研究？與產業界結合更是天方夜譚，不食人間煙火。哪一些大學被裁撤？公私立各多少？如果不在 104 學年確定，105 學年要如何招生？教育部此一「天馬行空」的高等教育政策，恐怕會是另外一個十二年國教的翻版。（2014/11/3）

參考書目

中國教育報（2011）。民辦高校生源競爭越演越烈。北京「中國教育報」，2011 年 7 月 10 日，二版。

中國教育報（2011）。教授收入差距該這麼大嗎？北京「中國教育報」，2011 年 11 月 6 日，二版。

王亮（2011）。高中生「出國熱」該降溫了。北京「中國教育報」，2011 年 4 月 23 日，第一版。

朱振岳等（2012）。大學生家長如何實現「心理斷奶」。北京「中國教育報」，2012 年 12 月 17 日，第二版。

李小偉（2012）。校園禁菸令豈能成擺設。北京「中國教育報」，2012 年 1 月 4 日，第二版。

林其天（2012）。高職註冊入學突破口在哪裡。北京「中國教育報」，2012 年 4 月 9 日，第七版。

姜乃強（2011）。高考人數連續三年下滑，高校面對生源減少挑戰。北京「中國教育報」，2012 年 6 月 9 日，第一版。

紀寶成（2010）。功利主義讓大學喧囂和浮躁。北京「中國教育報」，2012 年 12 月 6 日，第二版。

范正祥（2012）。印尼留臺學生明年可望倍增。「聯合報」，2012 年 12 月 27 日，A15 版。

唐景莉（2011）。高等教育如何應對生源下降。北京「中國教育報」，2011 年 9 月 7 日，第一版。

郝柏村（2012）。郝柏村：正視中學史地課本。「聯合報」，2012 年 2 月 21 日，A7 版。

張春銘（2011）。「升碩」沖破民辦校「天花板」。北京「中國教育報」，2011 年 11 月 3 日，第三版。

張春銘（2011a）。民辦校碩士怎麼保證含金量？——五所民辦高校負責人回應「升碩」質疑。北京「中國教育報」，2011 年 11 月 3 日，第三版。

張興華（2011）。生源危機：狼真的來了。北京「中國教育報」，2011 年 9 月 21 日，第五版。

教育部（2011）。2010 年全國教育事業發展統計公報。北京「中國教育報」，2011 年 7 月 6 日。

陳寶泉（2011）。「考研學堂」折射高校辦學錯位。北京「中國教育報」，2011 年 12 月 28 日，第一版。

程墨（2010）。大學生棄學折射多樣化人生選擇。北京「中國教育報」，2010 年 11 月 23 日，第二版。

辜寬敏（2011）。尊嚴之國、自由之土、勇氣之民——臺灣和中華民國的真實與虛妄。「聯合報」，2011 年 10 月 13 日，A3 版。

黃偉（2011）。高招這面鏡子折射出了什麼。北京「中國教育報」，2011 年 9 月 7 日，第五版。

新加坡海峽報（2008）。李光耀講話。新加坡評論，2008 年 4 月 10 日。

新華社（2011）。生源大幅減少 高校如何應對？北京「中國教育報」，2011 年 8 月 28 日，第二版。

楊桂青（2012）。留學天平傾向何方。北京「中國教育報」，2012 年 3 月 16 日，第八版。

楊湘鈞（2012）。臺蒙關係大突破 免簽待遇有望。「聯合報」，2012 年 12 月 31 日，A18 版。

萬玉鳳（2012）。2012 年全國碩士研究生招生考試開考。北京「中國教育報」，2012 年 1 月 8 日，第一版。

萬玉鳳（2012a）。2012 留學：打造國際競爭力成關注焦點。北京「中國教育報」，2012 年 1 月 11 日，第五版。

董少校（2011）。中職高就業率如何成就高吸引力。北京「中國教育報」，2012 年 4 月 29 日，第二版。

詹偉雄（2011）。沒「建國百年」論述，遺憾！「聯合報」，2011 年 11 月 29 日，A4 版。

熊丙奇（2011）。學歷「查三代」有何道理。北京「中國教育報」，2011 年 4 月 1 日，第一版。

翟帆（2011）。在首屆全國高校報關技能大賽上，超過半數參賽學生沒見過海關報關單——高職報關專業校企如何接軌。北京「中國教育報」，2011 年 8 月 1 日，第二版。

劉堯（2011）。大學生就業難考問「幹嗎上大學？」。北京「中國教育報」，2011 年 4 月 20 日，第八版。

劉磊（2011）。大學生心理健康教育的喜與憂。北京「中國教育報」，2011 年 9 月 4 日，第三版。

潘懋元（2012）。民辦高教發展需要有更多的路徑。北京「中國教育報」，2012 年 1 月 9 日，第五版。

賴錦宏（2012）。兩岸經貿文化論壇，我盼先擬共識，陸促和平談判。「聯合報」，2012 年 7 月 30 日，A13 版。

龍超凡等（2012）。多元錄取：高職招生改革風生水起。北京：「中國教育報」，2012 年 3 月 10 日，第三版。

儲召生（2011）。與世界一流差距最大的是教師隊伍。北京：「中國教育報」，2011 年 1 月 6 日，第三版。

專題五

校園教學隨筆

莎士比亞《暴風雨》劇作觀後心得

莎士比亞是英國最經典的劇作傳奇，臺灣的學者可能都有聽過，可是勇於評論可能是「向天借膽」，會招惹更多的嘲諷。但是今天看了他晚年的作品《暴風雨》電影之後，實在是有話要說，於是忍不住「向天借膽」，談一談自己的心得。

首先要表達筆者的讚嘆，因為這部創作於1610年前後的晚年作品，距離現在已經超過四百年，對筆者產生許多啟發，甚至於讓人感覺到文字的巧妙，即使是中文翻譯，每一個字都認識，但是他卻能夠如此的運用與結合，來表達人類的種種天性。特別是在表達「愛情」的內心世界，其文字運用的美，令人佩服。

法國強調自然主義思想的盧梭，是在莎士比亞去世（1616）一百年左右才出生（1712），但是此一創作使筆者聯想到《愛彌兒》的學說，因為該劇中女巫的女兒，完全在孤島上長大，首次見到那麼多穿著體面的人到來的驚訝，其所嘗試要襯托出尊貴的表象背後的虛偽，在在令我驚嘆。盧梭應該有看過此劇才是。

莎士比亞當年的創作應該是難免為了迎合王公貴族的品味，也必須呼應基督教的基本信仰，「女巫」之說在西方世界屢見不鮮，當今《哈利波特》的瘋狂，是否也印證了英國甚至於歐美國家對於魔法世界的深信不疑？這似乎與東方文化有很大的不同。因為西方世界對於上帝的尊崇，與東方混淆的神鬼傳說顯然源起迥異。

該劇基本上也是在刻劃人性，而且以虛構的歷史人物來詮釋，包括：復仇、貪婪、恐懼、拍馬屁、拿回屬於自己的權位、嫁給王子、美麗善良的女兒、寬恕戰勝仇恨等等，最後以圓滿收場。重要的是這一些人性的描述都歷久彌新，甚至於可以與中國西漢司馬遷的《史記》，或者是俄國托爾斯泰《戰爭與和平》書中的人物相比較，那是一種貫穿東西、超越千年的共鳴。原來人類只不過是換了時空與服裝而已，基本的「人文物理」相近似是沒有界線的。

當看到加拿大中學教科書用多達四頁將《紅樓夢》翻譯成英文“Dream of Red Chamber”，尤其是將李白的詩「床前明月光，疑是地上霜，舉頭望明月，低頭思故鄉」放在教科書裡，在在都曾經令筆者質疑歐美國家的讀者要如何透過翻譯認識中國文字的美？可是當看完莎士比亞的《暴風雨》以中文翻譯，卻又感到激情與衝動，迫不及待要寫下來；不盡理解自是當然，卻也受益良多。這其中的矛盾有許多可以思考之處。

總之，莎士比亞的創作《暴風雨》令筆者感到非常非常佩服。最近知道由俄國戲劇表演團體與英國導演合作，將在二月底到高雄的至德堂演出該劇，非常高興。非常樂見有更多的世界經典藝術作品到臺灣來展演，而且希望有更多閱聽大眾與市井小民勇於分享心得，不限於「大師級」的觀點，才能夠讓多元文化深入臺灣民間。（2012/2/19）

掛念老友

自從知道遠在國外你的病情之後，我就非常擔心，但是我們沒有放棄的權力，妻小都還需要我們的關懷與照顧。我一直告訴你，我們要相互鼓勵與打氣，這樣的想法至今沒有改變。我希望你知道我真正知道你的病情之後，不會喪氣與擔憂－雖然我覺得不可能；你一直表現得很好，很有元氣、很爽朗的電話聲音，以致於沒有人相信真正的情況。

我想說的是：沒有人知道明天會如何，每一個人都應該珍惜今天。每一個人的人生觀都不一樣，最近看太多歐洲歷史的電影了，不論是天主教的教宗生平，或是土耳其伊斯坦堡每年的失蹤人口問題與焦慮的母親，甚至於更早的古羅馬戰爭或是二次大戰的相關電影，都令我覺得，活在歐洲是一件很沉重的事，每一道城牆都有說不完的歷史。我去過六次的巴黎協和廣場，不知道有多少生命在那裡結束；去過廣島兩次，每次都下雨，每次也都令我想起二戰的原子彈爆炸，20 萬人同時喪生的慘劇。

「要如何看待生命？」我想打電話給你卻又猶豫，這好像是我們內心想談卻又說不出口的話題。「賽德克巴萊」把死亡美化－「彩虹橋」另一端，是我印象深刻的事。有時候覺得戰爭不只是減少人口的好方法，也是提供許多生命茫然的人一個最好的出路。看到那一些軍隊士兵拼命往前衝的時候，所謂「置死生於度外」就在戰場之上；「視死如歸」是另外一種生命觀，比起許多「鰥寡孤獨廢疾者」的「老弱傷殘」，顯然幸福多了。

「什麼是幸福？」長壽與善終不能相比吧？俗話以「福祿壽喜」來祝福他人，真正受惠的都不是這四項，而是要「破四相」—「我相、人相、眾生相、壽者相」；夫人告訴我，你已經有心理準備，那是一種多大的福報。「放下」是需要多大的勇氣與大智慧，一般人是做不到的。我們四周圍繞著「名聞利養」；資質愚劣如我者，「貢高、我慢」、「目中無人」的習氣，更是無法向你學習你的修養與道德。我常常自我反省，許多「善知識」都是我的貴人。

身邊有許多貴人，他們的故事都在在告訴我要堅強，沒有一個人是童話裡的王子或是公主，「生命力」是我最欽佩的表現，沒有藍綠。我們應該如何面對未來的每一天？我們似乎沒有選擇，只有堅強，並且珍惜當下，讓生命精彩比長久可能是比較務實的期待。至於那一些跳樑小丑的故事就不必去理會，得志小人也會有摔跤的時刻，權貴更是高不可攀，似「神」而不是「凡人」。

我們該慶幸只是凡人吧！（2012/4/2）

就放下吧！

大清早見報知道張美瑤走了，正當我在考慮究竟是要回到張美瑤的記憶裡，還是關心早上看到大幅廣告「民主是兩岸最大公約數」的評論，甚至於不放心週末的研討會與會的學者專家，會不會跑錯會場，以為是在淡水校區？真的是憂國憂民，還是放下吧，我對自己說。

就讓他們去吧（Let it be）！跑錯會場也就認了；至於「民主是不是兩岸最大公約數」，想想也都是口水之爭，同意與不同意都會有，有自信就好。

張美瑤才 71 歲就過世，她的美幾乎是沒有瑕疵，外表的美、內心的美、善良的美、容忍的美、體貼的美，美的太多使我回憶不完，即使走了，她的各種美的典範，任何名牌服飾或珠寶出現在張美瑤面前會完全黯然失色。張美瑤的美是無價的－在我的眼裡，是那麼雋永與耐人尋味。

看到這個世界上，各種名聞利養的追逐，余秋雨始終不愁「所謂小人」沒有續集可以寫，兩岸都是如此。醜陋的官場鬥爭與官位的利益交換，似乎永遠是劇作家最簡單的體裁。「不當官」會很難過嗎？看來只有當過官被拔掉的人才知道。極少有部會首長下臺之後令人懷念。

喜歡作夢是因為夢中都是不合邏輯的組合，每每都要回憶半天也湊不齊全。我想那是因為白天的生活太「偽善」了，「假得太多了」，夢裡自然就沒有這一些人造的條條框框，像雲一樣，像鳥一樣，我希望像老鷹一樣。

就放下吧！管他兩岸關係如何、官員如何、招收陸生結果如何、利益輸送又如何？知道又如何、不知道又如何？一百年前是如何、一百年後又如何？

不只是進南投的中臺禪寺入口處才知道要放下，一旦進了醫院，自然就全部都放下了。看來，佛教的布袋和尚還比不上醫院大門的影響力來得大！

就放下吧！（2012/4/12）

爲什麼我要推薦《豐臣公主》

這個學期在我的「文化全球化」課程上，我特別推薦由日本堤真一等演員主演的《豐臣公主》，這是以日本大阪城為背景所建構的一個歷史故事，描述在 1615 年德川家康攻入大阪城打敗豐臣秀吉之際，唯一留下來的後代，是一個女孩子，只有大阪城的居民知道這個秘密，而且他們用這個血脈建立一個屬於自己的國家，與日本國達成秘密協議，始終沒有外人知道。

這個故事是我認為用來詮釋當今社會學術思想主流「後現代主義」最好的典範之一。薩伊德所著的《東方主義》在約三十五年以前出版，就是要告訴世人，所有一切「眼耳鼻舌身意、色聲香味觸法」都是人類建構的，不是原生的，因此所形成的價值觀念與思想、信仰等等，其實都是被動接受既定的支配者的意識形態而不自知，但是卻被內化成為各地「文化」的一部分。

這種建構的事實必須藉由國際比較更容易凸顯出來。薩伊德在 2003 年新版的《東方主義》序言之中，特別提到當時正是美國布希總統攻打伊拉克時，他們建構一個攻打的理由－伊拉克藏有毀滅性武器，加上許多來自中東阿拉伯國家的學者，完全以美國的價值觀念去看待「落後的阿拉伯」，而不是從「阿拉伯人的阿拉伯」出發，幫助美國建構攻打伊拉克的理由。

在我們的日常生活裡，幾乎所有的「制度」或「價值觀念」都是被建構的，我們早已經習而不察，甚至於用來作為生命延續的力量，印度的「種姓制度」、大陸廣西「摩梭族」的「走婚」、英國使用教堂當成婚禮與埋葬聖賢的地方，還有日本寺廟與神社意義的區隔等等，都是「思想建構」的最經典例子。

臺灣社會「恥感」與「罪感」的建構與內化，比起教育制度、婚姻制度更令人感到無比的恐怖與無奈。上週末一位建國中學高三畢業生在深夜時分，在住家十九樓跳樓自殺，因為他要為自己的行為「負責」：他不應該造成同樣就讀高三的女友懷孕。他承受不了自己所「感受到」（完全是自己的想像）的「恥感」與「罪感」，當然也就失去生存的勇氣。

試想在當今許多國家十八歲男女就已經婚嫁的很多，甚或中國歷史上舉不勝舉。不論是如何解釋他們的事情，不但沒有受到祝福反而以悲劇收場，這讓我想到大甲某立委的一個兒子，也是高中時候結婚，非常風光，當時臺灣的社會也是議論紛紛。總之，這個優秀的建中學生是被「建構的想像」逼得活不下去而輕生。

我們的社會還有多少這種例子？即使是在大學裡許多制度都是「建構的」，包括畢業規定、教師升等、系所評鑑等等，哪一件是「應該」如此的？我們必須先建構「應該」的理論，再去執行我們的種種規定。總之，《豐臣公主》給了我們一個很好的啟發：這個世界不一定如我們所感知的現象，任何存在可以有自己的理由。我向所有學生推薦這部電影，但願他們從中有所領悟，找到可以體現自己生命的力量，而不是「有魂無體」成績優秀的學生而已。（2012/5/29）

今年的 6 月很繽紛

從 5 月底開始，很多重要的事情就接踵而來；首先上場的是我的例行追蹤，第二年第二次各種檢查：5 月 30 日全身骨頭掃描，6 月 5 日電腦斷層，6 月 9 日是核磁共振，到 6 月 19 日才回榮總看總報告；可以想見我的焦慮又開始了，不到醫生最後判定出來，都還是忐忑不安。

6 月的繽紛其實是展現在校園裡的鳳凰花開，就連落花滿地都還是很美、很美，美得令人不忍踏在上面，更不必說那滿滿樹上盛開的鳳凰花，為 6 月畢業季節增添不少離愁。離開校園似乎就不容易看到株株相連的、紅花綠葉相互輝映的美，那種令人不捨的美。

今年的 6 月 10 日我將要正式發表一年來努力的新書—《大陸學生臺灣夢》。這一本承載太多期待與解讀兩岸高等教育交流的歷史紀錄，收錄了 55 位大陸到臺灣求學的學生親自撰寫的故事，有很多人想知道這一代大陸青年在想些什麼。55 個人的力量聚集在一起才展現得出來的「繽紛」，帶給我無比的榮幸與驕傲。

6 月的繽紛還有是臺視記者的「插花」，從 5 月底開始就與我聯繫協助她們進行一項專題，她的企畫使我心動：「臺商子女教育的『臺灣根』」，她要拍攝五集，雞婆的我當然不會放過表現的機會。答應之後給我不少難題，不過都是我的專業，再加上許多好朋友的協助，一直到 6 月 18 日她再到淡江來找我，檢視我繼續為他們準備的最新臺灣現行不同版本的社會科國中教科書，準備作結束。

6 月的繽紛少不了也有研究生的口試，學期末的成績，以及暑假的計畫。北大一位好朋友將要退休，6 月中要到臺灣來，也增添我的 6 月的故事內容。其實我的故事內容早從 6 月 2 日大陸研究所的「創所二十週年慶」正式開始了，見到許多久未謀面的畢業校友與許多兩岸研究的專家學者、傑出人士等等，尤其是有幾位非常貼心也非常關心我的畢業研究生，那種喜悅用「繽紛」來形容好像才剛好而已。我真的很高興，但是也告訴自己高興一下子就好了，生活還是要回復正常。

今年的 6 月很繽紛，每一件都會是喜事，我知道人生哲學存乎一心而已；得失只是一念之間，沒有一件事情是偶然的。歡喜心迎接每一天，每一天就都是快樂的一天。我的 6 月，有許多我的掛念；我的掛念，有許多我的滋潤；我的青春，有許多我的汗水；我的喜悅，來自每一個繽紛的歲月。歲歲月月，滋潤繽紛，祝福大家，讀到這裡就都會喜事連連。（2012/6/2）

同學的感動是老師最大的安慰

【說明】這是 100 學年度下學期一位大二學生寫給我的信；徵得她的同意之後才放到我的部落格與大家分享。所有學生對我都一樣重要，但是鮮少有類似學生如此認真給我回饋；她的表現不僅是對我的鼓勵，更是表現出她的學習態度與人生哲學，值得所有青年同學學習。　楊景堯 2012/6/6

老師好，我是大學部的學生
因為後天要考期末考
所以把您的書看了一遍。
裡面除了您的專業論述
更多是我平常不知道的知識
這讓我很慶幸買了書
我學到很多
更為沒有買書的人感到惋惜

老師您說的對
這本書是您的思想
有些東西您寫的不會太嚴肅
就像看故事一樣
使我不禁一起感動
送行者那篇，看電影時我也有哭

可是老師的感受又不同了
我也是個極易受感動的人

老師非常博學
課講得非常精彩
讓學生受益良多
課堂上的電影也許是平常不會接觸到的
幸好老師播放
我們才會看到

看了本書
真的覺得老師是一位不可多得的好教授
不僅對學生真誠付出
對社會也有傑出貢獻
謝謝老師
這學期我受益良多
希望大三、大四能繼續旁聽老師的課。

2012/6/5

昨天夢見老同學 T.T.

很久沒有 T.T.的消息，一方面是他要靜養，離開臺北，不知去向，雖然有留下手機，但是總覺得沒有要事，就不打擾他，我始終猶豫「掛念」應該算不上是一種「要事」，也就從未使用過手機與他聯絡，估計至少一個月以上了吧！

昨天是我從榮總看第二年第二次追蹤檢查報告的日子，總是忐忑不安，當主治醫師蔡主任一項一項閱讀電腦裡面的總報告，通通正常之後，我才把一顆心放下。這下又可以放心等四個月之後的追蹤檢查。內人問「護理人員為什麼越來越多？」她們的回答是：「蔡主任的病人越來越多」，一時令我百感交集，不知道該做如何想。

夜裡夢見 T.T.，當我在一棟大樓一樓靠落地窗處與基金會秘書核對工作之際，遠處看到 T.T.從門外走進來，頭戴著毛帽，類似我從華北買回來的那種，身穿咖啡色的夾克，包得緊緊的，好像也帶著手套，臉非常乾淨，剛刮過鬍子似的。我立刻起身走向他，他笑著對我說，準備要出國，要去銀行結匯換外幣，我們一起走進去。

裡面似乎又不是銀行，有一大片水域，但也有人坐在旁邊吃東西，我很少把夢記得清楚的，接下來的片段就非常零散，我也記不得了。但是可以肯定的是，昨天夜裡快天亮的時候，我確實是夢見 T.T.了。

一位三十多年前的老同學要我打電話問候他，「因為你跟他的關係不一樣」，就這一段話使我猶豫至今。我與 T.T.從高雄中學同班畢業，一起考取師大，一起考取碩士班，算算已經將近四十年以前的事了。他的優秀與卓越的人際關係，使他一路都有貴人相助，擔任大學校長；一直到生病住院，教育部長前往探望四次，身分地位可想而知。

我，則是他的對照面，一路走來也有貴人相助，但都是學生給我的鼓勵，內心一直想：「為什麼老同學會覺得我與他的關係不一樣？」就只因為他的身邊缺少像我這種人嗎？一向不願趨炎附勢的我，知道他生病之後才常聯繫，否則他當了大學校長之後，我是敬而遠之，不去打擾。

我的掛念與我的顧慮，同時存在，他都知道；一切隨緣，大家平安。（2012/6/20）

找一個繼續活下去的理由

陳強（假名）是我的一個老朋友，上校退伍再念研究所畢業，家住南部，今年已經六十出頭了。最後一次收到他的訊息是要回南部當阿公，因為他的女兒要生產了。幾乎在同一個星期收到他給好朋友的信，他要回去照顧老媽媽，請大家不要打擾他，他的媽媽已經百歲了，長期以來自己生活，身體很好，每天至少頌念一次《金剛經》以上，沒想到最近跌倒受傷。他有三個姐姐，自己是獨生子。可以想見他的姐姐們應該也是七老八十，需要人照顧了，豈有體力照顧百歲媽媽？

上週三我在下午五點去學校操場健走的時候，驚訝的發現：「那不是陳強嗎？他回淡水了。」於是我趕緊追上去，一起繞著操場走，邊走邊聊，走了三圈，才知道為什麼他的步伐顯得非常非常沉重，以前他不是這樣子的。

這使我想起了教育最重要的是，在於教導學生尋找體認生存意義與價值的方法，而不是賺錢的方法。每一個人體現存在的生命意義與價值的方法不同，無法一概而論。但是如果不去思考這一個層面，恐怕人生不如意十常八九，過不了這道坎就掛了。再多的名與利都買不到生命的重新再來一次。

陳強告訴我，獨自一個人在醫院照顧百歲老媽媽開刀，也沒錢聘僱本勞（每個月 6 萬元），外勞則需要通過巴氏量表，才能找仲介公司，緩不濟急。再說，他也沒有把握可以通過巴氏量表。出院之後還要復健。

送媽媽去安養院從來就不是他的選項，但他告訴我在醫院照顧的那段時間，幾乎透支到快要崩潰了。他已經超過六十歲了，也官拜上校，可那段時間他不知道哭了多少次，不敢讓人家知道。他告訴我已經想好了，最後一步就是帶媽媽一起走，他揹不起「不孝」的罪名。由於家人的建議，出院之後他帶老媽媽去屏東一家安養院，特別陪她住在單人房，老媽媽一直問：「什麼時候可以回家？」他想來都一直忍住，不在老媽媽面前掉淚。他不知道自己還能撐多久。

後來他用擔架將老媽媽送到高雄的大醫院，請醫生審查巴氏量表；他告訴我，等待結果的那一段時間，就像是犯人等待法官宣判一樣。當醫生宣布通過的那一剎那，他再也忍不住衝進廁所嚎啕大哭，似乎又找到了活下去的理由一樣。很幸運的，他告訴我，仲介告訴他正好有一位外勞剛到才一個月就被釋出，因為她的雇主已經往生。這使我想到的不是陳強的幸運，而是政府設計巴氏量表的殘忍，我的母親一直到往生之前也沒有通過，但那已經不重要了。

陳強告訴我，他回淡水處理一些事情，過兩天就要回去了。我想也是，外勞通常週休兩天的，他必須趁著週末之前回去接手。我默默看著他，我們一起常常誦念《金剛經》，交換學佛心得，現在似乎「無住生心」，盡在不言中。他的步伐使我感受到他生命的沉重，他預告了他的最後選項，他承受不起「不孝」的罵名。我禁不住回想到自己的母親，2011 年 2 月往生之前的種種遭遇，幾乎都是每個家庭共同的經驗複製。無言以對。（2012/7/1）

生活感言——2012暑假回高雄

這一次暑假回高雄，剛好國民黨的林益世索賄案出事，幾乎掩蓋了所有臺灣的重要新聞，佔盡所有媒體版面，超過一個星期了。

平心而論，索賄與收賄不是新聞，「會成為新聞」才是新聞，因為「拿錢辦事」早已經是社會的常規，這不是政黨惡鬥，大家心知肚明。很少有民意代表這時候會「義正辭嚴」、「火上加油」，彼此心照不宣。沒出事並不代表沒有拿錢，只是沒有被檢舉，或者是找不到證據而已。

想要成立「廉政署」來整肅貪官，看來已經破功了。許多人回憶起香港的廉政公署辦理當年雷洛探長的貪污案就豎起大拇指，大陸雖然沒有這種名稱的單位，當年辦理上海市委書記陳良宇的魄力也是令人忘不了。

林益世案的成立，最諷刺的是「廉政署」一無所知，而且是「一事無成」。據說 101 年度廉政署的預算是 3.7 億臺幣，可以幫人民省下來了。有媒體採訪百姓：如果知道官員貪污，所有人都回答「不會告訴政府，寧可告訴媒體」；然而事實上，如果不是被逼上絕路，狗急跳牆，恐怕多數人也不願意惹禍上身。

2006 年由施明德發起的「紅衫軍」倒扁非常成功，最近馬總統的民調只剩下 15%，雖然不是他本人貪污，但是他用「清廉」當招牌來與阿扁作比較，連任之後人民才發現，原來「三公」之一貪污如此嚴重，而且也名列「廉政委員」之一，而且信誓旦旦在全國民眾眼前一再說謊，爆發之後，令人民不知道該相信誰？馬總統可以信？他身邊的人可以相信嗎？

回到高雄覺得很矛盾，雖然很熱，但是並不擁擠；雖然什麼都有，但是青年的就業機會沒有增加。高雄市民的未來，就是老年社會的到來，這是一個城市的老化，以及南臺灣的老化。房子越蓋越多，樣式越來越美，大學越來越難招生，就連小學老師也停止再甄選，寧可聘用代理教師，怕的就是財政困難，少子化趨勢明顯。

臺灣的驕傲與尊嚴在哪裡？我們自己要想一想。知名作家魚夫說：施明德如果帶領人民再一次「倒馬」、「反貪腐」，他一定參加。當然我知道他是在消遣施明德，但是我在想，如果真的有人出來「倒馬」、「反貪腐」，我會覺得那是當前全臺灣人民共同的心聲，因為馬總統已經「一無所有」了。（2012/7/8）

人情冷暖，飲水自知

今天一大早從日本京都出發，回到淡水已經是九個小時的路程了，我覺得很累，但是更累的還在後頭，因為我提早回來是為了虎尾姑婆明天的告別式。從淡水到虎尾，當天來回含告別式等場面話至少十個小時跑不掉，我內心的擔憂，沒有人知道。多數人只關心我要不要出席，甚至於有人認為我非出席不可，否則就扣帽子。我心裡知道，所以我趕回來了。

但是當我與二姑通過電話之後，我就釋懷了。她是唯一一個問我會不會太累？希望我方便就好，面向南方與姑婆說話她就知道了。這一席話多麼貼心，二姑告訴我，姑婆希望大家都平安，不必拘於形式。這些話由她來說格外動聽，那種「人情冷暖」，高下立判。

一年多以前，大約是去年 2 月吧！在我做化療最後一個療程開始的時候，二姑知道了，急著來看我。那一份關心我感受到了。可能沒有人在乎我的健康，但是二姑知道；現在我每個月都還要回榮總通血管，第二年的追蹤還沒有結束，似乎只有來看過我的人會記得我的健康，擔心我會太累了。這是我心裡的話，生病的人永遠會記得誰來看過他，有位幫我代課的教授對我說：「我們比親兄弟還親，客套話就都省下來了。」

經過今天九小時的旅程，我明天無法再負荷另一個十小時的旅程，我需要休息，因此我決定接受二姑的建議，不會去虎尾。「有誰敢講話，請他來找我」，這是我的二姑說的，她是國中老師退休的，很兇的，她的兇，使我寬心不少。

在日本的時候，廣島大學的大塚豐教授也特別關心我的身體健康，我告訴他一切正常，繼續追蹤，他就很高興。我想說：「大家高興，我就高興」，但是我的身體健康是前提，我已經趕回來了，我真的累了。如果還有人不高興，要因為我無法出席虎尾的告別式說三道四，就去找我的二姑吧！她就住在板橋。（2012/7/28）

我想有個便宜一點的夢

今天拜讀高希均教授大作「讓夢想單飛變成年輕人的關鍵詞」一文，頓時令筆者百感交集；文中所提到的的女主角尤虹文，是茱莉亞音樂學院的碩士，又是哈佛大學經濟系畢業，被評選為「傑出十五大藝術家」，後來擔任茱莉亞交響樂團大提琴首席，集萬千寵愛於一身。她將自己的故事寫成《為夢想單飛》，她的母親有一段話：「即使前面有再高的山擋路，如果虹文做到了，那麼你也可以的。」讀來令人動容。

可能是受到尼爾・佛格森《文明》一書的影響，該書副標題是「西方世界及其優勢」（The West and The Rest），筆者嘗試以當今臺北市的音樂班為例，試著了解尤虹文的成功背後，除了天分與努力之外，還要有哪一些「優勢」，才有可能擁有「為夢想單飛」的機會。

首先，一定要有錢。以臺北市國小音樂資優班為例，小學三年級開始招生，共有 3 所國小，各招收 30 名，一共 90 名。國中也是 3 所音樂資優班，招收 90 名。筆者特別詢問一位就讀於某小四音樂資優班家長，家長的社經地位與經濟條件是非常突出與明顯。小四除了正常學校課程之外，每週校外主副修課程至少 5000 元起跳，每個月 2 萬元是最少的。這還不包含樂器汰換，陪練老師的費用。一支長笛入門款 5 萬元算便宜的；雙簧管至少 30 萬起跳。可以想見的是未來，支出只會越來越多，不會減少。

尤虹文在高雄國中音樂班就讀之時就已經很傑出，據說她的許多老師都是從臺北聘請南下高雄給她上課的，費用之高絕對不是「中等家庭」可以承受的。她曾經得過兩屆全國大提琴冠軍，據傳每年選手比賽前三天就已經進駐比賽的縣市大飯店，同時進駐的還有選手的老師與伴奏，需要不斷練習才能夠有最好的演出。一般人看到的是選手的努力，筆者看到的是就讀音樂資優班要付得起多大的開銷，才能夠有如此奢侈的夢。

中國大陸在 2011 年底開拍一部電影《我想有一個夢》，描述湖北省廣水市一位貧困生韓文文從小就夢想學音樂的故事，藉由各界人士的捐款與她個人的天分與努力，最後終於如願考入音樂學院深造，重點在於突出她的「永不放棄」。這部電影開拍大作宣傳，其實也是鼓勵年輕人要勇於作夢，並且勇於去實現。

最近常有許多報導描述兩岸就業困難，不敢結婚、買房、生子的實際社會問題，貧富差距與城鄉差距遠超過想像，臺北房價之高與薪資之低非常諷刺。也正因此，筆者每次都鼓勵學生要有夢，才會有動力前進。看到今天這本新書《為夢想單飛》，筆者要很負責的說：「讓年輕人有個便宜一點的夢」，因為立足點的差距：「就算擁有一樣的天分與努力，虹文做得到，大多數的年輕人還是做不到的。」（2012/8/2）

教育決策需要勇氣與智慧

據報導為了順利推動十二年國教，教育部預計要分梯次請現任國、高中教師輪流受訓參加十八小時的講習；教育部長面對實施十二年國教的時間表示：「如果延宕，就是失信於民。」針對整個國家的重要教育政策，已經是非不分，行政掛帥，因果顛倒，沒有勇氣面對停止的民意壓力。

平心而論，「十二年國教」的訴求是民進黨執政時期提出來的，國民黨執政之後不但沒有詳加審慎研究，反利用「第八次全國教育『工作』會議」（只有教育工作者參加）作成結論，表示推動「十二年國教」已經是全民共識，形成決策，接著就是訂定實施時間表。這是「先射箭，再畫靶心」的典型行政決策。先後包括有內閣成員、總統府資政與國策顧問、高中師生與家長的反對，都可以充分證明此一決策之缺乏充足公信力。

先斷然宣布要在 103 學年度實施，再慢慢商討施行制度設計，如今遇到瓶頸卻推說「不可失信於民」，使筆者不禁想起前行政院長郝柏村的名言「朝令有錯，夕改何妨？」的名言，「認錯」是需要勇氣的。「將錯就錯」可能是「保官之道」，人民也都知道，但是「上有政策，下有對策」；至於無法提早退休校長與教師，也必須「含怨受訓」，教育熱情恐怕只剩下職業規範，這樣做對臺灣是真的有好處嗎？

根據今年放榜的高中職初步結果，「少子化」與「城鄉差距」、「十二年國教」的影響已經隱然浮現。「基北區」與「高雄區」兩大都會區來看，私立高中呈現「兩極化」的現象，「最好的很難進，後段的沒人要進」。尤其是臺北市的幾所私立高中「太明星」，學生寧可捨建中、北一女也要進私立高中，這種磁吸現象與高雄市有差距；如果可以進雄中與高雄女中，多數家長不會選擇私立高中。高雄的明星私立高中還是第二志願居多。

「選校不選科」不但反映在大學聯招，也明顯反映在高中職聯招上。北部與南部都有少數公立學校出現缺額，最嚴重的是私立高職。雖然大家都知道有「口袋名單」之說，在登記分發放榜之後才會進行補招生；但是畢竟粥少僧多，「少子化」與「城鄉移動」等因素造成了各考區高中職類科板塊遷移非常明顯，這種生存極限就在眼前的事實，就像大水蔓延一樣，一年一年吞噬。

現在國內教育問題迫在眉睫的是「生存危機」，包括後段班的公私立大學、私立高職等等，教師的生涯規劃如果沒有前景，就不會有熱情；沒有教育熱情，再多的行政講習都會流於形式，對臺灣的未來沒有幫助。筆者衷心希望政府集中力量，面對教育危機：包括大學與高中職後段班的生存因應之道。至於十二年國教的實施，「暫緩」一句話就省卻許多內耗的社會資源，輕重緩急立判，缺少的就是「勇氣」而已。（2012/8/17）

成長記憶裡的滿足

很久以來就想把成長過程裡，記憶中的滿足寫下來，因為那一些不但是我的回憶，更是歷史的註腳，也是我想給子女的教育。

小學的時候最期待的就是遠足，每次母親都會為我準備牙刷式的巧克力一管，還有蘋果兩顆，每次都叮嚀我一定要送給老師一顆。這一件事情我牢記至今，每一次我都照辦。

記得小學的時候有棒球隊，穿的是棒球鞋、帶棒球帽，一般學生是不會這樣做的。我當然很羨慕，也去報名參加練習，目的是想要穿棒球鞋與戴棒球帽，一般小學生都是戴大盤帽，但是很快我就退出棒球練習了，那是意料中的。

小學時有畢業旅行，非參加不可，父親還為我準備一臺黑白相機隨身帶著，我拍了很多照片留到現在，那是民國 58 年（1969）左右，包括野柳、陽明山、北投、中興新村、日月潭等地方都有照片，我很高興。後來我才知道原來不是黑白相機，而是底片的關係。

家裡買第一臺黑白電視機是記憶中最高興的事，那時候都晚上起來看少棒轉播賽，家裡有電視是一件很光榮的事，到學校可以與同學談論所看到的節目與卡通。雖然有些同學的電視機是彩色的，但是我已經很滿足了。

家裡第一次買洗衣機也是令我難忘的。從小就看母親洗衣服，沒有想到有一天出現洗衣機，是雙槽的，可以脫水，太神奇了。往往我都看到眼花才肯罷休。

國中時有一天父親買了一部人家不要的計程車，花了 2 萬元，我們開始進入「有車階級」，前面坐三人，後面坐四人，硬擠也要塞進去，那是一部經常煞車不靈的老車。有一次我的阿公驚覺煞車完全沒有，還很得意他的技術好，平安把車子停下來。

第一次買手錶是上國中那一年，我的阿公最疼愛我，帶我去錶店買，那是民國 59 年 8 月 24 日，買的是東方霸王表。到今天已經超過四十年，我還記得日期，就可以知道我有多麼高興，終於有手錶了。

家裡裝電話也是終生難忘，第一次家裡有電話，號碼是 293895，國中時上課老師都故意要我們練習用英文說出電話號碼，我因此練習好久。

第一次買電腦，還有印表機，撞針式的，都令我難忘，在今天看起來，似乎已經無法令人感動了。

今天教育最大的問題，就是找不到「感動的力量」，大家習以為常，許多得來不易的成果都視為理所當然，不會感動。那一種茫然，其實是富裕帶來的悲哀。尤其是「富裕下的貧窮」更悲哀，相對的剝奪感掩蓋了感恩的心態，炫富的習氣引發了仇富的社會氛圍，沒有人是獲利者。臺灣一定要記住是否身陷自我迷失當中，才可能走出新的未來。（2012/8/18）

世界的眞理

記得 2008 年 4 月到美國的 American University 參加研討會之際，該校的 CIS（College of International Service）院長介紹的時候提到他們的教育理念，「我們相信這個世界可以改變；我們相信我們可以對世界的改變作出貢獻。」這件事令我印象深刻。長期研究兩岸與世界教科書，深深以為這種堅定的教育信念可以給學生一個很明確的方向。

近幾年在臺灣看到二次政黨輪替，本以為世界將會更為美好，沒有想到事與願違。幾天前在電視上看到一位名嘴引用別人的話說：「雖然我們無法改變這個世界，但是也不要讓這個世界改變我們。」這一段話充分與我這幾十年來的心路歷程產生相應。尤其是面對許多無奈的事情，卻又無能為力，也不可以批評，更無法期待，於是只好很「阿 Q」的自我解嘲。

當我們對學生建構「公平與正義」的理想之際，其實是充滿熱情的。奈何發達的第四權讓我們知道了許多我們不需要知道的，而且是老早就存在的歷史共業。通常那是達到某一個階層的人才會知道，或者說進入某一個圈子才會知道的事情。這一些長期存在的事實無礙於社會的進步，因為並沒有人知道。可是在一切都沒有改變的前提之下，太多污垢真相的曝光只是平添不安，絲毫無助於社會的進步。

這種無奈其實是很不適當的，也不應該。我們應該很有抱負與很有理想站出來，雙手指著醜惡的角落，揪出陰暗的共生食物鏈，義正詞嚴的留下「正氣」獨白，然後孤獨的回到自己又窮又小的世界裡。過不久你又發現到，只不過是換了另外一批不同顏色的人建構新的食物鏈，一切都沒有改變，你已經衰老到無法再次玩同一種遊戲了。

我們會開始懷疑自己的決定是否正確。我們是否在挑戰世界的真理？自以為是的少數「不識好歹」、「正義凜然」的歷史故事，都只不過是用來被當作教材的樣板，世界的真理就像大師華勒斯坦所說：「資產階級化」的過程而已。俗話說：「金錢不是萬能」，真實的世界是：「沒有錢就萬萬不能」。如此一來，我們就會發現到原來佛洛伊德對人性本質的「生之本能」與「死之本能」之說，有多麼偉大。

世界很大，臺灣很小，淡水更小，我們都只是很謙卑的希望活下去而已。請不要對一無所有的我們，連「最謙卑的要求」都壟斷了吧！（2012/9/13）

時光隧道——愛的回憶

常常我會不由自主的回憶兩個兒子小時候的長相與快樂的景像，如果時間可以凍結那該有多好？這句話很不合邏輯，就當作是文學與想像好了。

我的大兒子從小就很懂事，他的小學一年級老師初見到他，就告訴我：他將來長大一定是臺大。我記得這句話，但是卻當作不在意，因為壓力很大；尤其是他高中聯考並沒有考上第一志願，也就不再作夢。沒有想到高一的他，竟然與我爭議：「為什麼要讀書？」那一年要升高二，他卻猶豫起來，使我當年急得在前往加拿大擔任訪問學者的時候，在加拿大還寫了一封長信告訴他我的看法。

我當然知道，他一定沒有看。俗話說「知子莫若父」，此之謂也。

沒有想到高二到高三，他越讀越好，我不知道要如何解釋。大學指考的時候，最拿手的物理考出來我問他考得如何？「大概一百分吧！」他回答。我聽聽就算了，不敢當真，我又不是沒有考過大學！放榜之後，他進了臺大。那一年，我們都忘了有多麼高興。現在他在臺大應用物理碩士班，但是我卻很想念我的兩個寶貝兒子小時候可愛的模樣。

今年就連二兒子也已經大四了，就要大學畢業了，越發使我懷念他們小時候那麼可愛的模樣。越長大當然就不可愛了，那就轉換成父愛而已，因為他們早開始就都會有自己的主張，使我「沒看到會想念，一看到就討厭」，因為會擔心這個、擔心那個，講也講不聽，不看到反而心清，可確也免不了擔心。

真的很懷念他們小時候可愛的模樣，大兒子也會幫忙照顧二兒子的回憶。他們也許已經記憶模糊，但是我的記憶卻是那麼清楚。

天下父母心，我只願我的寶貝兒子平安、健康、快樂。願天下所有的家長都可以安心、放心、順心。（2012/9/22）

老黎終於要退休了

小華告訴我，老黎終於要退休了，他說：「反正也沒有人留他」，說的很酸，我說：「其實他早該退了」，我認識他超過三十二年，非常好的一個人，從國立大學退休後才到 M 大學服務，他堪稱整個社會科學院最資優的教授。但是歲月不饒人，屆齡又延退已經第二年了，我猜想他有風骨，不願意被認為只是為了錢財而佔住位置，因為他覺得沒有「被需要」的尊重與感覺。

我告訴小華，豈止沒有人需要他，可能有人等老黎退休要放鞭炮呢？世態炎涼，整個 M 大學社會科學院死氣沉沉，不能說沒有人才，但是個個都是自私自利－其實這也是人性之常，何奇之有？一旦「被需要」的感覺不存在了，到這裡就只為了錢，尤其是從公立大學退休到私立大學來的，那種感覺對於讀書人真的很傷，所以我知道老黎的決定，而且也不意外。

「被需要」其實是人們生存最起碼的尊嚴。老人最傷的就是子女的離去，不再需要父母的照顧，甚至於不關心父母的死活，主要就是不被需要所致。年輕人談戀愛，夫妻經營婚姻，工作職場上的動力，都是建立在「被需要」的基礎之上。「混吃等死」最是沒有尊嚴的代名詞。許多國立大學退休轉到私立大學，縱使頭銜顯赫，如果沒有歸屬感與認同感，那真的令人厭惡。

大學教授應該教導大學生如何增加「被需要」的能力，而不是把大學當成自己暫存的跳板，「無心」於教職，會令人看不起。教授必須用心教育學生「創造」「被需要」的機會，讓自己成為「生產者」，而不單純只是「依賴者」。到醫院或者是社工單位擔任義工就是一例。不過這不是我想給青年人的建議。

既然認識「被需要」是生存的尊嚴與動力的基礎，先要理解有哪一些「基本盤」要守住，例如家人的支持就是基本盤。所謂齊家、治國、平天下，在全球化與國際化蔓延的今天，「被需要」已經跨出國界與文化，讓自己成為一個有用的人，而不是成為一個富有的人，是我對時下兩岸青年朋友的建議。

老黎要退休了，祝福他；也希望每一個 M 大學社會科學院可以脫胎換骨，讓學生有所收穫，否則就關門停招吧！以免自欺欺人、自誤誤人，個個頭銜嚇死人，缺乏光榮感，既傷害青年人，也沒有風骨，大家都心知肚明不說而已。（2012/11/27）

今年的高雄很特別

回到高雄過年是習俗，自從母親走了之後，回到高雄就很沉重。思念母親的種種話語，不敢回想，卻又不得不想。

長期在臺北工作，發現高雄什麼都有，但是隱約可以感受到高雄的老化。

鄰居陳經理告訴我，房地產漲價了。似乎是的，但是我提醒他，價格是供需決定的，這不是我說的；高雄的房子供應不斷增加，請問需求哪裡來？沒有就業機會就沒有青年人；沒有青年人就沒有房子的新需求；價格如何會漲呢？

專門做西裝的老闆告訴我，沒有一張訂單，都是只要改尺寸而已，眼看要過年，本來就準備要做西裝的我，告訴他多做一套。他的高興也只有一下而已。

剪頭髮的張太太是很專業的家庭理髮，邊幫我剪頭髮邊說她已經休息很久了，因為身體不舒服。我告訴她：該休息就休息，就不必擔心這一群老客人沒有地方剪頭髮了。臨離開她還一直感謝我的關心。

市場內買水果的阿綢仔，依舊忙碌。當她告訴我生意很不好，我很懷疑，一看左右只有我一個客人，那時候才早上十點多，以前不是這樣子的。奇怪的是，水果不是民生必需品嗎？

瓦斯行的老闆過去兼任鄰長，現在換里長了，不知道鄰長是不是他？不過他們夫妻都在家，那時候是晚上八點多經過，他告訴我越來越難做，政府的檢查也越來越嚴格，越來越沒有生意。奇怪？明明關了很多家啊！怎麼會如此？

就是現在我正在寫稿的時候，清楚的傳來我家門口正對面的民祥街有人家在辦喜事，音樂從下午就已經開始了，整條街被圍起來，這就是高雄。鄰居忍氣吞聲。其實昨天晚上就在隔壁幾間也是響徹雲霄，打聽之下才知道有一家神壇剛好是神明的生日，所以請客就把街道圍起來了。

昨晚上是法事的音樂，今天晚上是有古箏的西樂與國樂。喜歡嗎？從來沒有被徵詢過，也無從拒絕。

不遵守交通規則，不戴安全帽，例如陽明路上很多店家都把騎樓當廚房，見怪不怪。才回來三天，就親眼看到不只三次車禍。怎麼說呢？

家人與司法界關係密切的阿水兄告訴我，高雄市負債嚴重，以致於不敢聘正式專任教師，只聘用代理教師，沒有退休金。我說：被高雄捷運吃掉了。大家都知道。為什麼要蓋捷運？據說臺中也要蓋，乾脆賣給臺中算了。

我在想，如果高雄捷運的建造經費平均分給設籍高雄市民，那不知道可以用幾代人？幾乎可以一出門就搭計程車還有剩。剩下的不會少於中樂透吧！

這就是今年我回來的高雄，很特別也很感傷。有一家修理液晶螢幕的年輕老闆，大概是我看到最樂觀的吧！看到他的勤奮，當他送回我的液晶電視的時候，我還特別將不用的音響與 DVD 送給他，也是好事一件。

才三天，我的高雄感觸寫不完。鄰居黃太太前幾天專程請我去喝喜酒，我這才知道她的女兒要嫁給北京的男孩子，那是她在英國留學時認識的。所有的家長都不敢對子女的自主婚姻有意見，表面上都很高興，天下父母心啊！

天氣是高雄冬天的優勢，可是空氣就令人不敢領教了。

這裡是高雄，高雄市我的家，退休之後我就會回高雄定居。請大家保重。（2013/1/27）

嚴肅看待生命

回到高雄，免不了要去探望幾位長輩，快過年了，反而有一些猶豫。紅包是例行公事，更令人考慮的是八、九十歲的老人，需要的是尊嚴而不是救濟。於是我會更謹慎思考，去探望長輩的時候，如何避免流於形式或是被誤以為施捨的歧視，尤其是面對長期臥病在床的長輩，更有難以表達的困擾。

一位已經從中學校長退休住在高雄的大學同班同學告訴我，他剛從臺北回來，知道了另外一位同學林○○病重的情況，不勝噓唏。其實我要回高雄的時候，還特別與內人去三總探望他，不巧他當天請假去臺北的龍山寺拜拜，我反而是高興的，因為能夠離開醫院去走一走，總是好事一件。

我想說的是：嚴肅看待生命，是一種人生哲學。

體現此一人生哲學的具體作為就是腳踏實地，做自己想做的事，對人類做出貢獻，不論生命長短，受到一定的肯定就是生命的價值。

看到整個國家陷入「年金改革」的紛擾之中，整個都停頓了，真的令人憂心。想到那一些汲汲營營、斤斤計較的「既得利益者」，總覺得與我無關，很偽善的「歧視」起這一些領雙薪、尤其是「五五專案」退休又可以多領好幾十萬元的淡江大學新進人員。自以為清高是學界或是政界「非主流派」，或者是沒有得到好處者常見的阿 Q 精神。

就算是整個世界都送給你，假如臥病在床如林○○，他一定會告訴你，寧可用他所有的一切換回健康。他才五十四歲，擔任大學校長與擁有所有榮耀，一年半以前發現生病－大腸癌第四期，在臺大開完刀繼續一年的化療，卻不願意配合醫生，改聽信另類療法。半年不到就又回到西醫住院了。

去探望他的時候深怕冒犯他，不敢多打探病情。只有知道非常嚴重，我給他們夫妻鼓勵，只見他們一個一個眼淚直流，沒有哭出來而已。我只想說：嚴肅看待生命，做自己想做的事；不要做違背良心的事，或是為私利的事，但求無愧於心而已。看來我又在唱高調了，因為我知道絕不會有這一些考驗我的自信的機會。

住家旁邊新建好的「寶業里滯洪池」很不錯，走路繞一圈大約七分半鐘，比起學校的操場還要大。走路四圈就大約半小時，今天上午十點冬天的太陽引起我走路的欲望，於是我就去走路。天天走路，臺北如此，回到高雄也如此，做自己想做的事，什麼名利都是假的；生一場大病之後更有體會。願大家平安，嚴肅看待生命，把追逐名利留給那一群權貴吧！（2013/1/30）

想念父親二三事

自從父親走了之後，十多年來我常常懷念起父親對我的種種愛的無限。

其中之一是父親常常會在天冷半夜的時候為我蓋被子，而且每次都一定要把被子拉高到蓋住我的脖子，因此每次一定被他吵醒，但是卻又裝做不知道，繼續睡下去。那種感覺我不會說，但是回想起來很溫馨。如今我每次幫自己的兩個兒子蓋被子，從他們小時候到今天一如以往，只是我的父親已經遠離了。

做父親的似乎永遠擔心自己的小孩挨餓受凍，給小孩親自披上外套是家常便飯，被小孩子拒絕更是十之八九，他一定會告訴你「我不會冷」；每次我被自己的兒子拒絕的時候都會自我檢討，那是報應，我以前不也是如此對待自己的父親嗎？

父親的愛是等到自己失去父親之後才會驚覺到的；父親懷有強烈的「大男人思想」，當然在好的一面是完全負起家中的一切責任。可是偏偏威權日漸喪失，父親在失去大環境的支持（指的主要是失去經濟上的支配力吧），每一個小孩都獨立工作之後，他依然是默默承擔起家中所有大小事，小到處理垃圾、修理燈管等等，六十多歲了依然不會指揮小孩去做。

這是我在失去父親之後才驚覺到，原來有那麼多瑣事，我身為長子卻從來沒有幫上忙。如今父親走了十多年，當然所有這一切都由我來繼承，我也不會差使我的兒子，除非他們自己會開口志願來幫忙家事。這一切都是輪迴吧？我對父親的不孝，使我更沒有理由去要求我的兒子。

父親常常要求我必須穿外套，他告訴我那是一種禮貌。我記住這句話，但是很少聽他的話。如今他走了，我反而記牢而且一定要做到，不只是為了平安，更是懷念父親。當然我的兒子也是一如過去的我，不會按照我的意思穿外套。

今天的我做很多事情常常都不會要求回報，不只是對兒子與家人，對工作與國際友人、大陸學生、臺灣學生也一樣，純粹就只是心安、想要如此做而已。

想念父親，在蛇年（2013）大年初一，我只希望我的努力沒有辜負我的祖先在天之靈，也希望我的妻子、兒子知道我有多麼愛他們，吾願足矣。（2013/2/10 農曆大年初一在高雄家中）

悼念老同學　林天祐校長

乍聞天祐走了，那是過完年之後沒幾天，開學後第二週四的晚上，雖然我並不意外，但是總覺得來得太快了。才上週二我傳簡訊告訴他，我在榮總等待候補作電腦斷層檢查，下週二要來看報告；他的夫人回簡訊給我，天祐正在作化療，還轉述我的話：「沒事的。」隔週二我傳簡訊告訴他，檢查報告沒有事，我只是想讓他放心，他卻沒有回音；沒有想到過兩天就走了。

記得那是今年年初，我知道天祐再次住院在三總的時候，就惦記著要去看他。剛好年初有一場研究生論文口試在淡江城區部，我想就近口試完之後到汀洲路的三總看他，沒有想到他在內湖的三總住院，我立即搭計程車趕到三總去。他住在單人房，夫人憔悴很多，但應該說天祐也消瘦不少，那是我最後一次見他的面。我握著他的手，可能是被窩很暖，他的手也暖，聲音也很有元氣，我告訴他許多鼓勵的話，那大概是我們兩人同學近四十年談話最久、最貼心的一次。

天祐與我是高雄中學同班畢業，那是民國 65 年的事；師大教育系、教育研究所碩士班同學到今天，接近四十年了。我們的關係非常微妙，彼此尊重。他的個性非常好，不會得罪人，又走教育行政這一條路非常順利，受到賞識與提拔乃是情理之中。今年寒假回到高雄我特別找出當年雄中的同學錄，我的右邊是天祐，左邊是經常在電視上看到光陽機車廣告「我是光陽副總柯俊斌」，天祐則是第一位當上大學校長，兩位都是名人。

曾經聽過這麼一句話：「假如讓你擁有全世界，卻失去生命，那又有什麼意義？」今天看到天祐的早逝，這句話格外記憶深刻，因為我在病房裡告訴他：同班同學，我與他相比，就像是實驗組與控制組。他什麼都有，我卻什麼都沒有。大學校長頭銜、正教授職稱、各方交相巴結的邀請等等。當我告訴他許多病友的故事，希望他堅強，他卻告訴我，他沒有聽過病友的故事。

今年寒假回高雄過年前，特別陪一位早已退休的老校長吃飯，他告訴我：朋友越來越少，以前因為他當校長才會找他的人，自從他不擔任校長之後，就消失無蹤。誰說不是呢？社會上有多少好處都是隨著各種頭銜與職稱而來，一旦沒有這一些也就都會消逝，一點都不奇怪。人生在追求什麼？

天祐的官運亨通與我無關，除了一、兩次碩士班同學會見面，我們幾乎沒有聯絡。這使我想到今年 1 月底，各大報登載吳念真描述楊登魁生前的種種對人的好，在元月 28 日要舉辦追思音樂會，當時我就在想：世上真的有吳念真筆下這麼好的人嗎？楊登魁真的那麼好，還是吳念真的文筆好？我自己也搞不清楚，但是我印象深刻。因為在學術界，看不到吳念真筆下像楊登魁那一種人物。

我不需要去刻意描述天祐為人的好，反正比起我，那是個性好太多了，所以不會得罪人。是他的優點太多，還是我的缺點太多，或是兩者並存，都已經不重要了。重要的是我知道他會記得我，因為他飛黃騰達的時候，我避而遠之；當他生病之後，我惦念在心。幾乎每週一通電話，一直到他離開臺北去中部靜養為止，我也就尊重，不再打擾他。

今年 1 月初我去三總探望他之後，深感他們夫妻的表現很不尋常，聽著我的鼓勵，卻又都淚珠滾滾，無法自制。過幾天適逢周日，天氣很好，早上先以電話探訪，接著開車帶著內人直奔內湖三總醫院，希望給天祐夫妻一個驚喜，因為只有我的內人知道：照顧病人是多麼辛苦。沒有想到他們竟然請假外出，我們很意外，後來天祐回電話告訴我，他們去龍山寺。我想那是很好的一件事，到外面去走一走。

那是我最後一次接到天祐的電話。

我無法像吳念真描述楊登魁那麼傳神，使我深感楊登魁的好，是所有不認識他的人一大損失。但是天祐的離開，我的失望顯然比較大，遠大過那一些他的官場上的朋友吧！再大的官銜從來就不是我所看重－尤其是有很多大官並沒有真材實料，我認為堅強生命力才是我最尊敬的典範。

總之，有關天祐近兩年詳細的過程我真的不清楚，短短不到兩年的治療過程以及工作等等，我都只是止於關心，真的不便多問。許多揣測之詞也就隨風而逝吧！

天祐篤信佛教，願佛祖接引天祐到西方極樂世界，從此了無牽掛。

（2013/3/5 面對傷心，記下內心的陳重，也只能接受與放下；南無阿彌陀佛）

隱藏的焦慮

開學至今壓力未減，主要原因就是聲帶有左側麻痺，以致於聲音沙啞；雖然做了電腦斷層與喉部的內視鏡，結果都沒有問題。語言治療師在我每週回榮總幫忙作復健，要我練習的功課幾乎都做不到，加上幾乎天天有課，身心俱疲。

天祐的早逝使我很難過，發生血便更緊張去作大腸直腸檢查。此外，牙醫師的好心，他告訴我「你離我越遠終將會離我越近」，不知道什麼意思，我就前後已經去治療牙齒五次了，還沒有結束。至於馬偕心臟科的例行追蹤已經是習慣了，上週一下午下課之後趕去就是此事。

下週二回榮總除了例行每週語言治療之外，就是要安排例行追蹤，包括頭部核磁共振與全身骨頭掃描等等大檢查，最後再看報告。估計要到 4 月中旬以後吧。換句話說，開學五週以來，沒有一週不去醫院；甚至於一週去三、四次，整個人都傻了，似乎魂不附體，有時候才又回神來。

學校的上課本來就是預料中的，壓力自然是有的，我希望每一門課的學生都有收穫，也正因此，總是在挖空心思如何改進與增加內容。一位好友告訴我，盡量請學生報告，少說話以便讓喉嚨休息。可能是我生性多話，加上學生發言不多，顯然我還是很用力。

除此之外，本學期我要進行的陸生徵文《大陸學生臺灣緣》一書的出版工作，現在也已經進行之中，除了投稿的陸生之外，憶陽的幫忙，以及沛潔等大陸所研究生的協助，使我減少不少壓力。藉由他們的眼睛與思想，幫助我看到不少不一樣的觀點。

本學期我還有一項重點研究計畫要完成，那就是本校的專案「亞洲校園」（CAMPUS Asia）的研究，我必須完成。預計 6 月底繳交報告，我當然必須有心理準備。壓力很大。

令我意外的是好友張所長接受教育部委託一個專案研究，我當然必須幫忙，只是所長體諒我無法全部負責，我會盡我所能協助他，但是研究生的幫助是不可少的。非常感謝所長的諒解。

看到許多研究生幫助所上辦理的活動，壓力很大，雖然內心不捨卻也相信這是一種學習與成長。我真的感受得到，我也希望他們遇到困難就要說出來，尋求幫助。

還有許多隱藏的焦慮，不便細說，但是單單上述這一些就已經夠我「神經兮兮」的了。晚上了，安眠藥已經吃了，就放下一切休息吧！（2013/3/21）

我的標靶人生

從 2013 年 5 月 16 日開始，我的人生正式開始「標靶藥物」－艾瑞莎，醫生說：只要一開始，恐怕就不能停。我沒有選擇，尤其是在一連串的各種精密檢查出來，最後是我自費完成正子檢查，都證明有此一必要，就在這一天開始「標靶治療」。

有一位醫生曾經告訴我，所謂「標靶藥物」就是「治標不治本」；本來兩年半以前開刀完畢，又完成四次化療，我以為「治本」完成了。事實上很不容易。所以當 2013 年 4 月 30 日被告知要開始服用「標靶藥物」，內心的疑懼與恐慌不在話下。

務實面對與樂觀前進是我唯一所能做的。許多貴人給我許多關心與祝福，來自海內外、兩岸的問候，我都銘記在心。

我會把這一天記下來。這是我的人生另外一個分水嶺。

未來仍然是充滿希望的。

感恩大家。（2013/5/17）

這一輩子值了

昨天晚上肚子不舒服，請大兒子幫我按摩，讓腸胃蠕動，順時鐘十次，逆時鐘再十次，不斷反覆，這一件事情使我聯想到先父生前我從來沒有幫他按摩過，不禁淚從中來，把內心的感觸告訴我的兒子。

自從先父過往十多年來，我在臺北上班之際，不只一次崩潰痛哭，當他最需要我的時候，我卻不在身邊，因為我在臺北上班，每周他送我去機場時，我們父子倆都很少說話。

我告訴兒子：我對你們的愛，是不可限量；但是我的父親對我的愛，也絕對不會少於我對兒子的愛。只是我們都在不知不覺之中長大而已，我們記得對兒子的付出，但不知道父母對我們的付出。

當兒子幫我按摩肚子時，我不禁哭起來，原來我是多麼不孝，我從來沒有對父親做過貼心的事，聽聽父親說說他心裡的話。

父親是受過日本殖民教育的，非常有威嚴，但是對我的疼愛令我記憶深刻，重男輕女與長子的傳統觀念根深蒂固。

我這一輩子很遺憾的是不能盡孝，很安慰的是我的家庭與兒子。

這一輩子值了。（2013/9/14）

求死也算是一種人權

每天幾乎都可以看到各種自殺的新聞報導，不論是選擇哪一種方法，上吊、跳海、燒炭、跳樓等等，沒有一種死狀是好看的。當一個人（甚至於全家人一起）選擇放棄生命，他們顯然有比死後慘狀更高的期待，所以他們已經不在乎了。

臺灣社會的弱勢族群也是 M 型化；簡單來說，可能八成以上的弱勢族群還努力上游，看有沒有機會翻身？其實多數成為財團消費的對象，拍完照，可能留下一筆錢，就再見了。這八成還算是想要活下去的，另外有兩成是根本找不到活下去的樂趣與理由。不論是基於什麼原因，生病、經濟壓力，沒有親人，前途茫茫，感情不順等等林林總總的理由，這一些不想繼續活在這個世界上的人，我認為他們的決定也應該受到尊重，政府應該幫助他們安樂死。現實的世界是每年臺灣有超過 4000 人自殺，他們沒有更有尊嚴的選擇，沒有人相信這一些自殺的人也有人權；為何一定要如此殘酷地走？未來的臺灣社會會進步嗎？提供給不想繼續活下去的人一個有尊嚴的選擇。

筆者無意探討社會弱勢的生存問題，可以顯見的是臺灣每一年自殺人數不斷增加，出生人數不斷下降到 16 萬，照這樣發展下去，臺灣的明天在哪裡？

給予求死的人一種尊重，幫助他們完成心願，而不必擔心死狀甚慘，這是一個文明政府才有可能做到的。臺灣會前進嗎？還是繼續偽善地進行「自殺防治」？還是面對「求死也是一種人權」，政府立法由醫療機構進行，使社會更文明。（2014/1/3）

那一些令我感動的信

第一封 2014/3/27

Date: Wed, 26 Mar 2014
Subject: 星期三 3~4 節文化全球化學生
To: yangchingyao@hotmail.com
今日聽聞老師生病的消息
就想起之前也苦於舌癌的爺爺...
感觸很深
也很心痛
只希望老師能好好靜養身體
即使您沒有辦法完整教授我們兩個小時
但是相信您的用心與真誠早已傳達到每個同學心中
這學期有這個機緣能修到老師的課很榮幸
我也當會好好珍惜

願老師平安健康
簡○○

第二封

Date: Wed, 16 Apr 2014
To: yangchingyao@hotmail.com

老師，祝您一切順利~~要加油歐!!!!
每次上老師的課都可以學到不同的東西，接觸不同的文化
很喜歡您上課的方式，因為我也很喜歡看電影~~
所以老師一定要照顧身體歐，才能介紹更多好電影給每位同學
能選到老師的課真的很棒!!

老師加油!!
魏○○

第三封

Subject: 老師加油！
Date: Thu, 27 Mar 2014
To: yangchingyao@hotmail.com
楊老師你好：
我是星期三 3、4 節的學生謝○○。
本來以為老師的穿衣風格就是會有一頂帽子做搭配，沒想到是老師生病了…
老師要加油，戰勝病魔！
我們學生都會為你加油！
我很喜歡老師在課堂上放的電影，也覺得老師的上課方式輕鬆但是思考層面很深。
在大四這最後一學年，還能選到老師的課，覺得自己非常幸運。

祝老師早日康復，事事順心
學生謝○○